# 発達臨床心理学

脳・心・社会からの子どもの理解と支援

谷口 清 著

遠見書房

# はしがき

　今年は公認心理師元年である。この年に本書を刊行できることを喜んでいる。本書は著者が担当している同名授業の講義録をまとめたものであり，大学のテキストとして使われることを意図している。あわせて教育相談や発達臨床に関わる多くの人の手に取っていただけることを願っている。また，学校の先生方や幼児教育・保育，小児医療，精神医療，児童福祉，犯罪・非行など，子どもの発達に関わる多くの方々の目に留まることができれば幸いである。

　これまで発達心理学，あるいは臨床心理学に関しては数多くの書籍が刊行され，その蓄積は膨大である。しかし，両領域が重なる発達臨床心理学の名を冠した書物は，わが国では小嶋謙四郎（1972年，朝倉書店）によるものが初めてであり，その数はまだ限られている。発達という時間軸の変化に加えて，個人差の多様性，さらにはそれぞれの環境との相互作用の多面性という，複数次元の中で現れる複雑な事象を統一的に理解しようとすることはそれほど簡単なことではないからである。発達理論については近年発達科学研究に代表されるように理解の共有が進みつつあると感じるが，各流派の並立状況が続く臨床心理学を土台として発達臨床心理学を構築することは，現状では困難である。

　本書は「脳・心・社会」という副題が示すように，生物・心理・社会という集学的，統合的アプローチを図っている。その意味では小嶋の接近法より，やや広い。発達科学の立場に立っているが，発達臨床の観点からは個人への支援に焦点があり，あえて発達臨床心理学の名称とした。アタッチメントの視点を中核とするところは小嶋の書と変わらない。

　本書は対人関係能力（コミュニケーション能力）の形成を基本的視点とし，発達障害をもう1つの座標軸として，両者の交絡の中に現れる適応，不適応の現象を，自我の発達と防衛という観点から，可能な限り統一的に理解しようとした。それが果たせているかどうかは読者のご批判に委ねるしかない。

　私自身は心理学を個人や集団の判断・意思決定の仕組みに関する学問と理解している。心理学を学び，研究する目的は人の情報処理システム（判断，意思決定システム）としての心のしくみを明らかにし，その心のしくみから

判断や意思決定の特性や限界を知り，決定的な誤解・錯誤を予防して正確な意思決定と円滑なコミュニケーションの実現を図ることにある。

　子どもはこの意思決定システムの形成過程上にあり，当然認識・判断の及ぶ範囲には限界がある。持てる判断能力を的確に発揮するためにはアタッチメントを基礎とする安全感・安心感が担保されていなければならない。本書では子どもたちの問題行動や不適応行動の現れをこの安心感・安全感を脅かすストレスとの関係で理解しようとした。

　発達とその障害を脳科学の観点から解説した書籍は最近増えているが，本書の特色は脳科学に基礎を置きつつ，発達臨床の観点から子どもの内面に踏み込んで支援の在り方を考察しようとしているところにあると自負している。ただし考究すべき要因は多岐にわたるところから，当然最新の知見を網羅するのは個人の力では無理がある。この領域で概括的に理解されている知識を整理し，その理解の骨格を示したに過ぎない。必要な事項が適切に取り上げられているかどうかについては，読者のご叱正に待ちたい。

　本書では類書にみられる臨床心理学的技法は取り上げなかった。著者自身が特定の臨床心理学派のトレーニングを受けていないことがその理由であるが，同時に個々の技法についてはまだ提案の域にとどまるものが多く，基礎心理学の観点からはその根拠が充分でないと感じられる例も少なくないからである。個人心理学の観点に立った個別技法には，長期的には弊害がありうるという議論があることも理由の１つである。

　子どもの不適応行動の背景を見てみると，子どもを取り巻く人々の間に重要な点で理解のズレがあることが多い。まずは子どもの生活の成り立ち，組み立てという観点から，起こっていることの正確な理解を共有し，相互に無理のない範囲で向き合い方を自然に改善していくことが肝要である。その正確な理解のための分析と情報提供が心理臨床家（公認心理師）等の専門家の役割である。そのような観点から，それぞれの不適応行動に対してどのような配慮が望ましいかについては可能な限り触れ，読者の参考に供することにした。

　本書に重なる問題を取り上げる領域としては教育臨床心理学や学校（臨床）心理学があり，また障害児心理学も重なる部分が多いと思われる。類書と共に本書が子どもの健やかな発達を願う多くの方々の目に留まり，お役に立つことを願いたい。

発達臨床心理学　＊　目　次

はしがき…3

## 第1章　発達臨床心理学の対象　　9
1．2つの事例…9／2．発達臨床心理学とは…10／3．いのち（生命）とは何か…15／4．いのちと心（感覚器の発生と情報・心）…17／5．発達臨床心理学の方法：発達心理学と臨床心理学…20／6．子どもの不適応発生のプロセスと類型…23

## 第2章　コミュニケーションと対人関係の発達　　25
1．発達とその時期区分…25／2．自我と人格（生活主体の形成）…29／3．わかる，わかりあうとコミュニケーション…33／4．共感とその発達…35／5．子どもの社会性の発達を支える要因…40

## 第3章　発達における遺伝と環境の相互作用─発達のしくみ　　43
1．発達的心理生物学的システム論…43／2．生物学における発達論の展開…47／3．経験と遺伝子発現（記憶のメカニズム）…49／4．発達と環境：経験の効果…51／5．発達的心理生物学的システム論の理論的意義：自然科学的心理学の立場…55／6．発達的心理生物学的システム論の現代的意義：発達のシステム理解…58

## 第4章　アタッチメントの形成と障害　　60
1．アタッチメントとは…60／2．アタッチメントタイプと内的作業モデル（IWM）…61／3．アタッチメントの役割…62／4．世代間の継承…64／5．虐待とホスピタリズム…66／6．アタッチメントの形成不全…68／7．アタッチメントの形成不全と発達障害：環境要因をどう理解するか…69／8．アタッチメントシステムを担う脳…71／9．虐待と脳の発達…74

## 第5章　発達と障害　　78
1．障害の医学モデルと社会モデル…78／2．発達障害の定義と概念…82／3．発達障害の原因…86／4．知的障害…91／5．障害の早期発見，早期対応…93

5

発達臨床心理学

## 第6章　限局性学習症と注意欠如・多動症　　96

　1．狭義の発達障害について…96／2．限局性学習症（LD）…99／3．注意
欠如・多動症（ADHD）…101／4．ADHD の併存症（あるいは二次障害）と
しての統制不全型行動障害…110

## 第7章　自閉症の情報処理　　114

　1．はじめに…114／2．自閉症の特徴…115／3．自閉症児・者の困難…116
／4．自閉症の背景に想定されるアタッチメント，共感の障害…118／5．自
閉症の原因論（神経メカニズム）について…119／6．感覚・知覚の成立と脳
のトップダウンプロセス…122／7．自閉症の情動・認知と社会脳仮説…124
／8．支援のポイント…126

## 第8章　学童期・思春期における心の発達と学校不適応　　129

　1．はじめに…129／2．学校教育と教育相談…130／3．子どものストレス
とその現れ…132／4．統制過剰型行動障害…134／5．いじめと子どもの心
理…135／6．不登校と学校不適応の予防…140

## 第9章　発達臨床とアセスメント　　151

　1．はじめに：アセスメントと理解の共有…151／2．アセスメントの理論的
基礎…153／3．アセスメントの方法と実際…157／4．アセスメントに求め
られる配慮と倫理…162

## 第10章　社会の変化と発達臨床　　165

　1．はじめに：不登校の背景…165／2．子育てを取り巻く環境の変化…166
／3．数字から読み解く世相の変化：核家族化から個人化へ…170／4．家族
機能の変化と世代の継承…173／5．地域コミュニティの形骸化…176／6．
子どもの生活世界の変化…177／7．現代家族と子どもの育ちをめぐる困難…
179／8．子育て支援・家族支援の基本的立場…182

　引用文献一覧…188
　あとがき………199
　索　　引………202

# 発達臨床心理学

脳・心・社会からの子どもの理解と支援

# 第1章

# 発達臨床心理学の対象

　本章では発達臨床心理学が対象とする「不適応」についていのちと心の観点から述べ，発達臨床心理学の視点と枠組みを提示する。

## 1．2つの事例

　まず2つの事例を紹介する（以下本書の事例は全て個人情報保護の観点から，問題の本質が損なわれない程度に改変が加えられている）。

　事例1

　中学1年の夏休み明けより不登校となった中学2年生女子。母親の話によると彼女は小さい頃からわがままで，泣いて我を通そうとする。小学校ではクラスの理解があったが，中学生になりクラスの人数が大勢になってぶつかりあいが生じた。その結果，同じ学年で友だちがいなくなり，部活もやめてしまった。父親はスポーツ少年団バレーのコーチで，小さい頃から父についてスポーツ少年団に参加していたが，おしゃべりが過ぎて父に疎んじられ，やめさせられた。親は一番下だからわがままになったと思っている。言い出したらきかず，普通の人では少しで収まるところの抑えがきかない。自分の我を通して言い張ってしまう。勉強は普通である。ただし勉強に集中できるのは数分。身体を動かすことは嫌いではない。同学年の友だちと付き合うのが下手で，約束事，決まりごとを守れない。約束しても長く続かないし，自分勝手な言動が多い。友だちは本人が来ないほうが平和という。キレやすく，思うようにならないと物にあたり，パニックになる。パニックは10分から1時間続くが，立ち直りは早い。

9

母親同伴の本人面接では悪びれずに質問に答える。ただし，質問にはとりあえず答えるが，答えが質問の趣旨に合うかどうかは意に介さない。答えの中に「別に」や「普通」という言葉が頻繁に出てくる。母親はどうしたらこの子がやる気を出してくれるか，学校に行ってくれるかと困惑していた。

事例 2

小学校 2 年男子。授業中静かに座って先生の話が聞けない。隣のクラスに出入りしたり，廊下でうろうろしたりする。団体行動ができず，ひとりで皆と違うことをする。叱るとキレる。落ち着いているときは人なつこく，おしゃべり好きである。話がしたくて，人の話の終わりを待たずに自分が話し通す。学習に対してはむらがあり，自分の好きな教科はやるが，そうでないと声をかけてもやろうとしない。鉛筆や消しゴムでいたずらをしている。叱られると机を蹴飛ばしたり，教師に机やいすを投げようとするそぶりを見せる。全校集会で大声を上げたり，音楽の時間もひとりで違う歌を歌っていたりする。

2 日にいっぺんは隣のクラスに遊びに行き，授業中友だちに「何しているの？」と屈託なく声をかける，「授業中だから帰りな」と言われても床に寝そべったりしている。友だちと意見が合わないと自分の意見を通すため暴れる。ただし教頭先生の言うことはよくきく。家庭では学校でのようなことはないが，親の目が離れると人の迷惑がかかることをする。父親は怖い存在である。幼少期は素直であったが，4 歳のとき，ひとりで留守番をさせたところ大騒ぎをして近所の人に親を呼び出させたことがあった。発達検査の結果は平均域にあり，ADHD（注意欠如・多動症）チェックで疑いが示された。

このケースは学校が困って親に相談を勧めた事例である。学校としては特別支援学級への移籍を親に理解してほしかったようである。

両事例は著者が教育相談に関与する初期に経験したもので，戸惑いつつ無我夢中で対応した。発達臨床心理学は，このような子どもたちの理解と支援に関する学問である。

## 2．発達臨床心理学とは

発達臨床心理学のイメージは本書の読了後に見えてくると思われる。ここでは，そのアウトラインを示し，今後の学習の一助としたい。発達臨床心理

学は世代の継承を考える学問である。子どもの育ちの過程で発生する困難について，社会的に支援する知識・方法を探り，子どもたちの健やかな成長と家族の幸せ，社会の平和への寄与を目指している。そのために，①社会の構成単位としての個人のあり方，②個人の発達プロセス，③発達を支える家族・社会の条件，④発達過程上で現れるさまざまな困難，⑤困難を克服するための要件と支援，⑥社会と家族の変化の様相，を知る必要がある。

　本書では，①については人格と自我について考え（2章），②は近年の遺伝と環境の関係理解を紹介（3章），③についてはアタッチメント形成を取り上げ（4章），④は発達障害，いじめ，不登校を通して考える。④については，出生から幼児期にかけての障害の早期発見・早期対応（5章），就学期から問題となりやすいLD（学習症），ADHD（6章），自閉症（7章），小学校高学年以降課題となる，いじめ，不登校（8章）を取り上げる。⑤についてはアセスメントの基本（9章）を紹介し，⑥は10章で若干の考察を加える。

　学問は対象（問題）と方法により定義される。その目的は現象を理論的に説明することにある。統一的な理論により現象を予測，再現できれば，その先の見通しを確立することができる。学問の原動力は知りたいという知的好奇心にあるが，なぜ知りたいという欲求が生じるかというと，知ることによる喜びが生じるからであり，その喜びは予測と制御が可能になることにより，自身の生存可能性が高まることに由来する。

　発達臨床心理学の対象（問題）は子どもの不適応である。なぜ不適応が生じるのか，不適応からの回復や予防はどこまで可能か，そのために何が必要かを明らかにすることが発達臨床心理学の課題である。ここで，不適応とは何か，そもそも発達とは何か，適応・不適応をどのように区別するか，を明らかにする必要がある。発達については次章で触れることとし，以下適応，不適応について考える。

## 1）不適応とその理解

　一般に適応とは個体が環境になじみ，その生存を確実にしている安定した状態（調和）をいう。不適応はその逆で，周囲になじみにくい不安定な状態である。発達期の不適応の現れとして，①発達期の心身障害（知的障害，視覚・聴覚を含む心身障害など），②虐待，アタッチメント障害などによる心身

症状，③学齢期には不登校・学業不振・非行，引きこもりなどがある。

　不適応の最もわかりやすい例は，病気であり，その進行は死に至る（次節参照）。病気は医学，医療の対象であるが，臨床心理学では不適応のうち，心と行動の問題を扱う。心と行動の問題も病気の現れの場合もあり，その場合は医学，医療の対象である。行動上の不適応の代表的なものに非行，犯罪があり，警察・司法（検察，裁判）や矯正（刑務所，少年院など）の対象である。病気や非行・犯罪もその経過には心が密接に関与しており，心理学的分析や接近が必要である。心や行動上の不適応は一般的には社会不適応や集団不適応という表現がよく用いられ，引きこもり（内閉）のようなケースも含まれる。すなわち社会や集団になじまない，なじみにくいという状態が問題とされる。

　心理臨床の問題（不適応）は心理的不全感，違和感，問題行動，異常行動などとして現れる。不適応とは何かと考えてみると，調和の乱れ（個人と環境の相互作用の不調，不全）に他ならない。個人と環境との相互作用に際して，個人が処理しうる以上の作用（ストレス，力）が加わると不調和（不適応）が発生する。したがって，その要因は，①個人要因，②環境（学校，家庭）要因，③両者の出会い方，のいずれかとなる。

　不適応の要因を生物・心理・社会のそれぞれの次元でさらに細かくみてみると，①発達障害（自閉症，ADHD，LDなど），脳の障害などの生物学的要因，②家庭の不和，養育能力，経済困難，虐待，ネグレクト，育児困難などの家庭環境要因（多くは心因性＝情緒障害の要因となりやすい），③友人関係，担任との関係，部活，学業，職場の人間関係，仕事のストレスなどの学校要因，社会要因，からなる。いずれにしても子どもの能力や準備性（レディネス）を超える要求・課題が背景にある場合が多い。

　適応，不適応の理解にはさまざまな側面があり，一面のみからの理解に偏らないことが大事である。ある面から見た不適応行動も別の側面からは立派な適応行動になっていることがある。社会システムの観点からもそれぞれのレベルからの視点が必要である（5章）。そのような理解の視点を提供することも発達臨床心理学の重要な役割である。

## 2）子どもの行動の正常と異常

　子どもの不適応（障害）の理解にあたっては特に次の①②に留意しなければならない。①発達的見方が必要である。子どもの行動は年齢によって変化するので，正常・異常の見方は反抗期など時期によって異なる。②成人の場合，自分が問題を持っていると認めることが多いが，子どもの場合他者から問題化されることが多い。その理由は本人には認識能力がまだ十分に形成されていないからである。

　そもそも，行動の正常と異常を区分する基準には絶対的なものが存在するわけではない。特に子どもの場合，親が異常と判断した場合に専門家の扉をたたくということになりやすい。子どもに限らず，ある行動が親や世間の大人たちにとって我慢のできない行為であるときに，その行動は異常だと判断される。すなわち，「誰か」がその子（人）を問題だと見なしているが，「誰か」はなぜその子（人）を問題とみているのか，が同様に問われなければならない。大人のその子（人）への見方には，子ども（その人）の現実の振る舞い以外に多くの要因が入りこんでいるので，常にその見方には根拠があるかの確認が必要となる。子どもを含む人の異常行動の多くは健常な行動と常に質的に異なるわけではなく，正常－異常の連続線上にあって，その区分は社会・文化的な価値判断（困惑閾）によるところが大きい（岡堂，1980）。そこから心理療法に対する次のような批判も生じる。

　　一般的に社会をココロ的にうまく生きられないのには，①心に問題があるから，②社会に問題があるから，のいずれの場合ともありうる。素行障害，アスペルガー症候群，人格障害（後述）などのカテゴリーは学校がうまく扱えない子どもたちにラベルをはって「病院化」する機能を果たしてきた。そういう子どもを持つ親の多くはそうした「病院化」を望む。その理由は子どもが悪かったのではなく，病気だったからと安心できるから，すなわち「帰属処理」が可能になるからである。病気だから治すのでなく，「社会」に適応できないからサービスを施すということが起こりがちである。（宮台，2002）

　これは，後（5章）に述べる障害の社会モデルの問題でもある。すなわち医療化の問題（6章）ともとらえられ，病気のレッテルを張られると問題行動の原因は個々人のうちにある「病気（障害）」へと還元され，周辺者への責

任は軽減・免除される（木村，2009）。5章，6章でみるように，病気や障害の概念は時代とともに変わることを理解する必要がある。このように，子どもの心の健康にはたやすく答えの出せない側面があることを常に自覚していなければならない。

## 3）発達臨床心理学の対象

　これまで発達臨床心理学の対象となってきた代表的なものとして，知的障害，自閉症，ADHDなどの発達障害，夜尿，緘黙，多動，吃音などの情緒障害，いじめ，不登校，抑うつ，非行などの集団不適応などがある。ここで，学問には物事を現象のレベル，実体のレベル，本質のレベルと3つの水準からみる見方がある（武谷三段階論：武谷，1968）。例えば，熱が出る，お腹が痛いなどは現象的変化であり，その裏側には炎症や胃炎，胃潰瘍などの実体が存在する可能性がある。そのような実体的変化をもたらした背景は感染症かもしれないし，食中毒もしくはストレスによるものかもしれない。そのような意味を読み取る作業が本質論である。その背景，原因を読み取ることによってより的確な治療，処方が可能となる。これは発達臨床心理学においても同様である。

　発達障害を理解する上で，例えばダウン症は染色体異常という実体を持ち，多くは知的障害という現れを持つが，自閉症，ADHDなどは脳障害が想定されているものの，その実体はまだわかっていない。意識消失やけいれんを伴うてんかんの実体は脳の異常放電と理解されている。現在，精神障害・発達障害は症状に基づいた構成概念であることに留意する必要がある。夜尿，緘黙などの行動問題は不適応状態の現れ，現象である。学齢期に現れるいじめは集団そのものの問題であったり，不登校も集団側に問題があったりする。抑うつは個人における不適応状態の現れであるが，その場合も要因は集団側，個人側のいずれにもありうる。すなわち，不適応の理解にあたっては個人のみを焦点とするのではなく，周囲の環境，集団をも視野に入れて検討しなければならない。その意味で近年は虐待などの家庭の養育環境や学校の荒れ，教師の指導スタイル，慣習なども発達臨床心理学の重要な対象である。個人のさまざまな問題は個人と環境の相互作用の中で現れるからである。

　心理臨床における調和の乱れ（不適応）への対応としては，①本人を環境

第1章　発達臨床心理学の対象

に合わせる（従来これが多かった），②環境を本人に合わせる（バリアフリーの考え方など），③環境と本人の双方を調整する（多くの場合），④現状を受忍する（これしかない場合もある），のいずれかである。いずれにしても関係者間相互の共通理解が必要になる。子どもの場合では将来の調和をどう見通すかも合わせて想定される必要がある。

次節では個体の生命活動の視点から適応，不適応を考える。

## 3．いのち（生命）とは何か

### 1）ホメオスタシス

この世界は生物と無生物に分けられる。生物が無生物と違うのは，①持続的物質代謝を行う開放系であること，②いま1つは自己増殖（自己組織）を行うことである。すなわち，生きていることの本質は個体維持と種の保存（命を守り，子孫を残す）にある。この観点からは最近の出生率低下，子どもの育ちにくさには注意が必要である。

生物の個体には外界との不断のやり取りの中で自己のシステム（形態的・生理的状態）を安定な範囲内に保ち，個体としての生存を維持する性質：ホメオスタシスがある。ホメオスタシスは生体内恒常性ともいい，身体活動に好都合なようにある状態（内部環境）が比較的一定に維持される（動的平衡；物質は入れ替わってもその相互の関係は変わらない）ことである。外界と隔てられた体の中の環境，すなわち細胞をとりまく細胞外液を内部環境といい，そのpH，イオン濃度，温度などを一定に保ち，グルコースなどの栄養素，酸素を十分に含み，尿素などの老廃物や二酸化炭素をあまり含まないようにする働きをいう。環境の変化や身体活動は，内部環境の状態を正常範囲からずらそうとする。そのずれを感知し，ネガティブフィードバックによって正常範囲に戻す働きのことである。

個体のこの性質が環境との関係で安定的に維持されている状態が適応である。しかしこのホメオスタシスは無限ではなく，個体はいずれ死を迎える。そこで，生命活動の連続性を保つために自己と同じ種類の新たな個体を産み出す仕組（生殖機構）を持っている。これによって個体維持と種の保存（＝自己組織性）という生命活動の基本特性が実現される。

ホメオスタシスは，人の生理機能のうち生命維持に必須な消化，循環，呼

*15*

吸，排泄，内分泌機能，すなわち植物的機能によって担われている。一方，外界の変化を受容し，それに対応して目的のある行動を起こす感覚，神経，骨格筋の機能を動物的機能と呼んでいる。病気は一般にホメオスタシスのバランスが崩れた状態であり，その進行は死に結びつく。

### 2）いのちのいとなみ

いのちは「こころ（心）」の座ともいえる。生命（いのち）は「秩序（組織性，規則性）ある物質の流れ」である。ここで「秩序」とは何かが問題になる。秩序は形，パターン，組織，法則，規則性と言い替えることができる。例えば，水に落ちたインクは拡散し，時間が経つにつれて場は均質化する傾向がある。すなわち自然界には形，パターンが崩れる方向性が元々ある。これを「エントロピー増大の法則」という。これに対し，「いのち」は形（秩序）を作るプロセスそのものである。例えば受精卵は細胞分裂し，分化し，組織，器官，構造を形作る。そのプロセスは絶えざる物質の流れ（代謝）によって実現される。その流れが止まる（心臓停止）のは「死」であり，秩序（形）は壊れる（腐る）方向へ転換する。

生命活動における動き，流れは代謝（新陳代謝）と表現され，同化と異化の化学反応からなる。同化は外界の物質を取り込み（吸気と消化）体内成分に組み込んでいく化学反応過程であり，異化は体内成分の化学反応（分解）により生命活動に必要なエネルギー供給を行う過程である。不要となった物質はいずれ体外に排出される（呼気，排泄）か次の同化に利用される。

生命の秩序を持った物質の流れを実現する性質を自己組織性という（吉田，1990）。自己組織性は遺伝子（ゲノム）によって実現されている。生命活動は遺伝子の発現，展開，再生産活動に他ならない。そのプロセスでは塩基対の情報によりアミノ酸が結合され，蛋白質が合成される。これが遺伝子発現である（3章参照）。

さて，ドーキンス（Dawkins, R.）は遺伝子の発現，展開，再生産活動に関し，『利己的遺伝子』（ドーキンス，1991）において「われわれ個体は遺伝子を運ぶための道具に過ぎない」と述べた。生物の発生以来われわれの遺伝子は連綿と存在し続けている。われわれ個体が生きるのは遺伝子を運ぶためであって，よくよく見ると個体は遺伝子の存続のために生かされている（利用

第1章　発達臨床心理学の対象

されている）と見ることが可能である。生物学的に見ると，遺伝子の生き残りのために個体はあるということになる。したがって遺伝子は利己的であって，これを利己的遺伝子と称している。いずれにしても世代の継承は前提であり，目的でもある。

すでに述べてきたように，個体維持には限界があり，死を迎えるので種の保存のために生殖（個体の再生産）が行われる（個体の生と死は有性生殖という生物存在のあり方の裏返しである）。この生殖システムを完成させ，遂行するプロセスが発生，発達である。ただし，人ではこのプロセス（発達）は社会的に（学校，保育所・幼稚園など集団を組織して）行われている。大学を含め学校は社会（ヒトという種）の再生産（≒生殖）システムでもある。

## 4．いのちと心（感覚器の発生と情報・心）

### 1）適応と情報：「心」の理解

さて，生命活動の座に心はどのようにして発生したのであろうか？　以下は1つの仮説である。

生命体は外界との不断の物質のやり取り（代謝）を実現していなければならないので，外界の変化を感じ取れる分析器官（感覚器と神経系）を分化させてきた。外界の変化のうち生命体（生物）に意味ある変化は情報として作用するようになった。その分析器官による情報処理のプロセスを自覚できるようになったものが「心」である。例えばわれわれは外界を通常色のパターンとして知覚するが，われわれの目に作用する電磁波にもともと色がついているわけではない。電磁波の周波数の違いを色の別として感受し，符号化しているだけである。それも広い電磁波の周波数帯のうち，色として感受しうるのは食物や危険回避などに有用な生物にとって意味のある限られた帯域のみである。このように情報は外からの作用により内部（in）に形成（form）されたもの（information）である（西垣，1999）。

心の働きを考えてみると，個体維持と種族保存のためには自分を環境に合わせることが必要である。すなわち環境の変化を知り（予測し），自己ならびに環境を制御する（行動する）ことが求められる。個体もしくは生物種集団が生き延びるために環境（自然環境，社会環境）に合わせていく過程を適応という。環境に合わせていくためには，その環境を知り，環境変化の様子を

17

記憶していなければならない。予測と制御のために特殊化した器官が脳と神経系ならびに感覚器系であり，その産物が意識や心である。したがって，意識や心を論じる際は，適応という観点が必要である。あわせて「心」は自覚されていない無意識の神経過程によって支えられていることも知らなければならない。人の情報処理過程には自分自身の感じていること，考えていることを自覚できる意識過程と，自覚を伴わない情報処理過程である無意識の過程がある。内臓の動きや，心臓，呼吸など多くの身体のコントロールは無意識のうちに行われている。逆に意識化できる情報処理は意識化が必要だからといえるかもしれない。心理学の基礎科学として生物科学を学ぶ必要性がここにある。

　また種族保存や個体維持は個体単独では無理なので相互の情報交換のためにコミュニケーション手段が発達してきた。環境を知り，またコミュニケーションを行うことは大変複雑なプロセスである。そこで，情報を一時的に保持し，過去の情報と現在進行中の情報を比較照合することが必要になる。このプロセスを確実なものとするために「心」や「意識」が発達してきたと考えられる。


　2）心の時制（現在，過去，未来）とグレーゾーン
　心は通例，知，情，意に分けられている。
　知（知識）とは過去の経験により形成され，蓄積された記憶とその記憶に基づいた外界（環境）についての判断（知覚，認知）である。情（感情，情動）は経験に伴って感じられる快，不快などの状態（喜怒哀楽）であり，現在の体験の評価過程である。意（意思）は次の行為の自覚された判断であって，未来に作用する。すなわち知，情，意は心の時制を表し，過去，現在，未来に対応する。
　心の特性についてもう少し考えておきたい。対象世界（外界及び自己の身体）が個人の主観を超えた客観的実在であるのに対し，心は対象世界を反映するイメージ（主観＝脳の情報処理の結果）である。心＝イメージ（主観）の重要な特徴としてその内容は真偽を問えない，すなわち真偽を超えて内容は存在しうるということがある（心のグレーゾーン）。これが主観と客観を明確に区別しなければならない理由である。心理学は主観（イメージ）の成り

立ち，プロセスを明らかにしようとする科学ともいえる。

心のグレーゾーンについては注意が必要である。このグレーゾーンはコミュニケーションにおいてはどのようにも解釈できる誤解の生じやすいゾーンである。このグレーゾーンで行き違い，誤解が生じやすい。これらはトラブルの元になる。コミュニケーションや人間関係の理解において心の特性の理解（心理学）が欠かせないのはそのためである。一方，このグレーゾーンは人の正確な判断やコミュニケーションを可能にする重要な緩衝帯でもある。内的イメージが外的刺激に縛られることなく保留することができる（切り離せる＝デカップリング）ことによって初めて刺激間，あるいは過去の記憶との比較照合が可能となり，感情反応の抑制や思考，他の人たちとの判断のすり合わせ（コミュニケーション）が可能となる。

### 3）情動と認知

さて，先に知，情，意の情は体験の評価過程であると述べた。生命体は自己の保存（個体維持と種の保存）に適する外界との相互作用（体験）を快適（楽しい，嬉しい，気持ちがいい，美しい，好き）と感じるようである。逆に不適な相互作用（体験）には不快（苦しい，痛い，恐い，不安，悲しい，嫌い）を感じる。例えばおなかがすいてくれば不快になり，そのときに食事にありつければオイシイ（快適）と感じる。ただし，体に有害なものは苦いなど不快な味を感じ，体に受けつけないようにする。敵に襲われ身体が傷つけられれば痛いと感じ，逃げるか闘うかする（闘争－逃走反応）。どちらにも対応しきれない緊急の場合は固まってしまう（凍結反応）場合もある（Fight, Flight, Freeze Response）。不適な相互作用の源泉には怒り（闘争モードになる），恐れ（逃走モードになる）を感じる。快適と感じる事象には接近・探索が発生し，不快と感じる事象は回避（逃避）・防御する（接近回避反応）。これらは個体維持（生体防御）に不可欠のメカニズムである。

動物は外界との相互作用のために遠くにある対象の変化を感知できる器官（光，音，においを感じる目や耳，鼻）を分化させてきた（＝遠感覚，味覚や痛覚は近感覚。ただしにおいは近傍感覚）。遠くの対象を感知することが自己の行動制御に時間的余裕をもたらした。すなわち接近までの時間差があるところから予測が可能になった。この感覚の分析のために大脳皮質が発達して

きたと考えられる。遠感覚は対象をより精確に感知できるようになり，それによって感覚，知覚，認知が発達してきた。

情動と認知の役割をいま少し考えたい。意識の基本的役割は予測と制御のための判断である。その判断のプロセスや内容を自覚できることが意識体験，自己意識といえる。心理学では意識や心の動きを情動と認知の２つに分けている。情動とは快，不快，喜怒哀楽などの感情体験であり，個体存在のあり方が適であるか不適であるかの評価過程が自覚されたものである。認知とは目や耳などの情報を分析，統合して今目の前にあるものが何であるか知る働き（感覚から知覚・認知へ[1]）である。

認知と情動は異なるレベルで判断を支えている。感情体験を振り返ってみると，体にいいものは美味しく快適に感じられ，古くて腐りかけたものなどは不快に感じる。すなわち快，不快は判断の最も基本的なプロセスである。例えばセックスに強い快感情を伴うのは言うまでもなく種族保存に欠かせないプロセスだからである。しかし，きれいなバラには刺があるとか，美味しそうなキノコを食べてみたら毒キノコであったなど，情動的判断は時に不正確である。それを補うために認知系が発達してきた。すなわち認知は感情判断の妥当性を検証する役割を果たしている。心理学は人の判断や意思決定システムの仕組みと特性を明らかにしようとする科学である。

## 5．発達臨床心理学の方法：発達心理学と臨床心理学

### 1）近代科学と心理学

近代科学は対象に関する主観的観想を離れ，事実の比較照合を基礎とする近代合理主義，実証主義を方法として目覚しい発展を遂げてきた。「心」を対象とする心理学も再現可能性を保証する操作主義により科学としての信頼を得た。今，心は脳機能の現れと理解される。しかし，脳と心の関係理解は簡単ではない。脳が観察可能な実体であるのに対し，心は仮説的に構成された概念の集合体だからである。心は表情や行動，言葉に表現されて読み取ら

---

1　目や耳などへの刺激の要素的側面を認めることを感覚というのに対し，対象としての属性を認めることを知覚という。認知はその対象を記憶や文脈から意味づけて理解することである。例えば「痛い（感覚），蜂だ（知覚），蜂に刺された（認知）」ということになる。

第 1 章　発達臨床心理学の対象

れ，理解される。心の内容は事実を超えて存在する。心理学の歴史は心といういうつかみにくいイメージをどのように相互に共有可能な概念，用語で説明可能にするか，というところにあった。心理学の開拓者たちはこのために生理学的方法や物理学的方法を使ってさまざまな実験を行った。

　一方で科学的心理学による人間行動の法則性の解明は心の悩みに対する救いを必ずしももたらすとは限らなかった。心の悩みは法則のみによっては読めないところに生じるのであり，またそれは必ずしも再現されるとは限らないからである。

## 2）発達臨床心理学の成り立ち

　発達臨床心理学の方法を考えるにあたって，まずは発達臨床心理学の学問的な位置づけ，成り立ちを知っておきたい。発達臨床心理学は，発達心理学の単なる応用ではなく，また臨床心理学の発達期への単純な適用と考えることはできない（下山，2001）。

　発達臨床心理学は子どもの発達途上で生じる不適応のメカニズムを解明し，その予防と効果的対処，心理学的援助に理論的基礎をもたらすことを課題としている。発達臨床心理学の方法は子どもの育ちの現実から問題となる現象を取り出し，それに対する対処の有効性の検討から仮説を導き出す臨床的方法と，その仮説検証のための実験的，理論的方法などからなる。発達臨床心理学は課題・問題の発見から始まるので，方法は多様で，集学的というほかはない。現場での問題解決に使えそうな方法は何でもまず使ってみて，有効なモノが生き残るという，現実優先の考え方である。また，臨床的に生き残った事実を理論的につなぐという方法を用いることもある。したがって，事例研究から実践的研究，疫学的調査研究，面接法，観察法，調査法，検査法の開発などさまざまな側面がある。

　発達臨床心理学における方法上の多様性を統合するために，近年発達科学が展開されている（ケアンズら，2006）。発達科学とは社会学，心理学，生物行動学の領域における発達研究の概念と研究結果を結びつける動きである。発達科学が構想された理由は2つある。1つには既存の学問領域の壁が高くなり，臨床や支援の領域で問題への効果的なアプローチがかなわない場合が散見されること，2つ目に社会発展に伴う問題の噴出に際して，問題解

決の方向がなかなか見いだせないという社会的閉塞感がある。これを打破するためにも，一貫した科学方法論に基づく総括的集学的成果を集約し，発達に関する統一した理解を提示し，教育するための枠組みが必要となった。発達科学は社会学，心理学，生物行動学における発達研究の概念と研究成果を結びつけ，導くことを目指している。発達科学は発達研究にあたって，生物学と社会学の両専門領域を基礎に，体系的な発達的見通しの必要性を強調する。ミクロな視点からは遺伝学や神経科学が近年急速に進展し，発達の分子メカニズムが解明されつつあり（3章），他方，社会学の側からもさまざまな社会事象が及ぼす個人への影響への関心の高まりがある（10章）ことも発達科学への動きを加速するものとなっている。近年これらの動きを背景として，世界保健機関（WHO）は，障害理解の枠組みとして，生物，心理，社会の各水準を総合してとらえる視点を強調している。本書は発達科学の考え方を枠組みとしている。

### 3）発達心理学と臨床心理学

心理臨床とは人生の過程において生じる困難な出来事に対する心理援助の活動である。現代社会の急激な変化は人間の育ち，発達を取り巻く環境の変化をも伴い，一部発達過程の変容をももたらしている。生殖医療の発展は新たな生命倫理の問題を提起し，幼児虐待ならびに不登校といじめの増大傾向や，ニート（NEET），フリーターの増加，了解しにくい青年期の犯罪の発生，若年自殺者数の高止まり，高齢者の介護問題などは世代の継承システムの変化を反映している（10章）。

このような現状に対し，従来の臨床心理学は（根拠が明確でない）抽象的な発達論によって心理的問題を解釈しようとする傾向が強く（精神分析など，実証的でない），具体的な人生の過程から発達を構成する作業がなされにくかった。他方，従来の発達心理学は科学の分析的論理によって人間の能力や機能を抽象的な単位に分化させる傾向が強い（断片的，要素論的）。すなわち，生きている人間を統合的にとらえにくかった（下山，2001）。

心理臨床は不安，ストレス，焦燥感，不全感，意欲減退などの心理的問題及び行動的問題に顕われる適応不全（病気，犯罪，非社会的行動など）に対して医療，福祉，矯正，教育，産業などの場で適応回復への援助を行うこと

第1章　発達臨床心理学の対象

である。心理学的援助を人が自己の人生の物語を生きることについての支援
と考えると，それはそれぞれ自己の人生の意味の生成を助けることでもある。
社会の中で生きる自己の人生の物語を持てること，すなわちアイデンティテ
ィの確立を援助することであり，そこでは対象事例の発達状況を的確に判断
する技能（アセスメント）が必要になる（下山，2001）。

## 6．子どもの不適応発生のプロセスと類型

### 1）発達期の行動障害，情緒障害（適応障害）のプロセス

　発達期の不適応発生のプロセスをみると，発達もその不適応も遺伝と環境
の相互作用による。遺伝による発達過程に環境が適切に関与し得なかった場
合，不適応や発達障害が発生する。胎児期を含む発達期早期に作用する環境
性の要因は，発達障害を含む心身障害をもたらすが，その後は心因性の情緒
障害や一過性の学校不適応として現れることがある。発達期早期の不適応や
発達障害はその後の発達過程に大きな影響を及ぼす。

　子どもの行動障害，情緒障害は発達を考慮に入れてとらえる必要がある。
身体的，心理社会的要因が何らかの形で子どもの正常な発達過程を阻害する
ことも多い。発達とは継続的変化の過程であり，子どもたちは大人のような
安定した状態（相対的定常状態）には達していないからである（バーカー，
1999）。

　子どもは種々の問題を処理する情緒的資源が少ないので，苦しんでいる子
どもは両親や保護者に極端に依存することになる。その依存関係は，それが
適切であるにしろないにしろ大人の責任感や罪悪感を一層強める。子どもの
身体と精神の諸能力は両親からの遺伝プログラムと両親が用意した環境，そ
れに彼・彼女が出会うさまざまな体験に由来する。すなわち，子どもは遺伝
的にも環境的にも両親の産物・申し子に他ならない。児童期の経験や発達は
大人になってからの精神的健康に決定的に重要である（4章，10章）。同時
に，子どもは大人より柔軟で治療を受け入れやすい特徴を持っている（デビ
ソン＆ニール，1998）。


### 2）不適応の2つの現れ：統制不全型と統制過剰型

　児童期，青年期に特有な情緒及び行動の障害を統制不全型と統制過剰型に

23

分類することができる。統制不全型とは外面化型であり，脳内統制機能の未成熟を背景とした行動過剰によって他者に対して問題を起こす。これに対し，統制過剰型は内面化型で強い警戒モードに起因する過剰な抑制を背景として行動欠損，感情抑制が生じ自己に影響を及ぼすことになる（Achenbach & Edelbrock, 1978）。

　統制不全型行動障害の代表的なものとして注意欠如・多動症（ADHD）がある。冒頭に紹介した2事例はADHDの特徴を示す（6章）が，ADHDの子どもはしばしば衝動的に行動し，考える前に動いてしまう。これが社会的軋轢を生み，学業ができないもととなる。1つの活動に集中することが難しく，自分で始めたことを最後までやり遂げずに次々に別の課題に移ってしまう。

　統制過剰型の子どもは分離不安症，対人不安に代表され，自分自身でやっかいな不安とか緊張（恥ずかしい，不幸で愛されていない，他の子どもに比べて劣っているなどの感情）を訴えることが多い。小児期発症流暢症（吃音），選択性緘黙や小児期の恐怖症，不登校，はては社会的引きこもりや強迫行為，うつ病などの症状を示すこともある（デビソン＆ニール，1998）。

# 第2章

# コミュニケーションと
# 対人関係の発達

　本章では人の社会適応を支える力の形成を，対人関係の発達という視点で
考える。まず発達や人格（パーソナリティ）・自我について考え，次いでコミ
ュニケーションの基礎をなす共感の成立過程と，人格発達を左右するいくつ
かの要因に触れる。

## 1．発達とその時期区分

### 1）発達とは

　通常われわれは，子どもが大きくなって大人になりつつあるとき「発達」
という。ただし，より厳密には発達（development）は機能的変化，つまり，
できないことができるようになること（歩けるようになるとか言葉をしゃべ
れるようになるなどの機能・能力の獲得過程）を意味する言葉として用いら
れる。なぜできるようになる必要があるのかというと，生物学的には子ども
を産んで育てられるようになるためである。すでに述べたように生命はその
連続性を保つために，自己と同じ新たな個体を生み出す生殖機構を持ってい
る。発達は生物の生殖過程における個体のプロセス，すなわち世代の継承に
おける個人のプロセス（図2-1）であり，子どもが大人になり，親になるプ
ロセスである。

　発達は広い意味で，個体（あるいは個体群）が次の個体（個体群）を産
み，育てる働き（生殖能力）を獲得していくためのプロセスである。発達は

# 発達臨床心理学

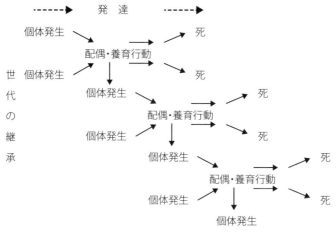

図 2-1　世代の継承（種の保存）と発達

　生まれたばかりの他者への依存状態（新生児，乳児期）から，より自立した自由な生活様式の獲得（児童期，青年期）を経て，次の子どもたちを産み育て（成人期），さらにその次の子どもたちの健全な育ちを保証する役割を果たす（老年期），という経過をたどる（生涯発達）。発達と類似の用語として成長（growth），成熟（maturation），発育などがある。
　発達は世代の継承を可能にする個人の能力の獲得過程であり，それは社会性の獲得過程ともいえる。なぜなら人では世代の継承は社会的に（社会を構成して）なされているからである。社会性の獲得過程を心理学では人格形成といっている。発達は人格の形成過程でもある。ここで人格は判断＝意思決定能力を意味する（次節参照）。世代の継承を可能にする個人の能力（社会的能力）として大事なものはコミュニケーション能力であり，具体的には家族を構成し，社会に参画していく力を獲得していくことである。
　心理学的にみると発達の要点は自己を護り，周囲と協調しうる自立した判断能力（意思決定システム）の形成・獲得にある。心理学が青年期から成人期への発達課題を就職と結婚としてきたことはその意味で妥当である。従来，就職と結婚によって次世代の生産，育成（すなわち生殖）に関わる生産関係（社会関係）への参入（自立）が果たされると見なされるからである。その観点からは近年の少子化，非婚，ニート，離職率の増加，などは協調しうる判

断能力の劣弱化の現れであり，人間社会の生殖能力の低下と見なすことが可能である（10章）。その要因の分析は今後の重要な課題である。

## ２）発達のプロセス

　能力の形成・獲得はどのようになされるのであろうか？　それを説明する代表的な発達理論としてヴィゴーツキー（Vygotsky, L.S.）による内化理論（文化＝歴史的発達理論）がある（ヴィゴーツキー 1970）。内化理論とは子どもは活動を通して外の世界にあるものをわがものとし，それによって自分の環境世界を理解していくというものである。例えば言葉の獲得をみると，まず親・家族が使っているものに出合い，それを真似ながらコミュニケーションツール（外言）として使っているうちにその意味を理解するようになり，思考の手段としての内言の役割を獲得するようになる。これは「学習」の過程である。この学習・記憶の成立過程は現在では神経回路形成過程（３章）としてかなり詳しく明らかにされている。

　発達を規定する要因には遺伝と環境があり発達は両要因の相互作用によって進む。遺伝による発達過程は成熟と呼ばれ，環境による発達過程は学習と呼ばれる。子どもの発達過程では家庭，学校などの身近な環境（人の関係）が大きな意味を持つ。人の発達は学校教育など社会的な働きかけを受けてなされる。

　一般にものを作る場合は素材とともにそれを組み立てるための設計図もしくは手順（プログラム）が必要である。生物個体では遺伝子（gene）がプログラムの役割を果たし，環境から素材を取り込んで形態・機能の形成を行なっている。発達は遺伝情報（DNA の塩基配列）が，細胞という座において環境と相互作用し，遺伝子発現（蛋白合成）を繰り返すことで機能と形態を創発し，新しい個体を形成・育成する能力を獲得するプロセスである。この際，遺伝子上のプログラムは手順が全て決められたコンピュータープログラムとは異なり，環境変化に応じて発現しやすさが変わる素材候補群リストとみたほうがよい。発達は遺伝情報を鋳型とする物質の相互誘導の連鎖が連続した展開過程に他ならない。環境は素材とともに学ぶべきパターン，秩序を提供する。この環境側のパターン（情報）をドーキンス（1991）は新たな自己複製子ミーム（meme）と呼んだ。

### 3）発達の時期区分

発達過程は次のように時期区分されて特徴づけられている。

胎児期は母体内での器官の形成，成長の時期である。新生児期（生後4週間）は母体内から胎外生活への移行期で，この時期の赤ちゃんは自分では何もできないという未熟な状態である。しかし外界の環境変化を体験としてしっかり吸収している。

乳児期（1歳前後まで）は両親の保護的環境の下，運動発達と消化機能発達が目覚しい。また，安全，安心の保証に基礎を置く基本的信頼感が醸成され，前言語的コミュニケーション能力を急速に発達させる。両親との絆（アタッチメント）が成立し，分離不安からアタッチメント行動も示されるようになる（4章）。知的にはピアジェ（Piaget. J.）のいう感覚運動期にあたり急速に発達する（ピアジェ，1968）。乳児期を終る頃には，立ちあるいはつたい歩きで，どうにか自力での移動ができるようになる。消化機能も離乳が終って，大人の食べ物に近いものが食べられるようになる。

1歳を過ぎると多くの場合直立二足歩行が可能となり，言葉も認められるようになる。行動半径の広がりとともに行動の制約に対する反抗によって自我の芽生えを示す。感覚的には自分が世界の中心であるとの自己中心的思考の段階にある。

幼児期（5歳頃まで）は言語発達や運動機能の発達が著しい時期で，満3歳に達する頃には，自由に歩くことができるようになり，また言葉を用いたコミュニケーションが可能になる。食事は自分で食べられ，排尿排便も自立する。つまり，満3歳に達すると多くの場合ヒトとしての最小限の機能（身辺自立）が完成する。

幼児期後期に入り，満3歳を過ぎる頃から社会性が発達し，自分の家族以外，特に同じような年齢の子どもたちとの遊びができるようになり，自己コントロール能力を発達させて，幼稚園や保育園での生活が可能になる。この時期には両親との同一視があり，良心も芽生える。男の子，女の子としての自覚である性同一性も急速に発達する。知的には前操作期（前概念的思考）の特徴を示す。

児童期（11～12歳頃まで）は学齢期でもあり，①ゲーム，スポーツなどに必要な身体コントロール能力，②自尊心を持って仲間関係を形成する力，

③読み・書き・計算などの文字言語（概念）とその操作能力（具体的操作期），などを発達させ（脱中心化），④性役割の自覚や道徳感情，価値観の形成が始まって，社会的集団・制度に対する知識の増加と態度の養成がなされる。他方でこの時期に必要なことを習得できず，劣等感や不全感を育ててしまう危険性もある。

10歳を過ぎた頃から始まる思春期（14〜15歳頃まで）は子どもの体から大人の体へ（身長・体重が増加し，体力も充実）と変化し，性的成熟（女児の初潮と男児の精通）が実現し，自己を社会に対置するようになり，自己の探究が始まる時期である。思春期を含む青年期（おおむね20歳代まで）は人生選択を行って社会に自己を位置づける時期である。独立した個人として主体的に社会に関与すべく，多くの場合職業能力を獲得して就職に至り，また配偶者選択の時期を経て結婚に至る。就職と結婚は青年期の発達課題である。「私は誰か」，「どこへ行こうとしているのか」との問に対する答えは自我同一性の発達として青年期の大きな課題である。知的には形式操作期といわれ，論理的思考を駆使するようになる。

青年期の解決すべき課題としては，①両親からの分離と独立の達成，②性同一性の確立，③就職，④個人の道徳体系の発達，⑤永続的対人関係，ならびに愛情ある親密な異性関係の形成能力，⑥両親の相対化に基づく両親との関係の再構築，の6つが挙げられる。

成人期は生産と生殖の時代であり，社会における中心的存在として物や情報の生産にあたるとともに，次世代の子どもを産み育てる。多くの場合結婚しており，結婚による家庭生活は自己を維持するとともに，多くの場合子どもを産み，育てる器となる。

老年期は身体的生理機能の低下が明らかになり，社会の第一線からも退いて人生のまとめにあたる時期であるが，知的，精神的には最も充実している場合も少なくなく（生涯発達），子どもの世代がその次の世代の育成の方向を見誤ることがないよう見守り，援護する，さらには社会を直接，間接にリードするなど，社会への貢献の活動は最後まで可能である。

## ２．自我と人格（生活主体の形成）

コミュニケーションと対人関係の発達を考える上ではコミュニケーション

の単位である自我や人格の概念をまず理解しておきたい。

## 1）主体と環境

すでに述べてきたように，生命現象は環境と調和しうる相対的に独立した組織性（秩序ある流れ）によって実現されており，それは自立（≒自律）を可能とする動的平衡（ホメオスタシス）を実現することに他ならない。生命体の環境への適応は自律（自立）と調和のバランスの確保によって可能になる。人は集団で社会を構成して生活を営んでいるため，調和の実現には他者との共感，コミュニケーション，すなわち対人関係が必要になってくる。

動的平衡は自己組織性を担う。自己組織性とは，すでに述べたように，システムの秩序が当該システムの保有する秩序プログラムによって規定され，システムの秩序の保持・変容も当該の秩序プログラムの保持・変容に媒介されて実現することである（吉田，1990）。子どもを産んで育てること，世代を超えて社会を継承することは自己組織性の現れである。生命は個体維持と種族保存によって示される自己組織性を持ち，社会は人という種の自己組織性の発露と見なすことができる。

また，生命活動は独立と従属のバランスの上に成り立っている。生命体は環境から独立しつつ環境変化に適応するという従属的側面を持つ。その従属を受動的に行うのではなく，予期的主体的（＝能動的）に行う（未来を制御する）ことが適応である。この能動的に未来を制御・創造する力（自己統制する力）は発達的に形成される。

発達とは自律と調和を可能とする人格（自我）の形成に他ならない。例えば2～3歳の反抗期に顕著であるが，乳幼児期にはものの取り合いなど他者の意図やルールにかまわず，自己の意思を実現しようとする場合がある。その後小学校高学年・中学校になると，判断における合理性・普遍性の追求がなされるようになる。それぞれの判断が同時には成立しがたいとき，どちらの判断の有効性を認めるかというヘゲモニー（主導権＝自我感覚の芽生え）の問題に敏感になる。

以下はワロン（Wallon, H.）における自他分化の描写である（ワロン，1983）。「最初子どもは人に反対することによって自分を確かめようとする。自我と他者が未分化な状態では人が手に持っているものを何でもほしがる。周りに対

して反抗しながら，自らが自らを勝ち取っていくこの闘争的な時期は，やがて自我内容の境界が明確になり，その境界が安定して行くにつれて，次第に鎮静に向かう。境界は，まず物のレベルで，次に動機と行動のレベル，思考と反省のレベルで順に明確化し，安定する」（pp.62-64，抜粋）。

### 2）人格と自我

　人格（パーソナリティ）は人の広い意味での行動（具体的な振る舞い，言語表出，思考活動，認知や判断，感情表出，嫌悪判断など）に時間的・空間的一貫性を与えているものである（有斐閣『心理学辞典』，1999）。平凡社『最新心理学事典』（2013）によれば，人格（パーソナリティ）とは「特定個人の内部にあって環境に対するその人固有の適応（特徴的な行動と思考）」を決定している精神・身体諸システムを持つ力動的構成体である（Allport, G. W.）。

　パーソナリティは行動を通して知ることができるが，その行動の背景には個々人の判断があり，その判断を支えているものが自我である。自我は認知，感情，行動などの精神諸機能を統制・統合する心的機関，を意味する仮説構成概念である。適応の視点からは心的葛藤を調整する防衛的自我と，知覚，思考，学習などの自律的自我を区別し，自我を精神諸機能を統合する中枢機関と位置づける考え方がある（有斐閣『心理学辞典』，1999）。

　本書では自我を判断システム・意思決定システムと理解しており，自我感覚は意思決定（判断）の有効性の境界の自覚とみることができる。人格発達は意思決定システム（自我）の形成過程とも理解できる（Selman et al., 1986；山岸，1998）。個人が社会に参入し，居場所を得るにあたっては周囲との関係で自立と調和を果たしうる判断能力が求められる（角田・綾，2005）。社会に混乱をもたらすことなく，発展に寄与しうることが期待されるからである。調和の実現にあたっては自己の判断に帰属しうる領域と他者の判断に属する部分，さらには判断の共有が求められる領域を識別し，その判断領域にふさわしい対応能力を有することがカギになる。これを意思決定の効力に関する感覚と呼ぶ（関連する用語として自尊感情，自己効力感などの用語がある）。人格形成は自我境界を明確にしていくことでもある。例えば所有はその処分に関する判断がその個人に帰属することを意味しており，判断当事者を

無視して他者の所有物を処理した場合は所有権の侵害となる。犯罪は結果として公的に認められた他者の判断境界（自我）を犯すことである。

　先に挙げたものの取り合いなど，乳幼児期には情動レベルでの判断（快・不快と接近／回避）が優位となっていることが多いが，その後対他者関係における自他分化／自他境界が明確となり，判断の自覚（意識）がなされるようになる。自我感覚を意思決定の効力の境界に関する感覚と理解すると，後にみるように不登校は自我の成長における意思決定の境界に関する感覚の混乱・不安定化・防衛の現れとみることができる。

　判断は周囲と調和し，適合しなければ生き残れない。そのための手がかり，基準として道徳性がある。コールバーグ（Kohlberg, L.）は道徳判断の発達段階をその認知構造に着目し，次のように定式化した（Kohlberg, 1976）。ここから判断基準が外在的（他律的）なものから内在的（自律的）なものに移行（内化）し，普遍性を獲得していくプロセスを読み取ることができる。

　　コールバーグの道徳判断の発達段階（デーモン，2002）
　　水準Ⅰ　自己への関心
　　　段階1　罰「罰せられたくないから，それをしない（あるいはする）」
　　　段階2　報酬「ご褒美が欲しいからそれをしない（あるいはする）」
　　水準Ⅱ　社会的承認
　　　段階3　人間関係志向「みんなに好かれたいからそれをしない（あるいはする）」
　　　段階4　社会秩序維持「決まりを破りたくないから，それをしない（あるいはする）」
　　水準Ⅲ　抽象的志向
　　　段階5　社会契約観「してはいけないことだからそれをしない（やるべきことはやる）」
　　　段階6　普遍的公正観「たとえ誰がなんといおうと，正しくないと思うことはしない」

　もちろん年少の子どもたちもいつも争いをしているわけではない。就学前児童は一般に品物は大人たちによって平等に分け与えられると信じており，この信念は共感性（私は友だちがいい気分でいてほしい），相互性（友だちは

私と一緒におもちゃを使う），平等主義（取り分は同じであるべき）という理由に支えられている（デーモン，2002）。

一方，自我の欠陥は，①感情に対する耐性の欠如，②衝動満足の遅延や統制の不全，③対象恒常性の獲得の失敗などに現れる（パイン，2003）。

## 3．わかる，わかりあうとコミュニケーション

### 1）コミュニケーションと間主観

生物個体が環境から自立しつつ調和する（自律する）ためには環境との間に連絡・調整回路が必要である。コミュニケーションはその回路において重要な位置を占める。

コミュニケーションの辞書的定義は，①社会生活を営む人間の間に行われる知覚・感情・思考の伝達であり，言語・記号その他視覚・聴覚に訴える各種のものを媒介とする，②動物個体間での，身振りや音声・においなどによる情報の伝達（広辞苑）である。著者はコミュニケーション能力を認識の共有もしくは感情の交流を意図して自覚的に行動や信号をやり取りする力と理解している。

ところで，一般に「わかる」感覚は過去の体験で形成された記憶（内的モデル）と現在の入力情報（刺激）のマッチングが成立したときに生じる。それではコミュニケーションにおいて問題となる「伝わる，わかりあう」というのはどういう状態であろうか？　伝わる，わかりあうとは　相互の主体の間に共有の意識，感情が生まれることであり，また，相手と自分に共有の意識・感情があると感じられる状態である。すなわちこれを，間主観性（相互主観性）の成立といっている。間主観性の成立は情動共有（共感）から共同注意への発達を基盤としている。それでは間主観性とはどういうことであろうか？

平凡社『改訂新版 哲学事典』（1971）によれば，間主観とは複数の主観に共通に成り立つことである。例えば指に怪我をした人がいたとする。そのとき，その人の指の肉体的状態（皮がやぶれ，肉が裂け，血が流れているという状態）は誰の目にも明らかなことであり，したがってそれは間主観的である。しかし指の痛みそのものは，その人にしか感じられない。したがって指の痛みの感覚は主観的であって，間主観的ではない。

発達臨床心理学

近年では他人の痛みに対してそれを観察する人も，同じ脳部位が活性化されて「痛そう」と感じる様子は確認されている。コミュニケーションの基礎をなす共感とその発達については次節で触れる。

2）コミュニケーションのプロセス

コミュニケーションは相互の通信，信号のやり取りであり，コミュニケーションが成立するためには言葉など符号システムを共有していなければならない。人の発達はこの符号システム（言語・非言語）の獲得過程でもある。コミュニケーションが成立するためには第1にコミュニケーション主体双方の間にコミュニケーション意図（コミュニケーションする必要がある，あるいはしたいという意図，文脈・問題）が共有されていなければならない，第2に，空気（声），光（文字）などの情報通信媒体すなわち伝送チャンネルが共有されている必要がある，第3に上記の符号化システムが共有され，最後に情報を伝送する際のチャンネル開閉タイミングが共有されている必要がある（ただし文字情報コミュニケーションではチャンネル開閉タイミングは必ずしも問題とはならない）。

コミュニケーションはまず発信者側のコミュニケーション意図の発生を踏まえて伝送チャンネルに合わせた符号化（構号）が行われ，それに基づく発信がなされる。発信された信号（例えば音声もしくは文字など）は伝送チャンネルに乗せられて受信者側に伝えられ，受信者側の受信モード（チャンネルのチューニングや開閉タイミング）が整っていれば受信され，解号（解読）されることになる。

われわれがなぜコミュニケーションを行うかといえば，第1に共有リアリティの構築を挙げることができる。事物や現象は外界の構成要素としてはじめから外界に存在しているのではなく，私たちが「これが現実だ」と認めるものによって外界は構成されている。たいていの場合，自分ひとりが信じている「真実」はもろく不安定であり，どこかで矛盾や齟齬，破綻をきたしやすい。信じがたい現実を事実と確信し，それを前提として次の相互作用に進むためには，そのときの経験や感情や知識を他者と交換する過程を通して，他者も同様にそれを真実としているという共有リアリティを作り出す必要がある（無藤ら，2004）。

第2章　コミュニケーションと対人関係の発達

　二者コミュニケーションについてみると，日常的コミュニケーションの多くは話者と受け手の立場が双方向的に変換され，ルールに沿った一種のゲームとして展開される。ゲームがゲームとして成立するにはゲームのルールと相手についての知識が重要となる。ただし適用ルールがどのようになっているかはその時々で確認作業を必要とする。私たちはコミュニケーションの前提としての他者の知識を少しずつ確認しながら話を前に進めていこうとする。これをグランディングという。コミュニケーションにおいていかなる時にも誰に対しても常に相手から関心をそらさず，相手と共有リアリティを作り上げようとするとは限らない。聞き手の態度や知識に合うように話者が発信するメッセージ内容を調整することをチューニングという（無藤ら，2004）。

　コミュニケーションの役割として，子どもたちの理解や知識はより知識のある年長者とのやり取り（コミュニケーション）という徒弟制の中で発達する（ヴィゴーツキー，1969; 1970）ということがある。コミュニケーションがコミュニケーション能力の形成（発達）を担っているということであり，ここに自己組織性のパターンを読み取ることができる。

## 4．共感とその発達

　「わかりあう」が成立する前提としての共感関係についてみておきたい。

### 1）共感とは

　共感は人間関係の根幹であり，相手と同様の情動（相手が悲しいときには自分も悲しくなり相手が嬉しいときには自分も嬉しくなる）を抱くことである。共感と他者を助けていく向社会的行動が社会を成立させる情動的基礎（社会の絆）となっている。ここで向社会的行動とは，他の人が困っているとき，すなわち否定的な情動状態にあるときに自分もまたその人の否定的情動を感じ，それによって相手を援助することである。

　共感はコミュニケーションの基礎であり，①社会的微笑，模倣に始まり，②主体感覚（生物学的動きの注視・社会的定位）の発生，③情動感染，④アタッチメントの成立，⑤言語獲得，⑥心の理論・自他分化と進む。

　共感の2大要素として，①行為者（動作者）を自然に理解するように精神状態を自分自身あるいは他者に帰する能力（行為者にある意図性を読み取る

35

能力），②他の人の精神状態に適切に情動反応する（心の理論の意味すること
を含むが，それを超えて情緒的な応答をすることを含む）の２つが指摘され
ている（Baron-Cohen, 2005）。

「共感」現象は人間関係を考える上で，基本的問題を提起する。その１つ
は「人は他の人が考えていること，感じていることをどのようにして知るこ
とができるのだろうか」という認識論の問題であり，いま１つは「何が人を
他の人の苦痛に敏感に反応させ，援助に導くのだろうか」という，向社会的
行動，すなわち人間社会における絆・自己組織性の問題である。

共感の神経構造に関しては，近年ミラーニューロン（mirror neuron）がそ
の基盤となっていると理解されている（リゾラッティ＆シンガリア, 2009）。
ミラーニューロンは猿の前運動野 F5 で観察された単位動作の遂行，模倣，観
察に同様に応答する神経細胞群であり，その後さまざまな脳領域で確認され
ている。ミラーニューロンは目的志向動作の遂行と観察に応答しており，同じ
ことを観察した場合，自己の精神過程の想起により相手の精神状態の推測を
可能にする，すなわち「心を読む」ことを可能にすると考えられる（Gallese
& Goldman, 1998）。ミラーニューロンは社会的認知機能の重要な現れである
共感を支えている。

### 2）共感の第１段階

出生直後の乳児は哺乳，排泄など原始反射に基づいて生活を維持している
が，その１つに生理的微笑がある。これは睡眠中を含め，刺激とは無関係に
内発的に微笑反応が生じる現象である。誰に対しても見つめたり，泣いたり，
ほほ笑んだりする。コミュニケーションの第１段階（生後２ヵ月頃）として，
乳児は母親と視線を合わせることで二者間相互の注意の共有が成立し，その
主導権は母親が握っている。生理的微笑は視線を合わせることによって微笑
が誘発される社会的微笑に変化し，養育行動を強化する。社会的微笑により
相互の注意の共有が成立し，親子の絆を強める（写真 2-1）。社会的微笑の開
始は成熟（遺伝）による。世界中の赤ちゃんは——盲児を含め——ほぼ同じ
時期に笑い始める。

生後３ヵ月頃になるとかなり人の識別ができて，特に母親に対してよく笑
ったり，抱かれて泣き止んだりする。哺乳においても遊び飲みが始まり，情

第 2 章　コミュニケーションと対人関係の発達

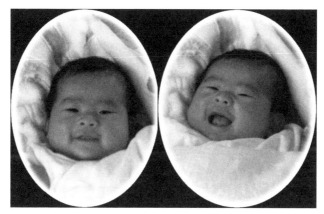

写真 2-1　社会的微笑：親の養育行動を強化（2ヵ月）

写真 2-2　遊び飲み（二項表象）：「I smile → then other smile」（3ヵ月）

動交流すなわち，乳児主導による共振共鳴関係（二項表象）が成立するようになる（写真 2-2）。生後 5ヵ月頃までに自己の情動体験と他者からの情動知覚を同時に経験し，比較照合可能になる。すなわち社会行為シェマ「I smile →　then other smile」が発生する。

発達臨床心理学

写真 2-3　共同注意（三項関係）

### 3）共感の第2段階：共同注意

コミュニケーションの第2段階（6〜7ヵ月以降2〜3歳まで）として共同注意（三項関係：自分－もの－母）の成立がある（写真 2-3）。これは注意を引き起こす対象を介在しての本人と養育者などとの間での注意の共有で主導権を乳児自身が持ち始める。共同注意とは，複数の人が同一対象に注意を共有していることで，他者とのポジティブな情動共有の側面を合わせ持っている。同時に人の識別が一層進み，特定の人（母親）への選択的反応が多くなる，そばを離れようとする母親の後を追う，戻ってきた母親を喜んで迎える，母親を安全基地としながら探索活動を行う，見知らぬ人を警戒し恐れる，などの行動が見られる。これらは4章で述べるアタッチメント（愛着）の成立に他ならない。

6〜9ヵ月になると他者の情動をあたかも自分自身の情動であるかのように理解（一種の共鳴関係）することが可能になる。その結果例えば子ども自身が犬を見つけて驚いた場合，それを見ることで大人も同じ情動経験ができることを予測できるために，対象（犬）を指差しながら大人にうれしいとかの気持ちを伝達することが可能になる（叙述的提示）。これらは，情動的側面を含んだ他者についての認識（自他分化・心の理解）の成立を意味する。その成立には他者の心理状態を推測する能力が必要であり，メタ表象（二次的表象）によって支えられる。

### 4）歩行開始期から幼児期の共感の発達

共感は遅くとも 12 ヵ月までには確認される。12 ヵ月で乳児は自分の目標

第 2 章　コミュニケーションと対人関係の発達

**写真 2-4　感情移入（1 歳 7 ヵ月＝物語の世界へ）**

志向性を侵害すると思われる「行為者」の行為に気づく。行為者が感情を表に出すことを期待する。別の人がどこを見ているかに敏感である。14 ヵ月では「つもり（意図）」を生み出し，理解する。18 ヵ月までに他者の悲嘆に関心を示し始め，2 歳までに会話中に精神状態を表す言葉を使い始める（写真2-4）。アタッチメント関係（4 章）を基礎に 14 〜 18 ヵ月で母子分離不安がピークになり，3 歳で母子分離が可能になる。

　定型発達児の共感の発達は 2 歳まで次のように進む。①ある物が判断能力を有する行為主体かどうかを見分けられる。②別の行為主体が自分を見ているかどうかを判断できる。③行為者が喜怒哀楽などの基本情動を表しているかどうか，もしそうならどんなタイプかを判断できる。④視線や指差しのジェスチャーに応じて共同注意に加わる。⑤他者の苦悩に関心もしくは基本的共感を示すか，他者の基本的情動状態に適切に応答する。⑥行為者の目標もしくは基本的意図を判断できる（Baron-Cohen, 2005）。

　2 歳以降の共感の発達として，①意図や欺瞞，信念を含む範囲の情動状態を自身や他者に帰する，②基本情動だけでなく複雑な情動を適切に認知し応答する，③精神状態を言語を含む行為に結びつけ，さらに実践的に適切な言語を理解し生み出す，④他者の行動に意味を見出し，予測し，関わる，⑤何が適切であるかを状況に合わせ，他者の意図を想定しながら判断する，⑥他者の心を共感的に理解してコミュニケートする，などの能力として発達する（Baron-Cohen, 2005）。

　3 歳までに子どもは例えば見ることで（意図を）知ることができる＝精神

状態間の関係を推測できるようになる。4歳頃に人々が誤った信念を持ちうることを理解し、5〜6歳までに人が信念に関する信念を持てると理解できる。7歳までに他者を攻撃することを避けるために何を言ってはいけないかを理解し始める（Baron-Cohen, 2005）。これは「心の理論」の成立過程である。

心の理論とは間主観の自覚であり、「人は世界に関して信念や欲望（心の状態）を持ち、その人の行動を決めるのは世界の物理的な状態よりもその人が持つこうした心の状態であるということを理解する能力」（Premack & Woodruff, 1978）である。4歳半〜5歳で成立し、1歳半〜2歳のごっこ遊びが可能になるメタ表象能力の獲得を背景として成立する。

## 5. 子どもの社会性の発達を支える要因

児童期以降に子どもの社会性の発達を支える重要な要因である、向社会的行動とレジリエンス、自尊感情について説明する。

### 1) 向社会的行動とレジリエンス（弾力性）

社会性の発達には予防要因とリスクがある。リスクは子どもの発達に問題を起こす要因であり、予防要因はリスクがあってもそれが問題を生じさせるようにはさせない要因である。予防要因としてはレジリエンス（resilience 弾力性）が知られており、苦悩、怒りなどの否定的情動に襲われるような悪条件のもとでも肯定的な適応を可能にしていく動的な過程である（Eisenberg et al., 1997）。予防要因の中で当人や家族が持っている否定的側面をヴァルネラビリティ（vulnerability 脆弱性）といい、心的病理に陥りやすい傾向（遺伝的、生得的特徴）や環境のリスク要因によって構成される。リスクには、①低収入・低所得、②親の精神的病、③虐待、④地域の貧困や暴力、⑤災害、事件、事故などストレスフルな出来事などがある（無藤ら、2004）。

子どもの社会性の発達を支える要因としては共感に基づく向社会的行動が基本であり、①情動制御、②行動制御に示される感情制御能力がある。この感情制御の成功は自尊感情や自己効力感（自信）に結びつく。他方、共感は苦しみ（ストレス）をもたらす場合もある。

向社会的行動は感情制御能力の発達によって支えられる。自分の情動、注

第2章　コミュニケーションと対人関係の発達

意を制御できる子どもはストレスにあったときに柔軟であり，その結果友だちから好かれ，また社会的に適切に振る舞い，向社会的であると教師や仲間から見なされることになる。すなわち本人の感情制御能力と行動制御能力は集団内での地位，立場を左右する。

　感情制御能力は柔軟に応答できる力であるレジリエンスによって社会的適切行動に結びつけられているが，そのレジリエンスは本人の属性（能力の高さや，臨機応変に対応でき，たくましい性格で，環境条件が変わっても柔軟に機能できる個人の特性）に加え，親の暖かさなどの家族の属性，有効性のある学校，向社会的・支持的な大人との親しい関係，近隣や社会的なサポートなどの社会的環境の特徴などに左右される（無藤ら，2004）。

## ２）子どもの社会性と自尊感情

　自尊感情に関して，もともと人は自身の活動の結果がどうであったかについて，強い関心を持っている。自分の思った通りになったと判断できれば，満足が得られるし誇りに感じる。さらにまた，他人からも自分の行動が評価されたり，賞賛されたりすれば，同様の気持ちを抱く。このように，自分自身への関心や誇りは，自分の行動結果を自他がどう評価するかということに直接的に左右される。この自身への関心や誇りを自尊感情という。

　自己評価と他者からの評価のどちらにいっそう影響を受けるかは，人によって個人差があるが，自分の行動結果に対する自他からの評価が高ければ，満足感と誇りを感じ，反対に自他からの低い評価に甘んじなければならないときは，誇りが傷つけられやすい。この感情は自我にとって中心的なものであり，生涯にわたる自我形成に不可欠なものである。本来自尊感情は人生の最初の３ヵ年において見出すことができる。その後の保護者や親しい大人との関わり方や評価のされ方，子ども自身による評価の仕方の中で変容・形成を繰り返しながら発達する（遠藤ら，1992）。

　人は本来自己評価への欲求を持っており，客観的自己評定が困難な自己の側面については，自分と類似性の高い他者との比較によって，その評価の正当性を確認しようとする。ただし，自己評価と結びついた自他比較が可能になるのは，急激に認知機能が発達し，学校場面でも同年齢の子どもとの交渉が増える，９〜10歳以降のことである。

41

発達臨床心理学

　自尊感情が損なわれやすい思春期において周りの友人や大人からの評価は大きな影響を与える。思春期にある若者の行動の変容を期待するためには，周りの大人がこのことを理解した上で，若者の自尊感情を育み，自己決定能力を育てるような接し方，取り組みが重要である。

　多くの問題行動を起こす子どもたちに共通する1つの特徴として自尊感情の低下がある。自分自身に対するあるときは投げやりな，あるときは攻撃的な構えの存在がうかがえる。これは思春期における自立の困難や，人生に目標が持てず無気力を感じながら過ごす子どもたちの傾向と深く関わっている（諸富・大竹，2002）。

　他の生徒との関係で多少の摩擦が生じ，気まずさを感じて誤解が生じたときにうまく対応できずに攻撃や逃避に向かう傾向がある。自己主張と他者尊重の折り合いをつけながら人間関係を調整する能力が育っていない。自分を抑え，友人たちの欲求に過剰に応えようとする，あるいは逆に最初から距離をとり，他者と関わらないようにすることで自己防衛を果たそうとする（諸富・大竹，2002）。

　同様に，不適応行動を示す子どもたちには「自尊感情の低下・喪失」が起こりやすい。自己を受容できず，自分自身に対して否定的なイメージしか抱けないという問題がある。このような子どもに自尊感情をどう育んでいくかが大きな課題である（諸富・大竹，2002）。

　その理解には学習性無力感（learned helplessness）の視点が役に立つ（ピーターソンら，2000）。学習性無力感とは，例えば犬に逃げられない状態で電気ショックを与えると，すぐに逃げる努力の無益さを学習し，逃げようとしなくなる。いったん逃げることの無益さを学んだ動物は状況が変わっても逃げることを諦めてしまう。動物はこの学習性無力感に打ち勝ちがたい。勉強に意欲を持てない子，いじめに立ち向かえない子にその例がある。

# 第3章

# 発達における遺伝と環境の相互作用

## 発達のしくみ

先に発達は遺伝と環境の相互作用によって進むと述べた。発達における不適応の現れを理解し，的確に対処する上では遺伝と環境の役割の理解は大変重要である。本章では，ゴットリーブ（Gottlieb, G.）の発達的心理生物学的システム論に依拠し，遺伝と環境の相互作用が現時点でどのように理解されているかを紹介する（谷口，2011, 2012b）。

## 1．発達的心理生物学的システム論

ゴットリーブ（Gottlieb, 1971）は孵卵器で卵からかえされ，親との接触経験を持たないマガモとアメリカおしどりの雛が，孵化後それぞれスピーカーから流れる自分と同じ種の母親集団の鳴き声を区別し，接近行動を示すことを明らかにした。テスト場面に先立って可能であった聴覚経験は自分自身と同朋の鳴き声との接触のみであった。マガモの，同種の母親の呼び声に対する出生後の反応選択性は，自分自身もしくは同朋の発声を孵化前後に経験しないと生じなかった。これは種に固有の能力獲得に対する環境（経験）の効果を聴覚面で実証したものである。ここからゴットリーブ（ゴットリーブ，2006；Gottlieb et al., 2006）は発達的心理生物学的システム論を展開した。

上記はインプリンティング（imprinting 刻印付け），初期経験の研究に属する。インプリンティングはローレンツ（Lorenz, K.）による，灰色ガンの追尾行動実験（ローレンツ，1998）によって広く知られている。カモなどある種の鳥は孵化後 24 時間以内に初めて見る，自分より大きな動く物，の追尾行動をする（視覚的インプリンティング）。この事実は遺伝と環境（経験）の相

発達臨床心理学

互作用の関係, 特に学習における臨界期（critical period）[1] の存在をわかりやすく示した。それまで生得的（遺伝的）と考えられてきた行動が, 学習性のものであり, それも特定時期の特定経験によって成立するように遺伝的に予定されていることが明らかにされた（生得的解発機構）。追尾行動インプリンティングの生物学的意義は雛鳥の安全確保にある。すなわち天敵に狙われやすい雛は母鳥と一緒にいることにより生き残りの確率を高める。あわせて母鳥を通して, 餌の確保など生き残りのための習性の学習が可能になる。

ゴットリーブの発達的心理生物学的システム論は,「個体発達は相互に影響し合う多層の水準で階層的に組織されている, 遺伝情報は神経系の構築を通して行動に関与し, 環境に働きかけ, 環境からの作用もそれぞれの水準を通して遺伝活動に影響する, すなわち相互作用によって発達は進む」と述べる（図 3-1）。

従来遺伝子の効果は一方向であると考えられていたが, 最近は細胞の置かれた環境によって遺伝子の効果が変わるという双方向性が理解されている。具体的にいうと, 従来染色体もしくは遺伝子情報の別々の部分は生体の別々の部分の分化の原因となり, 目, 脚, つま先の遺伝子がそれぞれにあると考えられてきた。しかしこれは間違いで, 遺伝子（DNA）の実際の役割は腕, 脚, 指を作り出すことではなく, 蛋白質を作り出すことであった。この蛋白合成をもたらす遺伝子発現が細胞の置かれた環境, その結果としての細胞質特性により変わることが明らかにされた。これが遺伝子に対する環境の効果を示す, 双方向性の一面である。

ゴットリーブは, ①発達における多階層水準（遺伝子, 細胞質, 器官, 器官系, 生体, 行動, 環境）間の相互作用, すなわち遺伝子発現への他階層からの作用（双方向性）を強調し（図 3-1, 3-2）, ②遺伝子はその環境によって発現し, 蛋白を合成する, すなわち遺伝子によって形成される構造・機能は（遺伝子が置かれた）環境によって変わる, ③発達の原動力は相互作用として

---

1　臨界期は, 生涯にわたる非可逆的行動の学習が成立する特定の時期（期間）を指すが, その背景にはその機能を担う神経系の可塑性がその時期に高まることがある。ただし人を含む多くの動物では, その期間がある幅を持って存在すると考えられることから, その後この期間を「敏感期」と呼ぶようになった。この敏感期は機能・能力獲得の順序性, 階層性に結びついている。

44

第 3 章 発達における遺伝と環境の相互作用

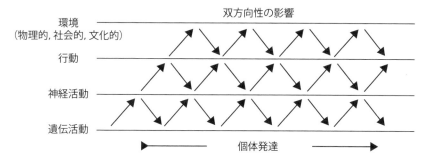

図 3-1 発達心理生物学的システムの枠組み：水準間の行き来の双方向性
（ゴットリーブ，2006）

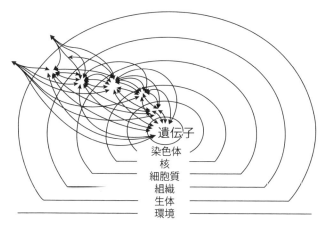

図 3-2 発達における多階層水準（Gottlieb, et al., 2006）

生体を構成する遺伝子，染色体，細胞核，細胞質，細胞から組織（神経系とか循環系，筋骨格系など）は外的環境と相互作用する。それぞれの構成要素は全ての他の構成要素とそれ自身のレベルだけでなく，低い水準あるいは高い水準にも同様に影響し，影響されあう，階層的に組織されたシステムを構成する。

の経験（特定要素間の関係＝協働）である，という。要するに，遺伝の影響は決定的ではなく，発達経過中の経験（環境）が重要という。

　ゴットリーブが示した，遺伝と環境の双方向性と経験によって遺伝の影響が非決定化されるプロセスは，図 3-1 の遺伝活動から行動までの各水準の次のような変化の連鎖として理解できる。

発達臨床心理学

1）遺伝子は刺激を受けて遺伝子発現すなわち蛋白合成を行う
2）神経レベルではその蛋白合成によって，シナプス後膜の構造が変わり，伝達物質の伝達効率が変化する。その結果神経回路が形成され，記憶（学習）が成立することになる。脳は概念を構成する要素情報をそれぞれ特定の場所に神経回路として蓄積（記憶）する。発達は記憶のプロセスでもある
3）行動レベルでみると，記憶――とりわけ長期記憶――の成立は新たな機能・能力（移動，言語・コミュニケーション，書字，概念操作など）の獲得を意味する。それによって次の世代を生んで育てるという生殖能力を獲得し，幼体から成体への過程を進む。これが発達である

　ゴットリーブの主張の①は図式的には図 3-2 によって示される通りである。図 3-2 は図 3-1 の時間を固定した断面を示し，生体の各階層の双方向性を示している。水準間のやり取りは双方向であり，遺伝子の活動は協働システムの相互作用のかなり内側に位置づけられている。図 3-1 との関連でみると神経活動は組織の水準で，行動は生体として示されている。遺伝活動が遺伝子から細胞膜までの水準で表現されている。図は大きさ，分化，各要素が影響する複雑さ，がそれぞれに増大する階層的に組織されたシステムを示しており，それぞれの要素はその水準だけでなく，より下位，あるいは上位の水準とも同様に影響しあっている。
　遺伝子の外方向への作用はこれまでも認められてきたが内方向（外から遺伝子方向）への作用はあまり考えられてこなかった。最近の理解では遺伝子活動は，外環境を含むシステムのいずれの水準からの現象によっても細胞質を通して影響される，相互作用する協働システムだというものである。例えば社会的相互作用，日照時間の変化，などの環境要因は分泌されるホルモンに影響する。これらのホルモンは細胞核内の DNA 転写の活性化（すなわち遺伝子活性）に帰結する。今日外的感覚ならびに内的神経事象が遺伝子発現を促進あるいは抑制している経験的実例は次節でみるようにたくさんある。すなわち，遺伝子から環境までのさまざまな水準で作用の双方向性は支持されている（Gottlieb et al., 2006）。

46

第3章　発達における遺伝と環境の相互作用

## 2．生物学における発達論の展開

### 1）前成説と後成説，生気論と機械論

ゴットリーブら（Gottlieb et al., 2006）は自らの発達的心理生物学説を確率論的後成説（probabilistic epigenesis）と特徴づけている。生物学ではこれまで前成説（preformation）対後成説（epigenesis），生気論（vitalism）対機械論（mechanism）の論争がなされてきた。その経過は，前成説から実験発生学を経て後成説へ，後成説では当初の生気論対機械的還元論の対立からシステム論へ，すなわち宿命論的後成説から確率論的後成説へと発展してきた。

前成説は全ての個体は発生の最初から個体内の全ての構造を何らかの形で持っていて，それが発生に際し成長につれて明らかな形をなすようになるという学説である。しかしこれは実験発生学の進歩により根本的に覆された。代わって，生物発生は単純な状態から複雑な状態への発展であって，構造は発生過程で新たに生じてくるという後成説が優勢となった。後成説の勝利により機能・構造が漸次的に形成されると理解する発達的観点が導かれた。

しかしながら，後成説においても生物にどのようにして新たな器官が発生するかについてはさまざまな議論があった。ドリーシュ（Driesch, H.）はウニの4分割卵を分離し，それぞれが小さな個体として成長することを示した。ここから，それぞれの細胞は体のどの部分にもなり得る同じ潜在的可能性を持っているという調和等能性と，同一種の発達しつつある生体は異なった初期条件，異なった方法からも同一の最終状態に達するという等結果性が明らかになった。その後，シュペーマン（Spemann, H.）はイモリの初期原腸胚の移植実験を行い，「初期原腸胚では移植先の予定運命に従うが，その後の初期神経胚では移植前の予定運命に従う」ということを示した。さらに，初期原腸胚でも原口背唇部分の移植は二次胚を形成することを示した。これらは胚細胞の等能性（equipotentiality）[2] を示すとともに，細胞分化が誘導によって

---

2　胚細胞の等能性は全ての細胞が遺伝情報（ゲノム）を保有していることを基礎としており，分化は遺伝情報の不活性化を伴っている。論旨から外れるが，アメリカの心理学者カール・ラシュレー（1890-1958）はこの等能性が脳に存在するとして原子論的立場に立つ機能局在論と対峙した。すなわち，学習成績の低下が除去された脳実質の量に比例するとして量作用の原理を主張した（全体論）。現在量作用の原理は退けられているが，

47

行われる，しかも移植の時期・場所によって効果が異なるという，誘導と形成体の存在を明らかにしたものである。

　生命現象をどのように理解するかについては，デカルト（Descartes, R.）による，生物を複雑な機械と見なし，古典物理学での力学の原理によって生命現象を説明する機械論，さらには，生命現象は物理学的，化学的に説明し尽くされるとする，機械論的還元主義などがあった。機械論では生命現象を要素的単位の加算で説明しようとするところから生物発生に関しては前成説に結びつきやすい。これに対し，ドリーシュは細胞の等能性や生物の等結果性を，生気論によって説明しようとした。生気論とは生命現象の合目的性を認め，その合目的性は有機的過程に自ずと内在する特異な自律性の結果であると主張する。その特異な自律性は超越的であって自然科学（物理学）の言葉によっては説明し尽くされないと主張した。すなわち神秘主義である。この神秘主義に対抗し，超越的自律性を合理的に説明しようとしたのがフォン・ベルタランフィ（von Bertalanfy, L.）らによるシステム論（system theory）である。

## 2）生体システム論

　システムとは要素とそれを構成する仕組み，関係を表現する言葉であり，系，体系，制度，方式，機構，組織などの用語で置き換えられる。相互関係を有する部分の総体をシステムという。フォン・ベルタランフィ（1973）によれば，システムとは相互作用する要素の集合であり，ここで相互作用とは要素 $p$ が関係 $R$ において存在すること，したがって $R$ の中での1つの要素 $p$ の振る舞いが別の関係 $R'$ の中での振る舞いと異なることを意味する。個別システムには外部に対し相対的に独立した仕組み，流れが想定されるが，その個別システムはより上位のシステムの下位構成成分となることがあるなど，一般的に階層構造を有する。上位システムと下位システムとの間には同型性もしくは類似性が存在することが少なくない。システムの用語，概念は情報科学，システム科学分野でフォン・ベルタランフィやウィーナー（Wiener, N.）らによって発展させられたが（ウィーナー，1962），自然現象から社会

---

機能は局在しつつ相互作用によって全体として脳は機能していると理解されている。

現象，精神現象までを包括する統一科学概念である。

　生物は個々に生体システムを構成して生命活動を行っている。生物における代謝をみると開放性と定常性の中で等結果性が実現されている。開放性を担う，開放システムは環境との間で物質交換を行っていて，システムには入るものと出るもの（流れ）があり，流れてくる物質とシステムを構成する物質成分を組み立てたり壊したりしている。一定の条件下では開放システムは時間に依存しない状態，いわゆる定常状態（動的平衡）に達する。これをすでに述べたようにホメオスタシス（恒常性もしくは定常性）という。そこでは物質の動きがあるにもかかわらず，システムの構成は一定のままに保たれる。開放システムでは定常状態に達せられると初期条件に依存せず，システムのパラメータ反応速度や輸送速度によってだけ決定される等結果性をもたらす（フォン・ベルラタンフィ，1973）。

　システム論は生体（生命活動）の本質が相互間のプロセスの調和と協調にあることを明確にした。現在では，発生における超越的自律性は遺伝子発現のメカニズムによって説明される。遺伝子発現は定常状態を維持する開放系である生体システムによって実現され，生体システムは物理学における熱力学の第2法則として知られるエントロピー最大化原理（熱や物質分布の均質化への傾性）に逆らい秩序を組織している。生物（蛋白質による生命活動）が歴史上どのようにして熱力学の第2法則に逆らう自己組織性を獲得したかは自然科学の大きな謎であるが，これは今後遺伝子発現メカニズムの解明に伴って明らかにされることを期待したい。遺伝子発現とは遺伝情報から蛋白質が形成されることであり，次に述べるように発現した蛋白質が体（組織）の形質（特徴）を決める。

## 3．経験と遺伝子発現（記憶のメカニズム）

　ゴットリーブの主張の特徴②のプロセスをもう少し詳細にみてみたい。脳は豊かな環境（enriched environment）で育つと重くなったり，皮質が厚くなったり，また神経細胞の樹状突起の分岐数が増えたり，より発達するという豊環境効果が知られてきた（清野，1995）。この効果の背景には遺伝子発現があるが，その遺伝子発現には最初期遺伝子（IEGs）が関与している（Pinaud et al., 2001）。遺伝子発現とはデオキシリボ核酸（DNA）からその塩基配列情

報を伝令リボ核酸（mRNA）に写し取り（遺伝子発現の第１段階：転写），次にリボソーム上で mRNA の塩基配列によって示されたアミノ酸を順に結合させて蛋白質の基本単位ポリペプチドを合成する（遺伝子発現の第２段階：翻訳）ことをいう。このポリペプチドは種々の加工を経て蛋白質となり，その特有の機能を発揮して細胞活動を支えている。

　この合成された蛋白質の違いによって細胞の構造・機能が定まってくる。その際，DNA 上のどの遺伝子の転写活性が増すかは，細胞が置かれた環境に依存する細胞質の分子特性に影響される。この遺伝子発現に関わって，刺激に素早く応答するのが上述の IEGs である。IEGs は，多様な細胞刺激に応答して一過性に，急速に活性化される遺伝子である。それらは，新しい蛋白質が合成される前の，刺激に対する最初の段階の応答において，転写レベルで活性化される持続的応答メカニズムである。そこで，IEGs は"ゲノム応答への玄関口"と呼ばれる。すなわち環境と遺伝子の相互作用の最前線である。

　例えば最初期遺伝子 Arc は海馬を含む大脳皮質に広く分布しており，ArcmRNA や Arc 蛋白の生成の時間経過は脳の各部位で経験依存的に異なることが報告されている（Kelly & Deadwyler, 2003）。Arc は Activity-regulated cytoskeleton（活動調節性細胞骨格）の略で，細胞骨格は細胞の形を決めたり細胞を動かしたりして，細胞機能を支える要となる構造である。Arc 遺伝子の最も特徴的なことは mRNA が樹状突起にも誘導されることで，シナプス可塑性に重要な役割を担っている（山形, 1996）。ArcmRNA や Arc 蛋白の動態を観察することにより記憶形成への各脳部位の関与のあり方の解明が進められている。

　記憶の実体はシナプス伝達特性の変化（シナプス可塑性）によって示される神経回路形成であって，これが機能形成の現れである発達を支えている。シナプス可塑性はニューロンあるいはグリア細胞内の情報伝達系を介したそれぞれの細胞内外での変化（蛋白質の修飾，遺伝子の転写・翻訳制御，細胞の形態など）により制御されている。短期記憶から長期記憶へ組み込まれるには，遺伝子の転写・翻訳を伴う蛋白合成が必要となることがわかっている（津本, 1999）。

　電話番号を覚えるなどの短期記憶はシナプス後膜のグルタミン酸受容体がリン酸化して活性化し，イオンを通しやすくなることによって担われており，

これは数時間で消失する。これに対し，長期記憶には mRNA が活性化し，蛋白合成（遺伝子発現）が必要になる。これはシナプスの構造的変化をもたらし，24 時間以上持続する（柚崎，2003）。短期記憶は海馬によって保持され，その保持時間は 30 分～最大 4 時間程度までである（初期－ LTP；long-term potentiation 長期増強）。その後記憶は海馬から皮質に固定化される（後期－ LTP）（井ノ口，2011）。この記憶の固定化にあたっては想起＝最初期遺伝子 Arc の活性化（発現）が重要な役割を果たしている（Tzingounis & Nicoll, 2006）。

　脳は概念や行動単位を構成する要素情報をそれぞれ特定の場所に神経回路として記憶する。記憶（学習）の成立過程をみると，IEGs は刺激を受けた際，細胞が置かれた環境に合わせて遺伝子発現，すなわち蛋白合成を行う。神経細胞レベルの蛋白合成が記憶を担い，発達を支えるプロセスは p.46 の 1）から 3）ですでに述べた通りである。記憶の固定化には海馬が必要であるが，想起には海馬は必要ないことが，海馬損傷患者 H.M. の症例（コーキン，2014）から明らかになっている。

　遺伝子発現は発現の場である細胞質の影響を受けるが，その細胞質は外的環境を含め，生体システムのいかなるレベルからも影響を受ける可能性がある。これまでのところ，インプリンティング，言語習得を含む学習と記憶の分子機構，ストレスと免疫系，心的外傷後ストレス障害（PTSD）など，遺伝子発現を左右する環境による神経系の可塑性の例を多数挙げることができる。そこで大事なことは，われわれは遺伝子だけを受け継いでいるのでなく，どんな種にも一般化できる出生前ならびに初期出生後の環境条件，すなわち養育システムをも受け継いでいるということである。すでに述べたように，これは遺伝子（gene）に対して新たな自己複製子ミーム（meme）と呼ばれる（ドーキンス，1991）。

## 4．発達と環境：経験の効果

　ゴットリーブの主張の特徴③を理解するために，人の発達における経験の効果（環境の役割）を脳の可塑性研究から整理する。日本人の子どもであっても幼児期から英語環境で育てば英語を話すようになるなど，言語獲得が環境に依存することはよく知られた事実である。他方，生後早期からの視覚障

害や聴覚障害は発達的に認知障害や言語障害をもたらす。先天性の聴覚障害（先天聾）の場合，そのままでは言語は発達せず，一生言語障害を持って過ごすことになる。現在では聴力損失の程度にもよるが，生後まもなくから人工内耳や補聴器を使って言語指導をすれば，音声言語の獲得は可能である（永渕，1991）。

　先天性白内障は生まれつき角膜や水晶体が白濁して光がまっすぐ網膜に届かないために視覚障害となる。その際，光覚が残っていれば角膜交換などの外科的な開眼手術によりその障害を除去することができる。しかし成育後に開眼手術を行ってもそのままでは文字の読み書きを含め視覚による形態認知は困難である（鳥居・望月，1992）。開眼手術により幼児期早期に光入力が保証されれば視覚による生活が自然に可能になる。

　上記は実験的には刺激剥奪の効果として知られる。最初の16ヵ月間暗黒条件で養育されたチンパンジーは光には反応したがパターン弁別は不可能であった。光刺激がない条件では網膜神経細胞と視覚皮質は萎縮し始める。剥奪時期が長ければ長いほど障害は重くなる。すなわち，暗所で育てられた動物は全く視覚が損なわれ，片目を覆われて育てられた動物はその目が見えなくなる。大人になった動物は長期間刺激が遮断されても視覚を失わない。これらの事実は生後早期に正常刺激の欠落が生得的知覚能力の欠損をもたらす，臨界期が存在することを示す（Hubel & Wiesel, 1977）。これらは脳の発達における神経系の可塑性（環境による脳の働きの変化）の問題としてその仕組みが明らかにされてきた（神経可塑性 neuroplasticity）。

　図3-3に神経細胞とその部位の名称，図3-4にシナプスの模式図を示す。脳の発達は神経細胞（neuron）の増加，軸索（axon）の伸長，樹状突起（dendrite）の分岐，髄鞘化（myelination），シナプス（synapse）の形成を伴う。その過程では神経系の過剰発生（proliferation）と淘汰（pruning）が認められる。すなわち，発達期に神経細胞は過剰発生し，その後退行，細胞死（アポトーシス apotosis）という現象が生じる。神経軸索も胎児期あるいは新生児期にはたくさんの神経細胞との間に異所性投射が存在し，それが発達とともに退行し，本来あるべき投射部位に限局してくる。他の神経細胞との接点（シナプス）を構成する樹状突起棘も増加と減少のプロセスを経る。この過剰発生の経過を反映すると推測される変化が脳の糖代謝率の年齢変化とし

第3章　発達における遺伝と環境の相互作用

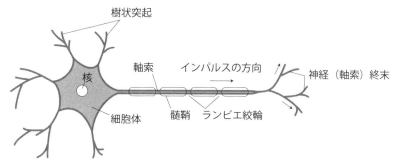

図 3-3　神経細胞とその部位

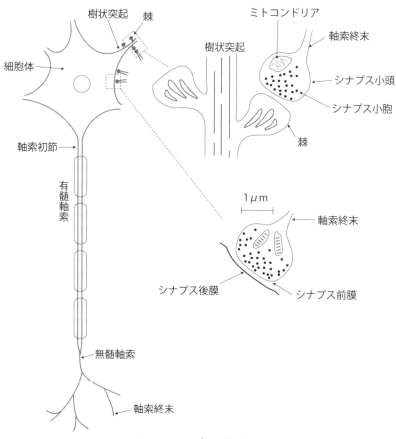

図 3-4　シナプスの模式図

発達臨床心理学

て観察されている。

　年齢増加に伴うブドウ糖消費量の絶対値の変化は，出生時には各皮質部位とも成人より低いが，急速に増加して2～3歳には成人値を超え，その後も増加を続けて4歳頃の糖代謝量は成人の2倍近くになり，これがほぼ8～10歳頃まで維持されて，その後思春期に減少，16～18歳頃に成人値に落ち着くという経過をたどる。この成人値超過現象は大脳皮質で最も顕著で，皮質下や小脳ではより少ない。この変化は脳循環や脳酸素消費量の変化とほぼ対応している（Chugani et al., 1987）。

　小児脳はなぜ高糖代謝を示すかというと，血流量変化は脳の成熟に関与する種々の細胞活動の代謝要求の総体として出現しているからである。いわば，発達脳のエネルギー消費の必要性から生じている現象であり，逆に脳の高糖代謝はその発達可能性を示すものとみることができる。すなわち，乳児期から学齢期まで顕著な発達可能性を示す。

　神経組織がなぜ過剰発生するかというと，その生物学的意味は，脳の神経回路網形成に遺伝情報がそれほど決定的役割を果たしているわけではなく（すなわち複雑な神経回路網の詳細な設計図が全て遺伝子に組み込まれているわけではなく），生後の環境に合わせて神経回路網を調整あるいは編成していくことを可能にすることにあると考えられている。過剰細胞，過剰投射は生後の環境要因（経験）が神経回路網を形成することのできる基盤となっている（津本，1986）。過剰な神経細胞ならびに過剰な神経投射の内，外来刺激パターンが活動性を引き起こす経路は保持され，それほど活性化されないシナプスはそのその接続が失われるメカニズムがある（用不用説[3]）。

　そのメカニズムでは，シナプスを構成する前後の神経細胞の興奮のタイミングが重要である。すなわち，同時に発火したニューロン間の結合は強められ，使わずに発火しないニューロン間の結合は弱められるという，いわゆるヘッブ則（ヘッブ，1957）によるシナプス可塑性に基づく学習原理が働く。軸索を伝わってきた信号が標的細胞（シナプス後細胞）を興奮させ，そこに電気的信号を発生させた場合には細胞体からシナプスが存在する樹状突起へ

---

3　用不用説は獲得形質の遺伝を唱えた進化論者ラマルク（1744 - 1829）の主張を示す言葉であるが，ここでは能力獲得に際しての神経システムの特性を表す言葉として用いた。

54

第3章　発達における遺伝と環境の相互作用

の逆行性伝播が生じ，それを契機として十分な栄養物質が軸索末端に補給されるが，軸索の信号が標的細胞を十分に興奮させることができない場合にはシナプス前細胞の軸索末端に栄養物質が補給されないメカニズムが推測されている。

　経験に伴う脳の可塑性の現れとしては先の豊環境効果の他，①ロンドンのタクシー運転手の勤務年数と海馬後部容積の相関（Maguire et al., 2000），②視覚障害（全盲）者の後頭葉視覚皮質による点字（触覚情報）処理（Sadato et al., 1996），③聴覚障害者の聴覚言語野による読唇処理（MacSweeney et al., 2001）などが知られている。

　環境の生体に対する作用の1つとしてストレス反応がある。ストレスは神経系を介し，免疫系にまで影響する。リンパ球は多数のさまざまな神経伝達物質の受容器を持っているなど，免疫系と神経系の間には，多数の結びつきがある。神経伝達物質と免疫系の結びつきの発見は重要である。不安とか抑鬱のような否定的感情が神経伝達物質レベルに影響を及ぼす。ストレスで死亡したサルの海馬では多くの細胞が脱落し，十分成長できていないという結果が示されている（加藤・加藤，2001）。近年では後にみるように発達脳に対する虐待の否定的影響も注目されている。反対に，笑い，喜びなど快感情の健康増進への有効性もこの点から理解できる（伊丹ら，1994；三宅・横山，2007）。これらは経験と脳の情報処理システム構築との関係を如実に示している。行動や意識はこのように形成された神経システムの産物である。上記から心身相関（意識と物質の一元性）は明らかである。

## 5．発達的心理生物学的システム論の理論的意義
## ：自然科学的心理学の立場

　遺伝子発現ならびに脳の成熟発達過程の素描を通して発達的心理生物学的システム論の意義をみてきた。成長における遺伝と環境の相互作用に関する議論の中で，発達科学は発達が機能・構造の創発によるものであることを示し，また発達における環境の役割を適切に位置づけた。すなわち発達は生体（主体）と環境の調和のプロセスであり，個体発生中の成熟的（生物），経験的（個体），文化的寄与（社会）の融合の解明が発達科学の課題である（ゴットリーブ，2006）。

55

発達的心理生物学的システム論は，これまで仮説構成概念によって組み立てられてきた人格発達について，実体概念に引きつけ，より具体的なプロセスとして議論できるようにしようとするものである。ゴットリーブの生物学的発達論は人の生活あるいは能力形成と社会変動の関係を理解するために，これまで欠落していた概念をミクロ（分子，細胞）のレベルで提供している。その学説の妥当性は，近年の神経回路形成における遺伝子発現研究（学習・記憶の分子機構の解明）の進展によって立証されている（谷口，2011）。理論的には還元論であり，発達を他の学問領域の成果を踏まえて一貫した統一的科学概念によって説明する。これは人格発達に関する自然科学的アプローチに他ならず，自然科学の一分野としての心理学の意義・役割をより明確にするものである。

　ルリア（Luria, 1969）は自然科学としての心理学の３つの原則を次のように述べる。１）それぞれの心理過程は生体と環境との具体的な相互作用の結果形成された複雑な機能的構造物である（相互作用説）。２）科学的心理学は心理活動の形成＝発達に関する学問にならなければならない。発達は生体と環境とのリアルな相互作用の過程における心理活動の形成である（発生的観点）。３）人間の心理活動の形成は常に周囲の人々との生きた交際の条件で行われ，その過程で子どもは大人から多くの世代の経験を習得する（内化理論）。発達的心理生物学的システム論は上記の３つの原則に関わって分子レベルからその相互作用と創発のプロセスを明らかにしようとする。

　ゴットリーブに先立って生体における機能創発の原理を上記１）の観点から神経系のレベルで示したのはパブロフ（Pavlov, I.P.）である。パブロフは行動と神経をつなぐ条件反射（神経の一時結合）を発見し，そこから条件反射学を確立，心理学における学習理論の構築を可能にした。すなわち，心理学に対して，それまでは見えていなかった行動と神経系の間を結ぶ環を提示した。今日，条件反射形成による一時結合（学習成立）は，前節でみてきたように遺伝子発現によるシナプス伝達効率の変化すなわち神経回路形成と理解される。

　ゴットリーブの主張③を先取りし，自然科学的心理学の原則２），３）を理論的に展開したのは，ヴィゴーツキーである。すでに述べたように，ヴィゴーツキーは内化理論（２章）により人格発達における文化の寄与を明確に

第 3 章　発達における遺伝と環境の相互作用

した。ヴィゴーツキー（1970）によると，言語は親の精神活動の道具（精神内機能）であるとともに，子どもの精神活動と相互作用する道具（精神間機能）でもある。彼は言語を，文化的変化を形づくり，大人とその子ども両者に与えられた環境を統合する仕掛けとみた。

　ヴィゴーツキー（1969）の次のような考え方は経験を重視する発達的心理生物学的システム論の考え方を先取りしている。「認知発達は社会－遺伝的過程である。それは大人と子どもの社会的活動により実現される。子どもたちの理解や知識はより知識のある年長者とのやり取り（コミュニケーション）という徒弟制の中で発達する」。そのやり取りにおいて重要な意義を持つのが最近接発達領域である。最近接発達領域（zone of proximal development）は，自立した問題解決で示される子どもの実際の発達水準と，大人の助成もしくはすでにできている仲間との協力でできる問題解決で示される潜在的発達水準，の差として考えられている（ヴィゴーツキー，1969）。すなわち，大人の指導・援助のもとで子どもは自分自身で課題を完了させる能力を発達させるという。ヴィゴーツキーは発達が文化的道具や資源（新たな自己複製子 meme）をマスターする弁証法的過程そのものであることを指摘した。

　ヴィゴーツキーの社会－遺伝的過程では，人は理解や知識の能力獲得と合わせて，人との関わり方をも無意識のうちに身につけていると思われる。エルダー（Elder Jr., G.H.）はそのプロセスを次のように敷衍する（エルダー，2006）。家族成員の生活及び発達経過上の歴史的出来事は，彼らに共有され，生かされた経験を通してそれぞれの家族の社会的役割，生活状態，及びパーソナリティ特性の関数として，必然的に組み込まれる。これらの相互依存性は，世界大恐慌を生きた家族の発達プロセスとその結果の事例として，次のようにまとめられている。

　経済収入のひどい喪失を被った家族は夫婦関係が最悪になった。その原因は主として経済に関する口論の増加，夫の興奮性の増大，緊張及び暴力沙汰である。夫は経済的圧迫下で興奮過剰になればなるほど，子どもに対して罰を与えやすく，一貫性のない行動をとりやすかった。経済ストレス下でイライラしても，もし子どもの母親が子どもに感情的サポートを与えるならば，父親が子どもを虐待する傾向は弱かった。またこのような母親役割は子どもの問題行動の持続性を最小にした。不安定なパーソナリティと不安定な家族

（夫婦，親子）関係は，人生の各時期を通してダイナミクスを相互に強化している。これらのダイナミクスは，個人の連続性と世代間伝達のプロセスを通じてある世代から次の世代へと継承される（ケアンズら，2006）。この関係の現代社会における現れは次章及び 10 章で詳しくみることにする。

## 6．発達的心理生物学的システム論の現代的意義 ：発達のシステム理解

　心理学は意識研究に始まり，行動の法則性の解明へと進んだ。近年は意識，感情の脳メカニズムの解明なども視野に入っているが，いずれにしても個人に焦点があたっている。しかしながら適応不全を考えた場合，その原因は病気など生物学的レベルのこともあれば，ストレスなど社会環境に由来する場合もある。人に関わるさまざまな問題にアプローチしようとした場合，内面理解に重きを置く旧来の臨床心理学的方法のみでは限界がある。WHO による障害理解が生物・心理・社会の多面的アプローチを強調するのはその事実を反映したものである。

　発達科学は分子から社会までの全ての水準・階層を視野に入れて人間存在のあり方，「関係」を明らかにしようとする。発達心理学が現象を細かに描出し，発達のプロセスを主として仮説構成概念を駆使して説明しようとしてきた蓄積を土台とし，より広い観点ならびに方法的基礎の上に立って発達の実体論的メカニズムの解明に歩み出すことは，近年の分子遺伝学や神経科学の急速な発展を踏まえるならば十分可能となっている。

　ゴットリーブ（Gottlieb et al., 2006）が指摘するように，遺伝子発現に対する環境の影響（トップダウンプロセス）の理解は行動遺伝学や神経科学では一般的になりつつある（スペクター，2014）。発達心理学ではヴィゴーツキーによる文化歴史学派などの双方向性理論があるものの，遺伝子による一方向性のボトムアップ理解がやや優勢である。心理学，社会学で比べてみると，心理学では遺伝・神経から行動への一方向性を，社会学では環境・行動から個人への影響の一方向性を優先してみることが一般的である。

　発達的心理生物学的システム論の発達研究における意義は，従来の遺伝－環境論争，あるいは発達における成熟－学習モデルの不毛な対立を克服し，発達における遺伝と環境の二分法に別れを告げて，発達過程における機能・

第3章　発達における遺伝と環境の相互作用

構造の形成を，遺伝子発現における環境要因（経験）の寄与の差として統一的に理解する道を開いたことにある。すなわち発達が分子レベルの相互誘導によって機能・構造の創発を蓄積すること，いわば遺伝と環境の相互作用のプロセスであることを明らかにした。同時にそれは形態・機能の形質発現に確率的幅が存在する（非決定性）ことを意味し，遺伝規定性ならびに環境の変動許容範囲も個々の形質ごとに評価されるべきことを示す。これは人の発達においてもその初期環境としての家庭養育が重要な意義を持つことを示すとともに，近年話題となっている発達障害と適応障害の関係をめぐる議論にも一石を投じるものである。今後，発達障害など発達精神病理の理解における遺伝性，環境性という二分法は再検討が求められよう。

　上記の意義は発達障害・精神障害，非行・犯罪などの適応障害研究においてより重要である。具体的には従来遺伝性と考えられた障害について環境要因の検討の視点をもたらし，また環境性と考えられる障害についても発達期には神経系など非可逆的変化の発現を想定せざるを得ないからである。その意味で虐待など有害環境要因を特定し，その排除とアタッチメント形成など発達早期の環境保障が重要な視点となる。

# 第4章

# アタッチメントの形成と障害

　人の行動は多く安全・安心や不安の感覚によって左右される。その感覚あるいは情緒的絆はどのように形成されるのか，アタッチメント（愛着）の形成という視点からみる。

## 1．アタッチメントとは

　アタッチメントは子どもが不安・怖れを感じた際に，養育者とくっつく（アタッチする）ことにより安心感・安全感を感じ，外界に対する警戒を解いて探索を可能とするシステムである。警戒状態では防衛のために入出力を特定情報に集中する必要があり，外界探索は制限されざるを得ない。それに対し，安全・安心を感じられる状態では外界の細かい変化をも受け入れて分析し，興味・好奇心を持って探索する余裕が生まれる。体験は統合され，蓄積されて脳は発達する。

　アタッチメントはボウルビー（Bowlby, J.）によって展開された親子の絆の概念である（ボウルビー，1976）。アタッチメント（愛着）とは大人の助けを求め，使うことで不安や危機を回避し，安心，安全を確保するために働く行動調整システムであり，また保護してもらえるということに対する信頼感である。ボウルビーは乳児が主たる養育者（通常は母親）に向けて解発される社会的な笑い，発声，泣き，後追いなどの行動をアタッチメント行動と呼び，それらが養育者との物理的な距離を短くすることによって生存の可能性を高めようとする，進化論的に選択された行動と見なした（榊原，2001）。

　すでに述べたように，ゴットリーブの先駆けとなったローレンツのインプ

リンティング（刻印付け）研究は，天敵から子の身を守るという自己保存（子にとって個体維持，親にとっては種の保存）のメカニズムの一端を示したものであった。この関係は人においてはボウルビーらによってアタッチメント（愛着）や初期経験の問題として研究が進められた（ボウルビー，1976；藤永ら，1987）。

　親からの愛情を受け，安心できる環境で育つことは健全な子どもの発達のための基本的条件である。子どもには対人関係における安心感（基本的信頼：基本的信頼は，自己肯定感につながり，社会を肯定的に評価する前提になる）と，満足のいく発達を保証する十分に適切な養育水準が必要である。ボウルビーはアタッチメントを通して家庭環境（養育のあり方）が子どもの社会行動（パーソナリティ）に大きな影響を与えることに着目した。

　子どもにとって危機・不安を感じる状態はネガティブな情動状態（数井，2006）であり，外的には見知らぬ人の接近，知らない場所，暗闇，勢いよく近づくもの，養育者の姿がないなどがあり，内的には飢え，乾き，体温変化，不衛生，病気などがある。その場合，他の個体とくっつくことにより，危機感・不安が取り除かれる（低減，調節される）ことになり，その結果，安心してほっとするということになる。これが積み重なって"安心感"や"安全感"という自己感覚となる。結果として「保護してもらえるということに対する信頼感」が子どもに形成されていく。これが，アタッチメントの本質的要件である。

## 2．アタッチメントタイプと内的作業モデル（IWM）

　養育者へのアタッチメントは後の対人関係に働く内的作業モデル（internal working model; IWM）を作る。IWM は，アタッチメント対象との間で交わされた過去ならびにその時点の相互作用に基づいて作られる，自己と他者に関する心的表象とみられている（ボウルビー，1977）。対人関係に関する知覚・情動の原基（鋳型）ともいえる。IWM はアタッチメント行動の対象と自己についての行動を計画したり，理解したり，方向づけるときに使われる表象である。はじめの養育者へのアタッチメントが後の行動を方向づけ，組織する内的枠組みとして働く。このモデルの役割は，アタッチメント対象についてはその人が近づいても安全で，しかも感情的に助けてくれるような人か

判断すること，自己についてはアタッチメント対象からみてどの程度受け入れられる自己であるかを判断することにある（安西ら，1992）。

　ボウルビーは生後6ヵ月頃から5歳くらいまでの早期のアタッチメント経験を基礎とするIWMが，その後の人生に極めて重要な意味を持つと考えた（坂上，2005）。IWMの役割として，人が困難でストレスの多い場面で情動的援助が必要となった際に，IWM上にアタッチメント対象によって保護してもらえるとの自信・安心感があると，本人にゆとりを生み（Bretherton, 1996），効果的対処が可能となる。

　このIWM形成に関わってソマティックマーカー（somatic marker）説が注目される。ソマティックマーカー説によると，前頭連合野腹内側部は外的な刺激とそれに伴う情動・動機づけを結びつける。この連合が成立している場合は，外的な刺激が認知されると，腹内側部でその連合に基づいたソマティック反応を身体，内臓系に生じさせる信号（ソマティックマーカー）が出る。すなわち，過去の良い経験と結びついた刺激が出ると体を心地良くさせる信号が，悪い経験と結びついた刺激が出ると何となく嫌な感じを産む信号が出る。この信号は意思決定を効率的にするように作用する。この信号は意識しなくても出ることも多いという（渡邊，2016）。

　エインズワース（Ainsworth, M.D.S.）は見知らぬ場面（ストレンジシチュエーション strange situation）法によって1歳代の乳児のアタッチメントスタイルの評価法を確立した。ゴールドバーグら（Goldberg, et al., 1995）は，エインズワースらによる初期の結果を次のようにまとめている。母親に対して安定したアタッチメントを示す安定型（B type）は幼児の55〜65％になるのに対し，不安定型は，養育者にほとんど興味を示さない回避型（A type）が約25％，再会場面で養育者に接触を求めながら同時に接触を拒絶する葛藤型（C type）が約10〜15％であった。その後，10〜15％の幼児に，顔をそむけながら近づく，呆然と凍りついたようになる，変わった姿勢を取るなど，養育者に対して混乱した行動を示す未組織／無方向型（D type：混乱型）が存在することが明らかにされた。

## 3．アタッチメントの役割

　安定したアタッチメントは向社会的行動を支える。対人関係において安全

第4章　アタッチメントの形成と障害

を感じることのできない人は，世界を総体的に危険で信用しきれない場所と表象するようになる。アタッチメント理論によれば，多かれ少なかれ隔離的・抑圧的側面を持つ防衛機制がIWMの組織化に干渉し，記憶をゆがめて不適切に修飾することがあり，その結果個人のコミュニケーション能力や現実適応能力を損なうことが起こる（Bretherton, 1996）。安定したアタッチメントにより世界に対する基本的信頼が確立していれば，自信を持ち，周囲に好奇心を持って探索を進めることができる。しかし，アタッチメントが不安定の場合，警戒が先立って周囲への関心と行動を抑制し，場合によっては自身（自我）を守るために攻撃に出ることもある。

　アタッチメントは3歳以降に目標修正的パートナーシップの段階（迎撃ミサイルが自分と相手の位置，速度などの条件に応じて軌道修正するように，子どもがその条件に合わせてアタッチメント行動を開始，終結することができる段階）へと徐々に移行を始めるが，それが本格化するのは養育者への生活上の依存性が大幅に減じ，自己意識・自己理解を含めた認知能力が飛躍的に増す児童期である（図4-1：バウアー，1982）。児童期はアタッチメントが物理的近接（実際の人物との接近）から表象的近接（イメージによる代替）へと実質的に切り替わる時期である。この時期の子どもは仲間らとの親密な対人関係を大きく拡張させ，また状況に応じて異なる対象を安全基地として受け入れる。青年期・成人期のアタッチメントは親子関係，友人関係，恋愛関係，パーソナリティや社会決定・行動などに結びついている。

　ただし，現今の研究者の多くは，幼児期のアタッチメント及びIWMがそ

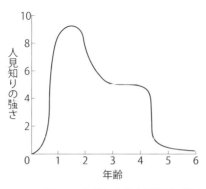

図4-1　年齢による人見知りの強さ（バウアー，1982）

63

れ単独であるいは直線的に，その後の発達の質を規定するという考え方は否定している。たとえ不遇な養育環境に起因して幼少期のアタッチメントが不安定であったとしても，その後の条件で，変わりうることは十分に想定できる（藤永ら，1987；遠藤，2010a）。

## 4．世代間の継承

　アタッチメントの世代間伝達については早くから注目され，研究が積み重ねられてきた（数井・遠藤，2006）。アタッチメント理論では肯定的または否定的な子どもの信号に適切に反応する，親の能力が重要とみる（Bretherton, 1996）。自分の経験を語る子どもたちが，何を伝えたいかに敏感に気づくことで，親は本人や親，社会に関する子どもの IWM の良好な働きを向上させることができる。感受性にあふれ，情動的に開放的な両親とのコミュニケーションを通して，子どもは良好に組織された自己の作業モデルの展開が可能になる。

　親のアタッチメントの質は子に対する親の感受性を左右し，それを通して子どものアタッチメントに作用する。例えば養育中母親が子どものニーズに敏感に応答した幼児は，母親が戻るのを歓迎した。感受性の乏しい母親の子どもは母親を相手にせず，避ける（A type）か，親密な接触を求めるものの反抗的行動をとった（C type）（Bretherton, 1996）。ここから，A type も C type も特定の親の行動パターンに対する適応方略となっていると理解される（Goldberg et al., 1995）。

　生後3ヵ月の乳児期早期の母親の養育行動と，生後12ヵ月の児のアタッチメントパターンがよく相関する。不安定型（A type や C type）を示した児の母親の生後3ヵ月時点での養育行動は，乳児のペースに合わせない授乳行動や一貫性に欠く不適切な場面での身体接触や乳児への応答，などの特徴がみられた（三浦・神庭，2006）。アタッチメントタイプの親子の一致率は，安定／不安定2分類で74%，ABC 3分類で70%，ABCD 4分類比較でも63% となる（遠藤，2010b）。長沼・大西（2007）は心理社会的発達上の問題を持つ青年とその母親のアタッチメントパターンの関連を，成人愛着面接（Adult Attachment Interview; AAI, George et al., 1996）を用いて検討したところ，2/3 の例でアタッチメントパターンが一致，母親の養育態度を媒介と

したアタッチメントの世代間伝達を示す結果を得た。一方，母子のアタッチ
メントパターンに一致のみられないケースも 1/3 存在した。

　他方，被虐待児の 8 割から 9 割が D type によって占められるが，これは
アタッチメント関係の未成立と見なされる。D type の養育者は AAI におい
て「未解決型（unsolved type）」に分類される比率が有意に高い。「未解決型」
「分類不能型」の養育者と D type の子どもとの間に 77% の一致がみられた
（遠藤，2010b）。虐待とアタッチメント形成の関係については次節を参照さ
れたい。

　ヘッセ＆メイン（Hesse & Main, 2000）は養育者自身の過去の喪失やトラ
ウマなどに関する未解決の心的状態が，多くの場合，日常の子どもとの相互
作用において「おびえ／おびえさせる（frightend/frightening）」振る舞いと
して現れる可能性を示した。彼女らによればこのタイプの養育者は日常生活
場面において突発的に過去のトラウマティックな記憶に取りつかれ，自らお
びえまた混乱することがある。その際の，うつろに立ち尽くしたり，急に声
の調子を変えたり，顔をゆがめたり，子どもからのサインに突然無反応にな
ったりするなどの振る舞いが，結果的に子どもを強くおびえさせ，それが乳
児の不可解な D type の行動パターンを生み出すという。乳児を驚かせる養育
者の行動はそのまま乳児に頼りなさ，傷つきやすさ，さらには怖れの感覚を
抱かせる。D type を持つ子どものうちに発達する葛藤的 IWM は後に解離性
同一症（Dissociative Identity Disorder; DID）を発達させるリスクをもたらす
（Liotti, 2006）。

　アタッチメントシステムはネガティブ感情処理システムであり，ネガティ
ブ感情を承認することで安心するという身体的経験が感情制御の脳機能の発
達と回復に大きな影響を与えている。渡井（2007）は情緒的ネグレクトから
シンナー乱用に至った事例の分析から，養育者に否定的な情動を受け止めて
もらう体験を十分に積んでいない場合（情緒的不在），自分自身で情動を抱え
る機能が発達しないため，ストレスにさらされた場合に，抱えきれなくなっ
た不安を排除する（シンナー，アルコールなどで心理的麻痺に陥るなど，一
時的な解離状態を作り出す）ことによってしか，やり過ごすことができない
と考察している。ネガティブな情動は人生最初期において重要な他者に包み
込まれることを通じて自分で抱えられるようになると考えられている。

発達臨床心理学

　親子のコミュニケーション不全の回復が子どもの感情制御の発達を促すための重要な役割を果たす（大平，2004）。要はそれぞれの子どもの主観的な次元で養育者が安全の感覚を確保しうるかどうかが問題である（遠藤，2010b）。親が心理的資源を子どもに十分に向けられていることが重要であり，親が競争的環境にさらされて子どもへの関心がそぞろとなる場合，子どものニーズに気づけず，結果としてアタッチメント形成が不安定になることがある。子どもの信号に敏感ではない親の情報伝達は，その後対人関係に適したIWMを構築するための幼児の能力の，自然な発生を阻害する可能性がある（Bretherton, 1996）。ここにパーソナリティ発達と養育の関係を理解する上でのアタッチメントの重要性がある。家族内での小文化（meme）を媒介として行われる心の健康や心の病の相続は，遺伝子（gene）を介して行われる相続よりはるかに重大なものと考えられている（Bretherton, 1996）。

## 5．虐待とホスピタリズム

　ボウルビーの問題意識の出発点は「母性養育の剥奪（maternal deprivation）」による子どもの心身発達の遅滞，歪曲であり，当時はホスピタリズム（hospitalism 施設病）として注目された。ボウルビーは親の喪失，別離，養育放棄の結果がパーソナリティ発達を大きく左右すると見なしたが，そのメカニズムは疑問のまま残されてきた（ボウルビー，1976）。ホスピタリズム（施設病）とは病院や乳児院・養護施設などに長期間収容された子どもたちが，身体的・心理的発達障害（運動発達，身体発育の障害，人の働きかけへの無反応，無関心など社会性や情緒の障害，言葉の遅れ，知的障害）を示すことである。食事，着脱衣などの自立は早いが，夜尿，指しゃぶり，自傷など情緒障害が現れる。その原因は，①母親からの分離（母性養育の剥奪），②多数による非連続的な養育行動，③母性刺激の貧困，にあると考えられ，子どもの養育水準の貧困が子どもの発達に大きく影響することが明らかにされた（藤永ら，1987）。

　施設養育女性の長期予後研究によれば，30代後半の後期成人期には，施設と同一地域の年齢を一致させた女性の比較対照群よりも高い比率で，精神科的問題や薬物使用，犯罪行為そして子どもの養育破綻などが出現している。ボウルビーやスピッツ（Spitz, R.）らの先駆的研究（Spitz, 1946）により認

第4章　アタッチメントの形成と障害

知されるようになった施設養育による心理発達へのマイナスの影響は，その後の研究によりより明確となり，施設養育方法の改善をもたらしてきた（池上，2007）。他方，児童虐待の問題が子どもの発達に深刻な影響を与えている。多くの研究が，ネグレクトを体験して D type のアタッチメントを持つ子どもは情動的に問題を持ち，より悲観的で自尊感情が低いことを明らかにしている（金谷，2013）。

　児童虐待には身体的虐待（殴る，蹴る，投げ落とす，激しく揺さぶる，やけどを負わせる，溺れさせる，首を絞める，縄などにより一室に拘束する，などにより子どもの身体に外傷が生じたり，生命に危険が生じたりする恐れが発生すること），性的虐待（子どもへの性行為，性的行為を見せる，性器を触るまたは触らせる，ポルノグラフィの被写体にするなど），心理的虐待（言葉による脅し，無視，きょうだい間での差別的扱いなどの拒絶的な対応，子どもの目の前で家族に暴力をふるうなど），ネグレクト（子どもの健康・安全への配慮を怠る，子どもにとって必要な情緒的欲求に応えない，食事，衣服，住居などが極端に不適切，健康状態を損なうほどの無関心，怠慢など）がある（「児童虐待の防止等に関する法律」，2000；改正 2007）。近年は心理的虐待が増えており，またネグレクトはアタッチメントにとっては身体的虐待以上に深刻な影響を残す。

　子どものネグレクトは特に自己コントロールや仲間関係，少年非行に有害な影響を持つ。ネグレクトされた子どもたちは前期青年期に仲間からより拒否される傾向が強く，後期青年期にはより暴力的であった（Chapple & Vaske, 2010）。被虐待児は他の子がやさしく感じる行為に対して攻撃的意図をみてしまう。そのような無意識の内的モデルは手続き記憶(procedural memory)[1]に基づいている。早期の問題は後の結果，例えば 10 代の妊娠や薬物使用，低い学業成績などを懸念させるものである（Music, 2011）。

　虐待は，①人間らしく扱われなかったことにより社会に対する敵対心が育ち，犯罪，非行者を生む，②愛情欠乏性小人症や社会生活に対する適応障害

---

1　出来事の記憶や場所の記憶，言葉の意味の記憶など明確に意識の中に呼び出すことのできる認知的記憶を宣言的記憶（陳述記憶）というのに対し，水泳や自転車の乗り方など体で覚えていて言語化しにくい記憶を手続き記憶という。人とのやり取りなどのコミュニケーション能力は手続き記憶に多くを支えられている。

をもたらす，③負の連鎖としての世代間伝播が生じる，という困難を生み出す（日本学術会議，2013）。

## 6．アタッチメントの形成不全

　虐待，ネグレクトの結果として反応性アタッチメント障害が知られている（DSM-5: APA, 2014）。反応性アタッチメント障害は情緒障害を伴う社会関係の持続的異常である。励ましても効果がない恐れと過度の警戒が特徴的で，友だちとの社会的相互交流が乏しいことが典型的であり，自分自身や他人への攻撃性がしばしばみられ，惨めさを感じていることが普通である。おそらく親のひどい無視，虐待や深刻な養育過誤の直接的結果として起こる。励ましへの反応の欠如，無感情，惨めさや恐怖という形の情緒障害を伴う（ICD-10: WHO, 1990）。

　小児期早期の反応性アタッチメント障害の特徴は，子どもと養育者と見なされる大人との間のアタッチメント関係の欠如，または著しく未発達なアタッチメントである。その障害はその年齢段階ではみられて当然の安楽を求める行為と，親からの安楽を与えようとする行動への反応の欠如，として現れる。反応性アタッチメント障害を持つ子どもは，養育者との日常的な交流の中で陽性の情動の表出の減少または欠如を示す。加えて，その子どもの感情調節能力は損なわれており，容易には説明できない恐怖，悲しみ，または苛立ちといった陰性の情動のエピソードを持つ。

　アタッチメント関係が不安定な場合，子どもは大人を信用できないため常に不安があり（対人不安），過剰適応と一方的反抗（反抗挑発症 Oppositional Defiant Disorder）のいずれか，あるいはその大きな振幅の中で揺れ動く行動となって現れる。コミュニケーションが苦手で落ち着きがないなど，疑似自閉症もしくは ADHD 様症状を示すことがある。池上（2007）は生後 42 ヵ月以内にイギリスに養子として引き取られたルーマニア孤児[2]と，生後 6 ヵ月以内に同様に養子として引き取られたイギリスの子どもを比較した追跡研究を

---

2　ルーマニアにおけるチャウシェスク政権崩壊時に発見された多数の孤児たち。時の政権の無計画な出産奨励策（人口増加策）によるもので，チャウシェスクの子どもたちと呼ばれた。

第4章　アタッチメントの形成と障害

紹介している。チャウシェスク政権下のルーマニアでの劣悪な施設養育とその後の急激な環境変化すなわち，極端な断絶や非連続性を体験したルーマニア孤児たちは，6歳時点で，①認知的損傷，②注意欠如・多動性，③疑似自閉的症状，などの発達障害様症状と，④脱抑制的愛着を示し，11歳時点でも脱抑制型対人交流障害（アタッチメント障害）が観察された。もちろんこれらの特徴は被虐待児においても現れる。その特徴が施設養育以前の虐待など貧困な家庭環境の結果である可能性もあり，その鑑別には注意深いアセスメントが必要である。

　虐待による遅滞症状として，異食症，夜尿，かんしゃく発作，痛覚脱失，自傷行為などの問題行動の生起，知的障害などが生じることは早くから指摘されている（藤永ら，1987）。黒崎ら（2013）は被虐待児の精神症状として境界知能，多動，衝動性，言語社会性の遅れを認め，偏りが大きく，習得度が低い，同時処理能力[3]優位の認知機能をみている。杉山（2008）は虐待などのトラウマが引き起こす発達障害様の症状を第4の発達障害として破壊的行動連続性（destructive behavior disorders march; DBD マーチ）とともに注目し，発達精神病理学の展開の必要性を説いている。あいち小児保健医療センター子ども虐待専門外来では子ども虐待の併存症として広汎性発達障害（自閉スペクトラム症 Autistic Spectrum Disorder; ASD）（29.1%），注意欠如・多動障害（注意欠如・多動症）（15.7%），知的障害（8.6%），反応性愛着障害（40.8%），解離性障害（解離症）（47.1%），PTSD（32.3%），反抗挑戦性障害（反抗挑発症）（19.6%），行為障害（素行症）（25.3%）を報告している（杉山，2013）。ただし，神経学的検査の結果，被虐待群と ASD, ADHD 群とでは認知の特徴が異なることも紹介されている（黒崎ら，2013）。

## 7．アタッチメントの形成不全と発達障害 ：環境要因をどう理解するか

　川畑（2007）は ADHD や自閉症に現れる落ち着きのなさ，人への反応のな

---

3　ロシアの心理学者 Luria による言葉で，同時処理能力とは地図を読むなど個々の要素を全体に統合する力をいう。対する言葉として継次処理能力があり，言葉（単語）の系列から文章の意味を理解するなど次々と入力される情報から文脈を読み取る力をいう。

さなどは虐待など環境剥奪性の情緒障害においても認められることから，発達障害概念の過剰な適用に警鐘を鳴らす。発達障害の診断を求める現在の風潮に，子どもの問題行動の背景に「親の育て方や親子関係や愛情の問題がある」とみる社会的偏見を排除したい，という暗黙の気分が作用しているとすると問題であるという。発達障害の診断が環境調整（育児姿勢の改善）の必要性の軽視につながる危険性を指摘する。天野（2004）も同様に，LD概念の理解にあたって，中枢神経系の何らかの機能障害を想定することは回復不能を意味しない，と警句する。

著者はその臨床経験からADHDを含め，中枢由来と見なされている発達障害に環境要因が少なからず介在することを感じている。ADHDはその環境のあり方により反抗挑発症から素行症，反社会性パーソナリティ障害へと展開する（DBDマーチ：6章参照）といわれている。これは個体と環境との相互作用による経験的水路づけの現れである。発達障害とアタッチメントの形成不全の関係をどのように理解するかについては議論が残されたままである。いずれにしても，適応障害の予防の観点からは人の養育環境の分析が重要である（谷口，2011）。以下その関係を養子研究にみる（シャファー，2001）。

生後数週間以内に同一の施設に引き取られ，2年から7年の間そこで生活した25名について2歳（施設），4歳半，8歳（養家ないし学校）の時点で知的機能と社会的機能について調査した結果がある。2歳までで養育者の数が平均24名となり，4歳半まででは50名に達するこれらの子どもたちは，誰かにアタッチメントを築く機会はなかった。これらの子どもたちは4歳半では新しい家庭にほとんどがすっかり落ちついていた。しかし親に対しても見知らぬ人に対してもやや注目を集めたがることがあった。8歳時点の教師の報告によると，学校では集中力に欠け，落ち着きがなく，癇癪を起こしやすいなど，神経質な傾向があった。その傾向の強弱の差は養子になる時期（4歳より前か後）によってではなく，養父母が子どもに注ぐ情動的関わりの差によってもたらされた。

16歳時点での調査（23名）でみると，養親がその子を本当に望み，十分に親役割を果たすことができた場合には親子の関係はうまくいっていた。にもかかわらず社会的関係，特に仲間との関係に困難があった。乳児期の施設収容による長期的な影響は，IQについては確認されなかった。アタッチメン

トの初期経験の剥奪は，その後の経験によっては知的面，社会的面のいずれ
でも修復可能であったという。（シャファー，2001）

　前章でみてきたように，上記の事実は従来遺伝性と考えられた障害につい
ても環境要因の検討が不可欠であり，また環境性と考えられる障害について
も発達期には神経系など非可逆的変化があることに留意しなければならない
ことを示している。

# 8．アタッチメントシステムを担う脳

　アタッチメントの脳的基礎を考えるためにはアタッチメントを成立させて
いる個々の心理機能と脳機能の対応関係を知る必要がある。心は知・情・意
からなると理解されているが，著者は1章で触れたように知・情・意はそれ
ぞれ心の3つの時制，過去・現在・未来に対応すると考えている。「知」は感
覚器官を通して入力（体験）された環境変化の意味を過去の経験によって蓄
積（学習）された記憶と照合して同定（知覚・認知）することであり基本的に
大脳皮質によって担われる。記憶は大脳皮質，それも後部領域（頭頂葉・後
頭葉・側頭葉）に多く蓄えられている。「情」は現在の環境変化に応じている
個体の状態が自身や種の生き残りにとって適か不適かを快・不快などにより
評価するプロセスで，比較的古い脳である大脳辺縁系がその中枢を担ってい
る。「意」はそれらの評価を踏まえて未来の行動を決める判断（意思・意図・
意欲）を示し，運動機能（出力）の中枢ともなっている脳の前部領域（前頭
葉）が主としてその役割を果たしている。図4-2は脳の外側面を，図4-3は
内側面（一部大脳辺縁系を構成）を示している。

　感情・情動は生物が進化の過程で獲得し，発達させてきた生存のためのツ
ール（西条ら，2006）である。しかし生体は適応のために，暴走しやすい感
情反応を制御する仕組みを発達させる必要があった（大平，2004）。これが
認知による感情コントロールである。一方で，認知は感情による修飾を受け，
記憶として蓄積されて社会的認知機能となる。社会的認知機能はブラザース
により「相手の思考，意図，心情（感情）などを推定する機能」と定義され
ている（Brothers, 1990）。社会的認知機能と情動発現はどちらも個体の生存
に機能する表裏一体の機能である（西条ら，2006）。

　情動を担う大脳辺縁系は脳の中心部にあり，扁桃体－視床下部系が重要な

71

発達臨床心理学

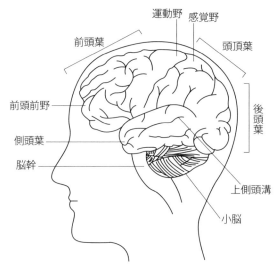

図 4-2　脳外側面（ブレイクモア＆フリス，2006）

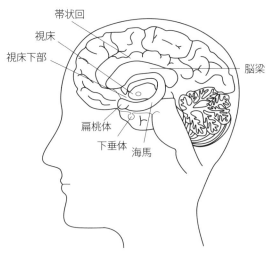

図 4-3　脳内側面（ブレイクモア＆フリス，2006 改変）

役割を果たしている。視床下部は内臓の中枢でもあり，体内環境をモニターして自律神経系や内分泌系をコントロール，動的平衡を保って内部環境（体液成分）の恒常性（ホメオスタシス）を維持している。大脳辺縁系は環境内のさまざまな事象や事物が自己にとって有益か有害かの生物学的価値評価と

第4章　アタッチメントの形成と障害

それに基づく意味認知などに関与し，視床下部や脳幹の働きを上位より制御する（小野，2006）。

　外界の変化は感覚器官によりとらえられ，視床中継核を通して大脳皮質感覚野に送られる。同時に扁桃体に伝えられ，その外界変化の大まかな意味づけ（評価）が行われる。大脳皮質に送られた情報は，精緻な分析・記憶照合によって扁桃体の出力結果の妥当性を検証する。両者にずれがあれば扁桃体の出力は修正される（ルドー，1998）。これらのプロセスにより有害な嫌悪性刺激が識別（評価）され，感覚刺激の生物学的価値の学習が行われる（西条ら，2006）。この経験が繰り返されることにより，特定保護者を安全基地とするアタッチメントと対人関係処理の内的枠組みとしてのIWMが形成されると考えられる。

　アタッチメントシステムが作動するプロセスを考えると，まず環境（あるいは人）が既知であるか未知であるかの区別がある。あるいは自身に空腹，排泄など生理的欲求が生じるかもしれない。未知のもの（あるいは既知の警戒すべき対象）に不安・怖れが生じ，あるいは自身の欲求により不快が喚起されると，それが覚知されて情動・行動出力となり，養育者との近接を果たす。その結果安心感（表象）が得られて，その体験を意味づけ（感情修飾），記憶（学習）される。この体験が積み重なり，次の体験を意味づけるIWMとなる（数井，2006）。

　未知・既知の区別は学習による記憶の結果であり，学習成立のための海馬や大脳皮質が関与している。人については個人の識別とともに，その表情・動作の識別が必要である。これらの機能を成り立たせている脳システムは社会脳（紡錘状回，扁桃体，前頭葉眼窩部，上側頭溝などからなる）として近年研究が急速に積み上げられてきた（千住，2012）。自身の体の状態，空腹やのどの渇き，体温など生体維持のコンディションは視床下部によって担われ，快・不快の感覚をもたらすと考えられる。

　アタッチメントは不安・恐怖が喚起されることから始まるが，これは側頭葉内側部にある扁桃体の活性化による（三浦・神庭，2006；舟橋，2007）。情動は扁桃体を起点として自動的に起動され，行動を動機づける。扁桃体の中心核は視床下部のさまざまな神経核，脳幹などに拡散的に神経投射を持つので，自律神経系反応，内分泌系反応，行動反応など，多次元的な感情反応

73

発達臨床心理学

を同調させて起動するのに都合がよい（大平，2004）。扁桃体は入力情報の粗い分析により視床下部に情報を送り不快感情と内臓・内分泌系への調整出力が行われるとともに，同時に大脳基底核などの運動出力系にもシグナルを送り，防御反応や回避・逃避反応を喚起する（西条ら，2006）。母親などの既知の保護者がいる場合は感情出力，運動出力の結果として保護が実現し，安全感覚（視床下部による快感情ならびに視床から側坐核，前頭葉眼窩部にかけての報酬システムの活性化）が得られる（舟橋・竹田，2006）。近年この過程に神経伝達物質オキシトシン（モベリ，2014），バゾプレッシンが関与すると注目されている（Insel & Young 2001；Feldman, 2012）。

IWM の神経過程についてはまだ十分明らかにされていないが，IWM は表象システムと結びついていると思われる。IWM と密接に関連する機能として，表情などから相手の情動や意図を理解し，将来起こりうる行動を予測する機能である，既述の社会的認知機能がある。この機能には扁桃体，前頭葉，側頭皮質などの社会脳が重要な役割を果たしている（西条ら，2006）。

感情体験は表象化（意識化）されるが，安心感の表象には帯状回前部，前頭葉眼窩部，内側前頭前野などが関与すると考えられている（野村，2004）。前頭葉眼窩部は刺激・反応の報酬価の表象，感情認知や感情表出，記憶と感情の結びつけ，関係の想起から身体反応の喚起，衝動・欲求の抑制，高次な感情の認知や形成，意思決定や選択に関わると考えられる（野村，2004；佐藤，2004；舟橋・竹田，2006）。また，自己や他者の感情状態の表象には内側前頭前野が関係すると考えられている（佐藤，2004）。

重要なのは認知的処理における実行機能を担う前頭前野による感情の制御である（大平，2004）。社会的状況的文脈情報は前頭前野背外側部によって処理される（野村，2004）。前頭前野背外側部は課題要求に関連する内的表象をアクティブに保持し，課題と無関連な情報の処理を抑制し，反応選択にトップダウン的なバイアスを与える。前頭前野背外側部は情動の自己制御・行動統制にも関与する（佐藤，2004）。

## 9．虐待と脳の発達

発達早期の重度のストレスや虐待は，さまざまな神経生物学的な変化を経て脳の発達を障害する。発達早期のストレスはストレス反応系の変化を増大

第4章　アタッチメントの形成と障害

させ，これら神経内分泌系の変化により，神経新生（neurogenesis）やシナプスの過剰形成，及び低形成，髄鞘化などに影響を与える。その結果 PTSD，うつ病, ADHD, 境界性パーソナリティ障害（Borderline Personality Disorder; BPD），DID，物質関連障害などさまざまな精神疾患への罹患リスクが高まる（三浦・神庭，2006）。母性養育の剥奪によるパーソナリティ形成障害メカニズムである。

　虐待を受けて育った人間の脳は視床下部－下垂体－副腎皮質系（HPA 系）の機能不全が起きている（奥山, 2013）。ストレス応答機構としての HPA 軸は視床下部【副腎皮質刺激ホルモン放出因子（CRF）】－下垂体【副腎皮質刺激ホルモン（ACTH）】－副腎【グルココルチコイド産生】からなり，過剰な HPA 軸の亢進によって分泌されたグルココルチコイドは内分泌を攪乱し，生体に悪影響を及ぼす（大平，2004）。虐待など生体がストレスにさらされた場合，扁桃体を通じて視床下部が刺激されて CRF を分泌し，CRF は下垂体から ACTH を分泌し，ACTH は副腎皮質からコルチゾル（グルココルチコイドの一種）を分泌させる。コルチゾルの慢性的な分泌は海馬の発達にダメージをもたらす（三浦・神庭，2006；友田，2012）。

　幼少期トラウマ体験のある患者では CRF 負荷による ACTH の反応性が高く，HPA 機能が亢進しており，うつ病発症脆弱性が高いことが実証されている（山脇，2009）。ストレスは海馬の細胞増殖の抑制，神経ネットワークの形成と強化に深く関与する神経栄養因子（BDNF）の減少などをもたらす（佐藤，2004）。身体的・性的虐待を子ども時代に受けると側頭葉てんかんの発作チェックリストの平均スコアが高く，脳波異常の発見率が高い。子どもの頃に虐待を受けた人は海馬が小さい（タイチャー，2006）。

　出生後の母子分離ならびに一貫性のない育児環境は視床下部や扁桃体における CRF 遺伝子発現の亢進や脳脊髄液中の CRF 濃度の増加を起こし，ストレスに対する反応性が亢進する。同時に海馬のグルココルチコイド受容体遺伝子発現が抑制され，結果としてネガティブフィードバック機構が十分に機能せず，そうした場合には HPA 系のさらなる反応亢進が起こってしまう。早期ストレスが不安や抑うつの脆弱因子となる理由である。逆に出生後にリッキング（舐める）やグルーミング（毛繕い）を多く受けると，海馬のグルココルチコイド受容体発現が亢進し，フィードバック感受性の亢進により，視床

発達臨床心理学

下部の CRF 発現が抑制される（Francis & Meaney, 1999）。

　被虐待者の発達脳は外界の刺激に過剰に反応して障害をきたしやすくなっており，その結果として脳の活動能力が落ち，脳構成要素である樹状突起，グリア細胞を含めたネットワーク形成不全が起こっている可能性がある。子ども時代の精神的ストレスはその後の脳の発達における2つの決定的な要素（シナプス形成及び髄鞘形成）に影響を与える。扁桃体もサイズが小さくなっている。対照群では右前頭葉が左に対して大きいのに対し，PTSD 群では前頭葉の左右差が認められない。被虐待男児では脳梁中央部が明らかに小さい（友田，2012）。

　子ども時代に性的虐待を受けた女性の左一次視覚野は有意に容積減少している（Tomoda, Navalta et al., 2009）。言葉による虐待を受けた群では健常群に比べて，左半球の上側頭回灰白質（聴覚言語野）が有意に増加し，これは暴言の程度と相関している（Tomoda et al., 2011）。ドメスティックバイオレンス（domestic violence; DV）暴露経験者は視覚野が有意に小さくなっていた（友田，2012）。厳格体罰経験者（頬への平手打ちや，ベルト杖などで尻をたたくなど）は感情や理性などを司る右前頭前野内側部（10 野）容積が減少していた（Tomoda, Suzuki et al., 2009）。

　アタッチメントの調節障害は，反応性アタッチメント障害や BPD，解離症のみならず，自閉症や暴力，社会病質などの社会情動機能障害，統合失調感情障害，双極性障害，うつ病などの感情障害の病理を照らすと期待されている（Vrticka & Vuilleumier, 2012）。例えば，BPD は自己と他者の精神状態を区別する能力の障害と結びつくアタッチメントシステムの賦活の低閾値，統制されたメンタライゼーション（mentalization）[4] の不活性と結びついていると考えられている（Fonagy & Luyten, 2009）。極端なストレスはさまざまな反社会的行動を起こすように脳を変えていくが，本人にとっては適応（タイチャー，2006）の側面がある。

　近年の行動遺伝学的研究はほぼ総じて，アタッチメントの個人差に関わる遺伝的影響がほとんどないか，あっても極めて微弱であることを明らかにし

---

4　Fonagy, P. らによる概念で自己の体験過程（心の動き）を意識化，自覚化する作用を表す。

てきている。これは脳の成熟・発達（神経回路形成）の観点からは当然の事実である。ボウルビーは精神的な健康や病理は遺伝子を介してよりも家族のマイクロカルチャー（ドーキンスのいう meme）を通して伝達されると述べている（遠藤，2010b）。

第5章

# 発達と障害

　本章では発達障害を中心に障害とは何かについて述べる。ただし，ここで
は生後早期に障害が気づかれることが多い広義の発達障害について，障害概
念の変化と障害の発生原因を中心に紹介する。育ちにつれて次第に明らかに
なる狭義の発達障害については次章・次々章で述べる。

## 1．障害の医学モデルと社会モデル

### 1）はじめに

　発達期における適応（臨床）の問題を考える上で，発達障害の問題は避け
て通れない。発達障害の要因としては遺伝要因，環境要因いずれも存在する
が，障害，特に発達障害の理解にあたっては妊娠，出産，早期の発達過程な
ど個人の発生・発達過程を生物学的側面から理解する必要がある。2001 年，
世界保健機関（WHO）は障害概念を更新したが，それは共生社会構築という
観点から，生物・心理・社会の各側面から障害を総合的に理解することを強
調している。

　2016 年 4 月，わが国では「障害者差別解消法」が施行され，障害を理由と
する差別を解消し，共生社会づくりのために合理的配慮[1]を当然の前提とする
社会が始まった。これは 2006 年国連の障害者権利条約の成立を受けて，こ

---

1　障害のある人からさまざまなバリアを取り除くための対応を求められた際に，重すぎな
　い負担の範囲で対応に努めること。負担が重すぎると考えられる場合は，その理由を説
　明し，別のやり方を提案するなどを含めて話し合い，理解を得るよう努めること。

れを批准するためのわが国の法整備の一環である。この間わが国でも障害に対する理解はかなり進みつつある。経済成長やインターネット環境の発展などを背景として文化的環境整備が進みつつあることを反映している。

わが国の「障害者基本法」第2条第1項ならびに第2項では障害者と社会的障壁の言葉を次のように定義する。

障害者：身体障害，知的障害，精神障害（発達障害を含む），その他の心身の機能の障害がある者であって，障害及び社会的障壁により継続的に日常生活または社会生活に相当な制限を受ける状態にあるものをいう。

社会的障壁：障害がある者にとって日常生活又は社会生活を営む上で障壁となるような社会における事物，制度，慣行，観念その他一切のものをいう。

これは2011年（平成23年）に改正されたものであり，改正前は「この法律において『障害者』とは身体障害，知的障害又は精神障害があるため，継続的に日常生活または社会生活に相当な制限を受けるものをいう」であった。すなわち障害の医学モデルから医学・社会統合モデルへと進んできた。発達障害の理解に先立ち，まずは障害の医学モデルから医学・社会統合モデルへの変化をみる。この変化は発達臨床における問題理解にあたって重要な視点を提供する。

### 2）障害の医学モデル

障害は一般には「あることをするときの妨げとなるもの」を意味し，身体的には「身体上の機能が十分に働かない状態」「疾病を契機として起こった生活上の困難，不自由，不利益」，と理解されてきた（上田，1983）。すなわち障害は一般に個人が持つ属性と理解されてきた。2001年5月，世界保健会議（WHO総会）は「障害は個人と環境との出会い方であって個人に帰属するものではない」と明確に規定した。

それまでの障害理解は1980年に国際疾病分類（International Classification of Disease: ICD）を補完する目的で試案として発表された「機能障害・能力障害・社会的不利の国際分類（International Classification of Impairment, Disability and Handicap: ICIDH）」によっていた。その名が示す通り，障害を3つの階層によりとらえている。その考え方は基本的に医学モデルに依拠し

ていた。例えば,「疾病」は,何らかの原因でホメオスタシスの維持に困難を
もたらす,生体に起こった形態・機能上の異常であり,苦痛,生命の危険,
あるいは障害を起こしているか,あるいは起こす可能性のあるもの,である。
疾病からの回復は治癒といい,疾病の進行は死に至る。古くは「疾患が治癒
または固定(いわゆる『欠陥治癒』)し,活動的な過程としては消失した後に
残存したもの」を障害とし,人が病気になった結果としての影響,継続的困
難に焦点があてられた。

　ICIDH で述べられた障害の3つの階層とは,直接疾患から生じてくる1次
的な生物学的レベルでの機能・形態障害(Impairment),2次的な人間個人レ
ベルでの能力障害(Disability),3次的レベルの社会的不利(Handicap)で
ある(WHO, 1980;茂木ら,1992)。

　機能・形態障害(Impairment)は病理的状態の表面化(exteriorization)で
あり,原則として目や耳の機能不全や手足の一部がないなど器官レベルの故
障(disturbances)を意味する。そして次の能力障害または社会的不利の原
因となる。能力障害(Disability)は人間にとって正常と見なされる方法ない
し範囲で,活動を遂行する能力の制限ないし欠如である。例えば,排泄,衛
生や食事の能力などの身辺処理,文字を書く,会話するなどの日常生活の遂
行,そして歩行など移動活動などの困難(disturbances)を含む。能力障害
は機能・形態障害の客観化(objectification)を意味し,したがって個人のレ
ベルの障害を示す。

　社会的不利(Handicap)は機能・形態障害または能力障害の社会化
(socialization)を意味し,それは機能・形態障害または能力障害に由来する
文化的・社会的・経済的及び環境的な,その個人にとっての不利益として示
される。社会的不利は,例えば就職差別など他の人と同じレベルでコミュニ
ティの生活に参加する機会の喪失あるいは制限を意味する。社会的不利の用
語は,環境と社会で組織される活動(例えば情報,コミュニケーション,教
育といったもの)の欠点に焦点をあてる役割を果たしてきた。この欠点は障
害者が平等な条件で参加することを妨げるものである。


3)医学・社会統合モデルへ(ICF の概念)
2001 年,すでに述べた世界保健会議は国際障害分類(ICIDH)改訂版と

## 第 5 章　発達と障害

して国際生活機能分類（International Classification of Functioning, Disability, and Health: ICF，生活機能・障害・健康の国際分類）（WHO, 2002）を採択した。これは医学モデルから医学・社会統合モデルへの移行である。

　障害の医学モデルでは障害という現象を個人の問題としてとらえ，障害は病気・外傷やその他の健康状態から直接的に生じるものであり，専門職による個別的な治療という形での医療を必要とするものとみる。障害への対処は，治癒あるいは個人のよりよい適応と行動変容を目標になされる。主な課題は医療であり，政治的なレベルでは保健ケア政策の修正や改革が主要な対応となる。

　これに対し障害の社会モデルは，障害を主として社会によって作られた問題と見なし，基本的に障害のある人の社会への完全な統合の問題としてみる。障害は個人に帰属するものではなく，その多くが社会環境によって作り出された諸状態の集合体であるとされる。したがって，この問題に取り組むには社会的行動が求められ，障害のある人の社会生活の全分野への完全参加に必要な環境の変更を，社会全体の共同責任とする。したがって，問題なのは社会変化を求める態度上または思想上の課題であり，政治的なレベルにおいては人権問題とされる。このモデルでは障害は政治的問題となる。ハンセン病の例や，公共サービス提供者側の責任を認めたバリアフリー社会への転換などがいい例である。ICF はこれら 2 つの対立するモデルの統合に基づいている。

　2006 年にわが国で制定された高齢者，障害者等の移動等の円滑化の促進に関する法律（「バリアフリー法」）では，「施設設置管理者（ならびに地方公共団体）…（中略）…は移動等円滑化の（を促進する）ために必要な措置を講ずるよう努めなければならない」とされた。すなわち，従来個人の責任（介助者をつけるのが当然）とされてきた移動障害について，（構造的，物理的バリアの除去のための）サービス提供者側の責任を明確にした。これに基づき，障害は個人と環境の相互作用にあるという認識に立って，交通弱者などへの差別の禁止が図られた。

　ICF は生活機能のさまざまな観点の統合を図る上で，「生物・心理・社会的」アプローチを強調する。ICF は，障害理解に統合をもたらし，それによって生物学的，個人的，社会的観点における，健康に関する異なる観点の首尾一

貫した見方を提供することを意図している。

WHO の障害概念では，①「障害」とは人と物的環境及び社会的環境との間の相互関係の結果生じる多次元の現象である。②障害を生み出すのは健康上の特徴と背景因子との相互作用である。③個人は単に機能障害，活動制限，参加制約だけに還元されたり，それだけで特徴づけられたりしてはならない。

## 2．発達障害の定義と概念

人は生活を展開する上で外界との相互交渉を行い，物質や情報を取り込んでいる。この外界との相互交渉の円滑な遂行を妨げるものが障害である。例えば視覚障害，聴覚障害は入力情報の取り込みもしくはその処理の困難であり，肢体不自由は運動出力障害が外界との相互交渉を困難にする。知的障害（精神遅滞），自閉症などは中枢における情報処理障害が外界との円滑な相互交渉を困難にしている。これらの障害のうち発達期（胎児期を含む乳幼児期から青年期，すなわちおおよそ 18 歳まで）に認められる障害を（広義の）発達障害と総称する。以下まず広義の発達障害概念について説明する。

### 1）広義の発達障害について

アメリカ公法（PL95-602, 1978）では発達障害は以下のように定義される。

　発達障害という用語は，次のような重度・慢性の障害を持つ者を意味している。（A）精神的障害（mental impairment）または身体的障害（physical impairment）を持っている者または精神的障害と身体的障害を合わせて持っている者。（B）22歳以前に障害が出現している者。（C）将来とも障害が続くと思われる者。（D）次のような主たる生活能力のうち，3 つまたはそれ以上の項目で重大な機能上の制限がある者。①身辺の自立，②受容言語と表出言語，③学習能力，④移動能力，⑤自己統制，⑥生活の自立，⑦経済的自立。（E）特別の領域や 2 つ以上の領域にわたる総合的な処置や療育や，個別に調査されたサービスを生涯にわたって，また継続期間を拡大して必要としている者である。

栗田（1999）によると，アメリカ精神医学会による診断統計マニュアル第3 版改訂版（DSM-III-R: APA, 1987）で初めて発達障害の用語が現れ，「この

グループの障害の本質的な特徴は主要な障害が認知，言語，運動，あるいは社会的技能の獲得において存在することである。この障害は，精神遅滞（知的障害）でのような全体的遅れ，特異的発達障害（学習障害）でのように特定の領域の技能獲得において遅れあるいは進歩しないこと，あるいは広汎性発達障害（自閉症スペクトラム）でのように正常な発達の質的な歪みが多くの領域において存在することを含む。発達障害の経過は慢性の傾向があり，障害のいくつかの兆候は安定した形で（寛解または悪化の時期がなく）成人期まで持続する。しかし，多くの軽症型では，適応あるいは完全な回復が生じうる」（p.28）と説明された。

発達障害は具体的には，精神遅滞，脳性麻痺，てんかんの３者を包括する概念として生まれ，その後漸次，自閉症，LD などを加えて最終的には，重症心身障害を含め，22 歳以前に発症した全ての障害及び慢性疾患を含むものとして定義づけられた（石川，1990）。2013 年に刊行された DSM-5 では診断基準の第一に神経発達症が挙げられ，そこに，知的能力障害，コミュニケーション障害群，自閉スペクトラム症（ASD），注意欠如・多動症（ADHD），限局性学習症（LD），運動症が含まれている。

発達障害の頻度を人口比対千人でみてみると，知的障害（10），限局性学習症（50 ～ 150），注意欠如・多動症（子ども 50，成人 25）（以上，DSM-5: APA, 2014），脳性麻痺（２～３），視覚障害（0.3 ～ 0.6），聴覚障害（0.8 ～２）（熊谷，1999）という数字が示されている。自閉症は従来（６～８）とされていたが自閉スペクトラム症と改められたことに伴い，発生率は（10）と増える傾向にある。


## ２）発達障害概念成立の背景

発達障害という用語が用いられるようになった背景には以下の経過が認められる（山下，1985）。社会経済的観点から行ったアメリカにおける成人障害者の調査結果で，乳幼児期から障害を持つ人たちは，成人してから障害を受けた人たちに比べ，その障害が重いということが明らかにされた。その理由として，乳幼児期に障害を受けた人たちは成人してから障害を受けた人たちに比べて，生活経験，教育的達成度，経済的状態において不十分であるということが明確になった。このことから発達期からの支援が重視されるよう

発達臨床心理学

になった。

　それとともに，知的障害とか脳性麻痺，てんかんといった障害を受けた者それぞれに共通した特徴があり，従来のままでは診断がサービスに適切に反映しきれない側面があり，発達障害という概念を導入することによって，技能職員の断片的サービスから脱却して，職員の専門性を発展させることができるだろうとの期待も込められていた。このようにして，発達障害の用語は，その１つの傘の下に，いろいろな面で共通にサービスを求めているグループや障害児（者）を入れることができるようになった。

　なぜ成人期になってからの障害と異なる特徴を示すようになるのだろうか。発達は個体が遺伝子と環境の相互作用により，外界から物質及び情報を取り込み，自らの形態－機能システムを形成していく過程である。発達障害の原因をその発生時期から分類してみると，①遺伝子病，②染色体異常，③胎芽期，胎児期における環境からの有害因子による発生異常，④出生に伴う周産期障害，⑤生後早期の外傷，疾患，栄養障害など，に分けることができる。すなわち，発達障害は遺伝情報の変異や，発生発達途上における外界からの侵襲（環境要因）もしくはその両者の複合によって個体と外界との円滑な相互作用の実現に支障が生じ，その後の中枢神経系その他の構造－機能システムの形成が部分的に阻害された状態である。したがって，発達障害は，単なる固定的な機能不全ではなく，機能形成不全の側面を持つ，というとらえ方が重要になる。

　図 5-1 は発達障害を特徴づける要因を３次元に分けて表現したものである（竹下，1999）。原因（Y軸）は遺伝か環境かということで，遺伝性には遺伝子異常を伴う先天性代謝異常の他，ダウン症候群などの染色体異常も含まれる。環境性には有害因子として図にあるような要因が含まれる。その原因がどの時点で作用したかの時間軸（X軸）が重要であり，出生前はさらに，胎芽期，胎児期に分けられる。周産期とは妊娠 22 週から出産 7 日未満までを指し，出産（出生）への移行（変化）に伴って母体や児に障害が起こりやすい時期である。出生後では生後早期の環境条件は特に重要である。どのような要因（原因）がいつ（時期），どこに，どのように作用したかによってその現れとしての障害内容（Z軸）が変わってくる。このように障害種別は障害の現れとしての多様性であり，その発生メカニズムを考えると発達障害とし

84

第 5 章　発達と障害

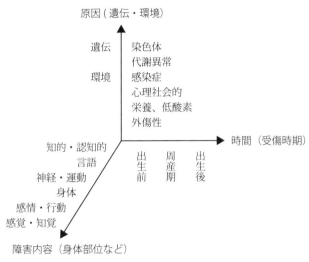

図 5-1　発達障害を形成する 3 つの次元（竹下，1999 を改変）

て統一的に理解し，対応することの合理性を知ることができる。

　上記の経過は発達障害においてこそ，障害が健康状態と背景因子（環境因子及び個人因子）の間の相互作用であって，この相互作用が双方向性であることを如実に示すものである。障害を理由とする社会環境への参加の制約は機能・能力形成の阻害要因となるために障害の重度化・二次障害をもたらしかねない。ここに障害の早期発見・早期対応のシステムを社会的に用意する意義がある。生育後の障害がいったん獲得された機能が失われることによる困難であるのに対し，発達障害は発生・発達途上の異常により，機能・能力の獲得過程に困難が存在する。そこで成人障害者の機能回復過程をリ・ハビリテーション（re-habilitation）と呼ぶのに対し，発達障害の機能形成支援過程をハビリテーション（habilitation）と呼んで区別することがある。

　発達障害の用語はわが国においては 1979 年に発刊された雑誌「発達障害研究」により一般化したが，当時の用語の意味について竹下（1999）は松野豊[2]の次の言葉を紹介する。「精神遅滞と同意語に用いられたこともあるし，精

---

2　Luria の神経心理学をはじめ，当時のソヴィエト心理学をわが国に広く紹介した実験・発達心理学者。東北大学知能欠陥学講座（現人間発達コース発達障害学分野）創設者。

神遅滞及び脳性まひ，てんかん，自閉症ならびにその他の神経学的異常が原因で精神遅滞類似の障害を指す包括的な用語として用いられることもある。さらにもっと広く感覚障害，言語障害などの発達期におこるいろいろの障害を指すこともある」(p.7)。発達障害の概念は乳幼児期における早期対応の充実に作用した。

# 3．発達障害の原因

## 1）出生前の発達障害要因（先天異常）

病気や障害の特性を表現する言葉として先天性，後天性の用語がある。先天性とは出生前に獲得されたことを意味し，誕生後産声を上げて臍の緒が切断されるまでの時期である。その後獲得された特性は後天性となる。先天異常とは遺伝を含め，出生前（胎生期）に獲得された異常のことである。表5-1に示すように大きく遺伝子病，配偶子病，胎芽病，胎児病の4つに分けられる（木田，1982）。

図5-2は有害因子に対する敏感な時期を示した模式図で，胎生期の個体が外因（環境）によって影響を受ける状態を示している（村上，1979）。上からの矢印は影響の程度を表し，真中の四角が発生段階（状態），下矢印がその帰結の方向を示す。受精前の精子または卵の段階で強い外因が加わった場合は不妊の症状となり，弱い場合は，妊娠能力は妨げられない。受精後細胞組織分化が始まるまでの胞胚期（着床前，受精後1週間程度）に強い外因が加わると発生が妨げられ，妊娠に至らない。子宮への着床後組織分化が始まる胎芽期（妊娠7～8週目頃まで）に強い外因が加わった場合，流産となる場合もあるが，多くは臓器形成が妨げられて形態異常（奇形）となる。この時期は奇形成立の感受期である。主要な器官の分化が完了し，それぞれの臓器の成長・成熟が図られる胎児期（妊娠3ヵ月以降）になると，強い外因が加わって流産になる場合もあるが，臓器の機能形成が妨げられて機能異常（例えば中枢神経異常による知的障害，運動障害など）を有することがある。弱い外因の場合母体に守られて正常発生を続け，正常新生児が生まれる。

このプロセスは個体の発生・分化過程（図5-3）を知ることにより，より

---

東北大学名誉教授。

第 5 章　発達と障害

表 5-1　先天異常の分類（木田，1982）

| | | | |
|---|---|---|---|
| A. | 1）遺伝子病： | 精子または卵子のもつ遺伝子の変異によっておこる。 |
| | | 例： | フェニールケトン尿症などの先天性代謝異常症及びヘモグロビン異常症など |
| | 2）配偶子病： | 精子または卵子のもつ染色体の異常によっておこる。 |
| | | 例： | ダウン症，クラインフェルター症候群など |
| | 3）胎芽病： | 受精卵の着床後，妊娠 3 ヵ月頃までの組織や器官が分化してゆく時期にウィルスや放射線，化学物質などの影響によりおこる。 |
| | | 例： | 先天性風疹症候群，サリドマイドによるアザラシ病，水俣病など |
| | 4）胎児病： | 妊娠 3 ヵ月以後，各器官の分化がほぼ完了し，成熟期に感染，化学物質，低酸素症，母児血液型の不適合などによりおこる。 |
| | | 例： | 先天性梅毒，トキソプラズマ，溶血性黄疸など |

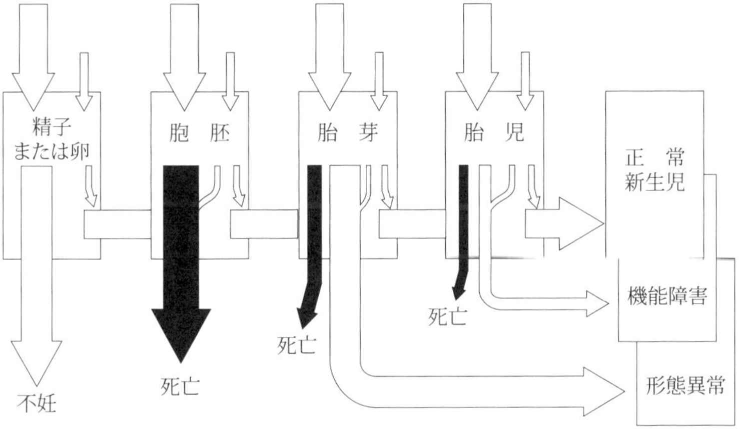

矢印の幅は外因および影響の程度を示す

図 5-2　胎生期の個体が外因によって影響を受ける状態（村上，1979）

理解しやすい。受精卵は受精直後から卵割によって分裂増殖していくが，発生数日間は全ての細胞は全ての組織になりうる万能性を持っている（胚性幹細胞 Embryonic Stem Cell; ES 細胞）。その後（子宮内への到達・着床後）内胚葉，外胚葉，中胚葉と分かれ，それぞれの組織に分化していく。妊娠 2 週から 7 週目頃までの胎芽期は組織分化による臓器形成期である。機能異常は脳損傷児の概念（図 5-4）によって理解することができる。脳損傷児とは出

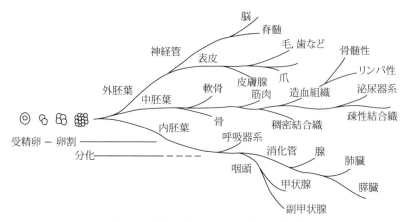

図 5-3　3層の原始胚葉の分化を示した模式図（村井, 1985）

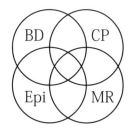

図 5-4　脳損傷児とは（甘楽, 1982 を改変）

生前・後または幼小児期における中枢神経（脳）の障害に起因する次の4症状を示す疾患ないし症候群を呈する小児をいう。その4症候群とは精神遅滞（Mental Retardation: MR），てんかん（Epilepsy: Epi），脳性麻痺（Cerebral Palsy: CP），行動異常（Behavior Disorder: BD）のことである。すなわちこれら4症状は脳損傷のあり方による現れの差であり，図 5-4 に示すように，それぞれの組み合わせで重複していることがあり，障害が重いほど重複が重なる可能性も高くなる。ここで精神遅滞は知的障害，てんかんはけいれん発作，脳性麻痺は運動障害，行動異常は情動統制の障害をそれぞれ有するものである。

2）遺伝性疾患と染色体異常（配偶子病）

遺伝性疾患には単一遺伝子疾患と多因子遺伝疾患，さらには染色体異常が

ある。単一遺伝子疾患とは単一遺伝子座の変異遺伝子により発病し，メンデル遺伝をする。メンデル遺伝では対立する一対の遺伝子の組み合わせで形質の発現が決定される。単一遺伝子疾患には①常染色体性顕性遺伝，②常染色体性潜性遺伝，③X連鎖遺伝の３種類がある。多因子遺伝疾患は複数の遺伝要因と環境要因の相互作用により発病する。通常の慢性疾患，先天奇形の多くはこれによる。染色体異常は個体の染色体構成に数的または構造的異常があり，遺伝子群が過剰または不足となるために，特定の性染色体異常を除いては大きな病的効果を持つ。

知的障害（精神遅滞）を伴うダウン症候群は染色体異常により起こる。それは体細胞形成や生殖子（精子もしくは卵子）形成のための細胞分裂過程で発生する。細胞分裂には有糸分裂により染色体を複製し，それぞれの細胞に取り込む過程があるが，そのプロセスで小さな染色体が不分離を起こし，余計に組み込まれたり，足りなかったりする場合がある。その生殖子が受精により発生を続けた場合，ダウン症候群（21トリソミー；21番目の染色体が１個多い）や，ターナー症候群（性染色体がX染色体１個のみ），クラインフェルター症候群（性染色体がXXYと余計にX染色体がある）などになることがある。

常染色体潜性遺伝の１つに先天性代謝異常症でもあるフェニールケトン尿症がある。これは酵素欠損によって通常の食べ物の中にあるフェニールアラニンというアミノ酸が代謝されずに蓄積され，フェニールケトンという特有の臭いを持つ物質が尿中に排出されるようになるためにこの名前がついている。フェニールアラニンの高蓄積は中枢神経系の発達に有害な影響をもたらし，知的障害が必発する。現在では生後すぐにスクリーニング検査を行い，フェニールアラニンを制限する食事療法を続けることで知的障害の発症を予防している。先天代謝異常症にはフェニールケトン尿症の他，楓シロップ尿症やヒスチジン血症などいくつかあるが，スクリーニング検査を通して発症予防が可能になっている。


### 3）妊娠と妊娠期の発育阻害要因

妊娠は受精卵が子宮に着床することによって成立する。受精は排卵後ほぼ１日以内に行われ，卵管を移動中に細胞分裂が進み，ほぼ５日かけて胞胚

期に子宮後壁に着床する。ただし、妊娠月数の数え方は最終月経の初日から数えるため、一般的に受精日は妊娠2週目、着床日は妊娠3週目となる（図5-5）。また、妊娠月数は数えで表し、1月（ひとつき）4週、28日である。妊娠週数は通例40週（10ヵ月）であり、最終月経から294日目を満期出産予定日とする。

　胎盤は胎児由来の組織と母体子宮側の組織が癒合することによって形成される妊娠の継続のためだけに出現する臓器である。胎盤の機能には、①酸素、栄養物質、炭酸ガス、代謝産物などの物質交換、②細菌や高分子化合物を胎児に移行させない障壁としての作用、ただし、薬剤やウイルスは移行する、③妊娠の維持に機能するホルモン産生、がある。

　妊娠期の発育阻害要因（催奇形因子）としては放射線（治療用放射線、放射線ヨード、核兵器など）、母体感染症（風疹ウイルス、サイトメガロウイルス、単純ヘルペスウイルス、トキソプラズマ、梅毒など）、母体の代謝異常（地方病性クレチン症、糖尿病、フェニールケトン尿症など）、薬物と環境化学物質（アミノプテリン、サリドマイド、有機水銀、クロロビフェニル、バルプロ酸など）がある。この他、タバコ、アルコールも胎児には有害であ

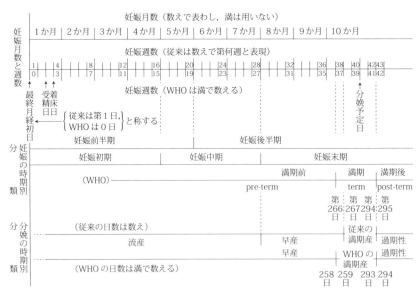

図5-5　妊娠の経過と時期（村井、1985）

第5章　発達と障害

る。タバコは血液を汚し，血管を収縮させて胎児への栄養，酸素補給を弱める。アルコールの直接的影響としては胎児性アルコール症候群（Fetal alcohol syndrome; FAS）[3]が知られている。アルコールは胎盤を通して直接胎児にいきわたるために，妊娠期間中にアルコール摂取を行った場合その程度に応じて発育不全や知的障害，特徴的顔貌などが現れる。

### 4）出産と周産期障害，出生後の発達障害要因

　出産は母体にとっても生まれてくる子どもにとっても一生の一大事である。体内の代謝に欠かせない血流は胎盤と臍の緒を通した流れから出産と同時に肺呼吸による流れへと一気に変わり，自力呼吸を始めなければならない（これが産声である）。外気にさらされ，さまざまな刺激が降り注ぐ。分娩の所要時間は陣痛開始から破水までの第1期が初産婦で10〜12時間（経産婦で4〜6時間），児頭が見え始めてから娩出までの第2期が同2〜3時間（同1〜1.5時間），胎盤が排出される第3期が15〜30分程度である。

　この出産に関わる周産期（子どもにとっては周生期）の発育障害要因としては新生児仮死（胎児・新生児仮死，頭蓋内出血／脳室周囲白質軟化（PVL）など），核黄疸（高ビリルビン血症），未熟児（早産児，子宮内発育遅延など）が3大要因として知られてきた。これらは周産期死亡や脳性麻痺，てんかん，知的障害の原因となるため，その予防が図られてきた。

　発達障害の出生後要因としては，細菌性／ウイルス性脳炎・脳症などの炎症，甲状腺機能低下症などの内分泌異常，白血病／脳腫瘍の治療のための放射線照射，頭部外傷などの外傷，ウエスト症候群，レノックス・ガストー症候群，乳児重症ミオクロニーてんかんなどの痙攣性疾患（てんかん）がある。

## 4．知的障害

　知的障害は，もともとは精神薄弱（feeble-mindedness）といわれ，その後精神遅滞（mental retardation; MR）の用語が使われるようになった。近

---

3　FAS に関わり，DSM-5 では「出生前のアルコール曝露に関する神経行動障害 Neurobehavioral Disorder Associated with Prenatal Alcohol Exposure」が「今後の研究のための病態」の1つに挙げられている。

年は知的障害，知的能力障害（intellectual disability）あるいは知的発達症（intellectual developmental disorder）などと呼称される。本書では知的障害（もしくは精神遅滞）の用語を用いる。わが国では知的障害について法律上の定義はなく，医学，医療の世界の定義が用いられ，診断も医師に任されてきた。医学・医療の世界ではアメリカ精神遅滞協会（AAMR）［2007年アメリカ知的・発達障害学会（AAIDD）に改称］による定義が一般的に用いられてきた。

AAMRは2002年，次のように定義した（邦訳，2004）。

　　知的障害は知的機能及び適応行動（概念的，社会的及び実用的な適応スキルによって表される）の双方の明らかな制約によって特徴づけられる能力障害である。この能力障害は18歳までに生じる。以下の5つの前提は，この定義の適用には不可欠である。
（1）現在の機能の制約は，その人と同年齢の仲間や文化に典型的な地域社会の情況の中で考えられなければならない。
（2）妥当な評価はコミュニケーション，感覚，運動及び行動の要因の差異はもちろんのこと，文化的および言語的な多様性を考慮しなければならない。
（3）個人の中には，制約がしばしば強さと共存している。
（4）制約を記述することの重要な目的は，必要とされる支援のプロフィールを作り出すことである。
（5）長期間にわたる適切な個別的支援によって知的障害を有する人の生活機能は全般的に改善するであろう。

　上記の定義の前提としてそれぞれの用語に次のような操作的定義を示す（一部）。

・知能とは全般的な精神的能力である。知能には，推論，計画，問題解決，抽象的思考，複雑な考えを理解すること，速やかに学習すること，及び経験から学ぶことが含まれる。
・適応行動は日常生活において機能するために人々が学習した，概念的（言語，読み書き，金銭の概念，自己管理），社会的（対人関係，責任，自尊心，騙されやすさ，無邪気さ，規則を守ること，遵法，被害者となることを避ける）及

第5章　発達と障害

び実用的（日常生活活動，日常生活に有用な活動，職業スキル，安全な環境の維持）なスキルの集合である。適応行動の制約は，日常生活及び生活上の変化と環境要求に対応する能力の双方に影響する。
・情況とはその人，家族，もしくは権利擁護者を含む一番近い社会環境（ミクロシステム），近隣，地域社会，または教育あるいはハビリテイションサービスや支援を提供する組織（メソシステム），地方自治体やマスメディア，地域産業など（エクソシステム），文化，社会，より多くの人々，国，または社会政治的影響などの支配的な情勢（マクロシステムまたはメガシステム）である。
・知能や適応行動の制約は他の次元すなわち，知能，適応行動，参加・対人関係・社会的役割，健康，及び情況に照らして考慮されなければならない。

　現在知的障害の診断にあたって，知的機能（知能）は，一般的には田中ビネー式知能検査法や WISC などの標準化された知能検査を用いて IQ を算出し，その IQ が 70 以下（誤差を計算に入れると 75 以下でもいいとされる）であることで診断できる。ところが，適応行動は残念ながら標準化された検査がない。勢い診断はほぼ IQ に頼ることになる。この点はかねてより論議され，信頼性のある適応行動尺度の確立が待たれている。DSM-5 を含め近年の概念の変化では，IQ を基準とした重症度の撤廃と，個人の機能評価にあたって仲介的支援の持つ役割の理解が，WHO の障害概念の医学・社会統合モデルを踏まえた流れとなっている。

## 5．障害の早期発見，早期対応

　発達障害は発生・発達途上における異常によってその後の生活上の困難を継続的に持つようになった状態である。その現れはさまざまであり，生まれてすぐに明らかになる場合と，育ちの経過の中でゆっくり明らかになる場合がある。ダウン症候群や二分脊椎など外観を含め明確な特徴を持つ先天性の異常の場合は生まれてすぐに気づかれることがほとんどであり，その場合は必要な医学的管理が開始されるとともに，家族にもその事実が告げられる（障害の告知）。
　知的障害や自閉症などの多くは生まれたときには外見上の異常はなく，大きくなるにつれて言葉が遅い，あるいは行動発達に違和感があるなど発達障害が次第に顕わになってくる。このようにいつとはなしに発達上の問題が浮

93

上してくるので，親はわが子の発達の遅れや偏りに気づかずにかなりの年月が過ぎてしまうこともある。発達障害を気づきにくくしている要因として，①発達早期には母子間の情緒的結びつきがあり，育児上の不安を感じにくい，②乳児期など運動発達が順調な場合には発達への安心要素となる，③発達には個人差があり，発達の遅れと発達障害の区別がつきにくい，④核家族化などにより親が正しい知識，判断力を持ちにくい，⑤問題を発達の遅れや個性と考えたい心理が働く，などがある（戸祭，1996）。他方，最近は育児書やネット情報などにより発達障害の情報も増えていることから「うちの子は大丈夫でしょうか？」と言って専門家の門をたたく親も増えている。

　このような親の不安に応えるために，また障害の早期発見，早期対応につなげるために，わが国では「母子保健法」に基づき，母子の健康保持，増進のための母子保健事業が行われている。妊娠届け出時の母子健康手帳の交付に始まり，妊産婦健康診査（以下，健診）から母親学級・両親学級による出産・育児準備支援，新生児訪問事業や乳児家庭全戸訪問事業により子育て支援の情報提供や育児リスクの把握を図っている。さらに，乳児（3ヵ月・10ヵ月など）健診，1歳半健診，3歳児健診などを通じて発達障害などの早期発見，早期対応が行われる。

　乳幼児健診では，まず医師，保健師，心理師などの健診チームによる乳幼児一斉健診が行われ，一次スクリーニングが行われる。一次スクリーニングにより何らかの疑いが示された乳幼児に対し二次スクリーニングとしての精密検査が保健所，医療機関，専門施設，その他によって行われる。その結果，確定診断を受けた乳幼児は治療・リハビリテーションや経過観察の対象となる。

　発達障害児の治療・療育にあたっては多くの自治体で早期療育システムが整えられている。障害の種類，程度にもよるが，乳児期から幼児期早期には医療・訓練機関への母子通園（通院）や自治体による親子教室から始まる。その後母子通園や通園施設，統合保育，幼稚園など障害の程度，実態に応じて早期療育が図られる。就学期には就学支援委員会により就学相談が行われ，特別支援学校や特別支援学級を含む，適正就学が図られることになる。

　早期発見，早期対応の意義は早期対応による一次障害の軽減，代行機能の

第5章　発達と障害

形成と二次障害[4]の発生予防にある。また親の育児不安を解消し，母子のアタッチメントの弱まりを防ぐことも重要な課題である。早期発見・早期対応は障害の重度化を予防し，結果としてコスト増を防ぐことにつながる。

　なお，アセスメントの告知にあたっては障害受容の問題が生じることに十分な配慮が必要である。わが子の障害に直面した親は，多くの場合情緒不安定になる。告知のあり方によっては，親はパニックとなり，育児に対する意欲をそがれ，深い孤独感の中で呆然自失のまま経過する場合もある。一方，アセスメントにより問題の性質が明らかとなり，自身の育児のせいではないと分かって気持ちが軽くなる親もいる。いずれにしても継続的な支援の準備と適切な配慮のもと，家族・親に理解可能な形で結果は伝えられなければならない。

　早期教育の効果としてアメリカの自閉症養護学校校長が語った事例がある（谷口，2000）。自閉症の兄の訓練についてきていた1歳8ヵ月の妹に自閉症様（共同注意の困難，多動，指示理解の困難）の行動特徴が認められた。そこで訓練を開始したところ，ほぼ6ヵ月から1年後には症状が改善し，3歳時点では若干奇異な感じが残されているものの幼稚園に通い，友だちとも普通にやり取りできるようになった。その校長によると最も早い年齢で出会ったケースであり，早期発見・早期対応による自閉症状の改善の可能性を示したケースといえる。

---

4　代行機能とは例えば健聴者の口話に対し聴覚障害者の手話のように代わりうる機能のこと。もちろん聴覚障害者も人工内耳や補聴器等を通して口話も学ぶ。二次障害は発達障害を持つ子どもが，その障害特性として本来的に持っていると考えられる困難を一次障害というのに対し，不適切な関わりや環境を通して形成されてしまった適応困難のことを指す。二次障害は子どもが安心を感じられるような環境や関わりの改善によって容易に軽減できることがある。

95

# 第6章

# 限局性学習症と注意欠如・多動症

多くの障害のうちには生後すぐには気づかれないまま，育ちにつれて何となく気になり始め，次第に明らかとなる場合がある。近年注目が集められ，その対策が進んできた限局性学習症（LD），注意欠如・多動症（ADHD），知的遅れを伴わない高機能自閉症（High Functioning Autism Spectrum Disorder; HFASD）などはそのような障害である。

## 1．狭義の発達障害について

前章では広義の発達障害について障害概念の変遷ならびに障害の発生原因を中心に紹介した。本章では障害概念の限定的用語法すなわち狭義の発達障害概念について述べる。わが国には2004年に制定された「発達障害者支援法」が存在するが，この法律に定義される発達障害は広義の発達障害概念とは異なる行政用語である。すなわち「自閉症，アスペルガー症候群その他の『広汎性発達障害』，『学習障害』，『注意欠陥・多動性障害』などの発達障害を持つ者に対する援助などについて定めた法律」とされて，知的障害やてんかん，肢体不自由，視聴覚障害などの身体障害は含まない。その理由はこの法律が従来の障害者福祉行政から外れていた障害を対象として，その支援の拡充を期して制定されたからである。

上記のLD, ADHD, HFASDは「軽度発達障害」ともいわれるが，その対策が問題とされ，整備されてきたのは21世紀を挟んでのことである。以下その経緯について触れる。

萌芽的には軽度発達障害には2つの研究の流れがある。1つは発達性の読

96

第6章　限局性学習症と注意欠如・多動症

み書き障害で，読字障害が代表的なものである。もう１つはてんかんや脳炎後遺症などの脳損傷を持つ子ども（脳損傷児）たちの学習困難，注意集中困難である。脳損傷児の行動特徴として注意転導，多動，易刺激性，情緒障害，不器用などがあることが以前から知られ，学齢期には学習困難を伴うことが多いと指摘されてきた。

　一方，1970年前後から教育現場では知的な遅れは認められないものの，特定教科のみ成績が伴わない例や，学級内で落ち着きがなく，注意集中が続かない子どもがいることが気づかれていた。ある時期からこのような子どもたちが「学級崩壊」の要因となることがあると問題とされ，またいじめ，不登校増に伴いこれらとの関連も議論され始めた。

　このような子どもたちは脳損傷児と同様の背景を持つ可能性があると推測された。同様の行動特徴を持ちつつも，明らかな脳損傷の証拠が認められない一群の子どもたちについて，一時期，「微細脳損傷（Minimal Brain Damage; MBD）」あるいは「微細脳機能障害（Minimal Brain Dysfunction）」と呼んで研究が重ねられ，治療教育への手がかりが探し求められた。同時に診断名としても普及した。

　しかし，MBDの用語には実体としては確認されていない脳機能障害を「微細」と表現してあたかも存在しているかのようにみせかけているという矛盾が指摘された（鈴木，1979）。MBDの用語は安易な診断傾向が批判されたこともあって1980年代以降使われなくなった。それに代わって1980年代以降，医学領域ではADHD，教育界ではLDとして，子どもたちの行動上の現れ（不注意，多動，衝動統制困難，学習困難）の検討が進められることになった。つまり，MBDはアカデミックスキルを問題とするLDと行動統制を問題とするADHDのそれぞれの側面から問題とされることになった。

　同様の経緯はアメリカ精神医学会が「診断・統計マニュアル」を編集する上での考え方の検討にも存在したと推測される。すなわち，1980年発行のDSM-Ⅲでは原因論による分類を廃し，症状論に舵を切った。また，「注意欠陥障害」（今日のADHD相当）や「特異的発達障害」（同，LD）に「精神遅滞」（同，知的障害），「全般性発達障害」（同，自閉症）を加えて発達障害として範疇化した。脳の発達上の問題の現れとして次第に障害が顕在化すると考えられたからである。これは脳の障害は想定しつつも現状でその発症メカ

97

発達臨床心理学

ニズムが特定できていないところから，現段階では行動特性として分類するというものである。脳発達上の問題を背景に想定するという見方はDSM-5（APA, 2014）の「神経発達症 [1]」という用語にも表れている。現在ADHD, LDを含む発達障害は前頭葉機能を中心とする脳成熟の問題が背景にあると考えられ，検討が進められている。

　ADHDやLDは，環境によって障害となったりならなかったりする，本来境界領域の発達障害である。最近の社会環境の中で境界域にいる子どもがうまく育まれていない側面がある。特に，ADHDは他の多くの発達障害と違って，症状やその程度が状況や年齢でかなり変化する。多くの子は，小学校高学年頃になると問題が少なくなって周囲に適応していく。さらに大人になるとADHDの特徴が残っていても本人が自ら適した環境や適した職業を選ぶことができるようになり，のびのびと生活し，むしろ個性的な仕事で認められるようになる人も多い。すなわち，多くの場合障害といえない状態になる（石崎，2001）。

　このようなことから，LDやADHDが疾患分類として組み込まれる（医療化する）経緯に関しては先に紹介したように社会学からの批判を受けることになった。例えばADHD概念普及に伴い次のような課題が指摘される。DSMは精神疾患の診断と分類において原因主義ではなく，症状主義（症候による分類）を取ることによって用語の汎用性を高め，共有化を可能とした。しかし，症状主義では質的な区分が成り立たないことから，診断にあたって境界を明確に定義できないという問題を抱える。

　ADHDに関わっていえば，発達過程で生じる個人差，いわば生物学的偏倚の幅を受け入れる余裕を喪失し，これまでは「やんちゃ」やある種の子ども

---

1　神経発達症は知的能力障害群，コミュニケーション症群，自閉スペクトラム症（ASD），注意欠如・多動症（ADHD），限局性学習症（LD），運動症群，他の神経発達症群に分けられている。LD, ADHDと密接に関連する障害として，言語症と発達性協調運動障害がある。言語症は言語，会話，コミュニケーションの障害を含むコミュニケーション症群の1つで，表出と受容を含む言語の習得と使用に持続的な困難が認められる場合をいう。発達性協調運動障害は運動症群に含まれ，手足の麻痺はないけれど，動きの協調が必要な動作に障害がある。すなわち，著しい不器用やバランスの悪さなどがあって，日常動作や学業に支障をきたす状態で，スポーツが下手，作業が遅い，書字が下手などで明らかになる。

98

らしさとして受け入れられてきた特性を，いじめや学級崩壊へと結びつけてかえって問題化してしまったとの指摘がある（渡邊，2004）。このような批判がありつつも，わが国における「ADHD の制度化」（佐々木，2011）はネットワーク社会の到来を背景とした当事者や親の会の情報発信が一方の原動力であった。これは社会における逸脱への許容量が減るに伴い，当事者や家族が押し出される形でその扱いへの異議申し立てを行った（代替処遇を求めた）結果と見なすこともできる。あわせて ADHD については後述のように反抗挑発症や素行症など秩序破壊的で衝動制御の困難を併存する例が少なからず認められ，その点からの対応の重要性も指摘されている。

## ２．限局性学習症（LD）

　LD は，①知能が正常であること，②経験を象徴化し，記憶・体系化していく学習過程に障害があること，③背景に脳機能の障害が想定されていること，の３点で理解が共有されている。LD は一部の能力のみが劣っているので，周囲にそのことがわかりにくく，それは怠けているから，わざとやろうとしないから，などときちんと理解されていないことがある（石崎，2001）。

　文部科学省（1999）では「基本的には全般的な知的発達に遅れはないが，聞く，話す，読む，書く，計算するまたは推論する能力のうち特定のものの習得と使用に著しい困難を示す様々な状態を指すものである。学習障害はその原因として，中枢神経系に何らかの機能障害があると推定されるが，視覚障害，聴覚障害，知的障害，情緒障害などの障害や，環境的な要因が直接の原因となるものではない」と定義している。

　DSM-5（APA，2014）では「読字障害」「書字表出障害」「算数障害」が特定する対象となっている。有病率は５～ 15％と見なされており，成人では４％と見込まれている。他の発達障害と LD の関係についてみると，すでに述べたように，知的障害は全般的な発達の遅れを示し，ASD は広範な発達のゆがみのためにアンバランスなプロフィールとなる。これに対し LD は１つあるいはそれ以上の機能について生活年齢，知的能力から期待されるレベルからの明らかな低下を示す。この機能低下の領域，種類は個々に異なり，個人差が大きい。LD の結果として境界級あるいは軽度の知的障害の状態となることもある。したがって LD には高 IQ の子どもの数は少なく，80 ～ 90 台の

子どもが多い。LDについては中核群，典型例の把握，例示は容易であるが，周辺群の同定や境界の画定はできない。環境のあり方によってその現れは異なってくる（谷口，2000）。

LDの用語はカーク（Kirk, S.A.）によって用いられ（Kirk, 1963），普及した。LDはそもそも境界線の知的機能の子どもたちにいかなる手立てが可能かというところから問題が発している。LD児は特定教科について集団学習(クラス単位で同一教科書・教材で行う一斉授業）についてゆくのに困難を持つ子どもたちがほとんどである。

LD概念についてはその用語法に入れ物派と物差し派があった。入れ物派とは教育関係者を中心とする考え方であり，物差し派は医療関係を中心とする人たちである。医学領域における発達性読字障害や発達性失語症，あるいはMBDの研究は，もともとは中枢神経障害のメカニズム（隠れた指標＝物差し）を明らかにし，そこから臨床像を理解して疾患単位として明確にし，原因論から神経心理学的に対処法の確立を図ろうとしてきた。しかしその追及は必ずしも容易ではなかった。

一方，教育学的立場では問題を抱えている子どもたちを放置するわけにはゆかず，厳密に物差しとしてLDを定義し区分するよりは，学習上の困難を抱えている子どもたちにはそれぞれ分け隔てなくLDとして教育プログラムを開発し支援することが求められた。したがって教育関係者としては子どもが学習上の課題を抱えている場合にはまずLD（入れ物）として把握し，サービスを施すという実践的考え方になる。このように現時点で教育関係ではLD概念は「入れ物」としての定義によって運用されているが，引き続きLDメカニズムの解明は積極的に進められている。

LDは中枢神経系の局所脳障害と見なされており，例えば限局性書字表出障害，読字障害では相当部位である左側頭葉ないし後頭葉，角回・縁上回（視覚言語野）など後天性の成人大脳損傷事例の損傷部位と近い領域で血流量低下が観察されている（宇野, 1999）。一方LDを問題解決過程の困難ととらえた場合，その困難の内容は認知特性の個人差を反映してさまざまである。したがって個々人の認知過程を丁寧に解析し，乗り越えにくい処理過程を具体的に明らかにしていく必要がある。その中でも共通して指摘されているのはワーキングメモリー（working memory; WM）の問題である（室橋, 2010）。

第6章　限局性学習症と注意欠如・多動症

　WM は作動記憶，作業記憶ともいわれ，前頭前野外側部で担われている記憶（情報）の一時的保存や組み換えなど，当面する課題を処理するための作業を担う脳のシステムである。WM は音韻ループ（音声情報保持）と視空間スケッチパッド（イメージ，絵，位置情報などの保持），それに中央実行系（注意の制御，処理資源の配分）の 3 つからなると考えられており，後に述べる実行機能の一部である。WM の評価は知能検査の数唱や逆唱のように音声提示された数字や無意味つづりなどを再生あるいは逆再生，遅延再生させる（言語性 WM），あるいは提示された対象の空間位置の記銘成績（視空間WM）などによってなされる（湯澤，2011）。LD のうち読字障害については音韻ループ（音韻的作動記憶）が関与するとみなされている（シェイウィッツ，1998；細川，2005）。

　指導の観点からみると，先述のように LD の実体は最も軽度で局在性の中枢神経系の機能不全を背景としていると考えられるが，その障害の実体は個々には立証困難である。また，LD と単なる学業不振との間に明快な境界線は引きにくく，それが本人にとって必ずしも意味のあるものとは限らない。訪問したアメリカの学習障害専門校における入学対象児について，著者が LD 児の特定方法を訊ねたところ，「LD は勉強につまずいている子どもであり，学習上の困難に直面している子どもは誰でも支援していく」というものであった（谷口，2000）。

　その立場から LD 指導をみると特別な指導法があるわけではなく，どの教科でも通常の学級における指導やチームティーチングによる個別指導によって，学習の遅れを補う指導が中心となる。先の学習障害専門校でも，指導法の基本は徹底した少人数グループによる個別指導で，学習過程をスモールステップ化するなど，個々人の理解度に応じた密度の濃い授業を行って子どもたちの学力を伸ばすということであった。

## 3．注意欠如・多動症（ADHD）

　本書冒頭に示した 2 事例もそうであったように，ADHD の子どもたちは勉強についていけない，授業進行の妨げとなる，友だちができにくい，いじめ・いじめられに巻き込まれやすい，不登校や非行につながりやすいなどの困難を抱えている。

*101*

以下はネット上に見られたある親の思いである。

　「子供が発達障害の診断を受け，障害だとわかると…／肉親から，手のひらを
返したように遊びの誘いや連絡が来なくなりました。理解に苦しいと言って家に
も寄り付かないし，どうしても用事がある時だけ来て急いでる…と言ってすぐに
帰ります」
　「学校ではいい子でいなきゃ！ と頑張ろうとする次男。夏休み明けてからよう
やく，学校が次男のために作ってくれた個別ルームで心休めれるようになった
り，コントロールもできるようになってきました。／でも学校でのストレスは彼
にとって尋常じゃない。／家でその反動が日に日に激しくなり，イライラのキレ
所が早くなってる気がします。／（略）だんだん力も強くなってきたので，止め
るのも命懸け。けど，暴れ泣き叫ぶ彼の「助けて」とどうしようもない心の叫び
も聞こえる。この葛藤の中で誰に頼ればいいのか，どうしたらいいのか」
　（NHK 福祉ポータル　ハートネットカキコミ板　発達障害　https://www6.
nhk. or. jp/heart-net/voice/bbs/board. html?theme=3　より，2018. 2. 4 検索）


　ここには現代社会の孤立した育児の中で，助けを求めにくくなっている親
の姿が象徴的に示されている（10 章）。このような子どもの困難の特性を明
らかにし，効果的支援のための方策の確立は大きな課題である。なお，先の
事例 1 はその後適応指導教室への通級を経て高校に進学し無事卒業してい
る。また，事例 2 は小 3 の夏休み明けから人が変わったように教室に溶け込
み，問題が認められなくなった。いずれも適切なアセスメント（9 章）を経
て本人の状態について周りが理解を共有し，本人に対する対応のあり方を一
貫させたことが効果的であったと理解している。


## 1）ADHD とは

　ADHD は Attention Deficit/ Hyperactivity Disorder の頭文字をとったもので
あり，不注意，まとまりのなさ，ならびに／もしくは多動性－衝動性，が障
害レベルに達することにより特徴づけられる神経発達症の 1 つである。学齢
期に問題が顕著になるが，生涯にわたる行動特徴である。ただし，成長に伴
い多動などは収まる。
　アメリカ精神医学会の「診断・統計マニュアル（DSM-5）」における ADHD

第6章　限局性学習症と注意欠如・多動症

の定義は次のようである。「ADHDとは年齢あるいは発達に不釣合いな注意力，ならびに衝動性，多動性を特徴とする行動の障害で，社会的な活動や学業に支障をきたすものである。多動／不注意等の症状は12歳までに存在し，中枢神経系に何らかの要因による機能不全があると推定される。発生率は子どもは約5％といわれ，男女比は約2：1と男児に多い」。男児に多い理由は，男児のほうが神経疾患に対して遺伝的に障害を受けやすいためではないかと考えられている。

　ADHDの子どもはしばしば衝動的に行動し，考える前に動いてしまう。入力に対しての衝動的な運動性反応を抑制することができない。出来事を予測して運動性反応を準備することが不得意で，その反応過程でなされた誤りについてのフィードバックに対して感度が低い（バークレー，2002）。これが社会的軋轢を生み，学業ができないもととなる。1つの活動に集中することが難しく，自分で始めたことを最後までやり遂げずに次々に別の課題に移ってしまう。ADHDの20〜25％以上はLDを有しており，LDの1/3以上は多動である。また，ADHDと素行症（後述）には30〜90％の重なりがある。多動性は目標行動の困難と結びついていて，既述のように長期的には予後がよい。

　繰り返しになるが，ADHDは脳炎後遺症としての多動症への注目に始まり，その後1950年から60年代にはMBDとして研究が進む。これにはLDや多動，発達性協調運動症などの神経症状が伴うことが多いとされた。多動を伴う注意欠陥障害としてADHDの概念が現れるのはDSM-IIIからである（田中，2010）。当初ADHD，LDは併存することが多いこともあって明確には区別されていなかった（渡邊，2004）。

### 2）ADHDの原因論と基本障害

　ADHDの原因については今のところよくわかっていない。遺伝要因を検討した親族研究によると，ADHDを持つ子どもの両親に28.6％のADHDの特徴があり，兄弟姉妹では20.8％（Biederman et al., 1990）となる。一卵性双生児の一致率は8割であるのに対し，二卵生双生児の一致率は2〜3割（Gilger et al., 1992）と遺伝負因が強調されている（バークレー，2002）。ただし，ほぼ環境を共有している親族から純粋に遺伝の効果を抽出することは

*103*

難しく，さらには3章，4章でもみてきたように，環境要因の影響は排除できない。被虐待児にADHD様行動が認められることがあることは広く指摘されている（4章）。その他，①乳幼児期の鉛中毒，②母親の妊娠期間中の飲酒と喫煙，③早産，脳損傷などの可能性も指摘されてきた。ADHDと同様の症状の要因をみると，「多動」だけでも原因はさまざまである。自閉症，知的障害，強い不安，被虐待児などでも多動が現れる。似た症状をもたらすものとして睡眠－覚醒障害，タバコの煙，食品，人間関係のストレスなどがある。その意味でADHDは生物－心理－社会障害とみておく必要がある（田中，2010）。

　ADHDは単に注意そのものに関する障害とは見なされていない。ADHDの基本障害は行動抑制の障害であり，刺激と反応の間に「間」を入れられない。考えてから行動することができない。したがって，「人の話を聞かないで応える。車が来ないことをよく確認しないで道路に飛び出す」ということになる。行動抑制の発達は生後7～8ヵ月から1年目に急激に発達し，その後も児童期にかけて引き続き発達していくものである。いわば衝動性がADHDの本質である。音が聞こえたり，何かを思いついたり，など気になることや楽しそうなことを見つけたら，今していることが終わるまで待つことができない。すなわち，行動の自己コントロール障害であり，行動がその場の状況に左右されることは未来に向けて行動を組織化する力がないことを意味する。

　抑制は前頭葉の重要な機能であり，それは幼児期から青年期にわたって徐々に発達する。前頭葉がまだ完全に発達していない小さな子どもは，行動や発言を抑制することが難しく，社会的文脈に関わらず，衝動的に行動してしまう傾向がある。他の同年代の子どもと比べ，行動を抑制して精神を集中することに深刻な問題があって，それが長引くものならば，ADHDの最初の兆候であると考えられる（ブレイクモア＆フリス2006）。

### 3）実行機能とその障害

　ADHDはセルフコントロール（自己抑制）の発達障害である。セルフコントロールはどんな作業であっても重要な基礎であり，仕事や遊びでゴールに到達するためには，その目的を後から思い出せることが必要である。ゴールに到達するためには見通しをもって必要な手段を自分自身に指令し，感情を制

御しつつ，自分自身を奮い立たせねばならない。これを邪魔するような考えや衝動を抑えることができなければ，これらの機能はうまく働かない（バークレー，2002）。ADHD児は，将来のイメージを使えないため，未来に向かって意図した行動がとれず，現在の情動に依存した行動となる（相原，2006）。

　心理学では未来に向けて行動を組織化する力を「実行機能（executive function）」として研究を続けてきた。実行機能とは目標を定め，その目標のために自己を管理し，処理をしていく能力のことであり，目標に対して臨機応変に対応し，実行することである（Elliot, 2003）。この能力により，人は自己を形成し，自己実現という動機づけに向かうことができる。必要な情報を適切に選び，一時的に保持しつつ，不要になったら消去する，といった一連の情報処理過程が認知・行動の時間的統合に関わっている。人の社会適応を保障する実行機能においては認知機能（知）が文脈を形成し，情動機能（情）がバイアスとして関わることで意思決定（意）がなされ，行為におよび，さらに学習が進展する（相原，2009）。実行機能がなくなると行動の統制は弱くなり，抑制されず，結びつきがなくなる。

　実行機能の実際はこれを測定しようとする実行機能検査を通して知ることができる。実行機能検査は前頭葉機能検査としても知られており，「ウィスコンシンカードソーティング検査（Wisconsin Card Sorting Test: WCST）」や「ストループ検査」，「ことばの流暢性テスト」などがよく使われる。WCSTとはカード分類を求める検査であり，分類のルールを教えない状態で回答の正誤のみを伝えて分類規則の発見を求める課題である。ただし分類規則は途中で変わるが，その変わった規則に応じられる柔軟性を測定する。前頭葉障害患者ではルールの変化に即応できず，固執（保続）を示す。ストループ検査は色の名前を問う検査であり，色名を表記する単語をその色名とは異なる色で着色することで，色認識の攪乱（干渉）を図っている。ことばの流暢性とは例えば「か」で始まる単語を40秒間で最大何語言えるかを問う検査である。いずれも状況への柔軟性，不必要な応答の抑制，円滑な情報検索などトップダウン処理（文脈依存処理）[2]を求める課題となっている。

---

2　流入するデータによって制御される脳の情報処理過程をボトムアップ制御というのに対し，過去の経験（文脈）によって作られた記憶によって制御される処理プロセスをト

発達臨床心理学

### 4）ADHD と脳

実行機能は前頭連合野（前頭前皮質）によって担われている。前頭連合野のうち，背外側部は行動の認知・実行制御，内側部（帯状回前部を含む）は心の理論・社会行動，腹側部（眼窩回）は行動の情動・動機づけ制御に重要な役割を果たす。前頭連合野腹内側部は情動・動機づけに基づく意思決定に関わる（渡邊, 2016）。実行機能検査は前頭葉損傷に敏感だが当然のことながら前頭葉外損傷でも成績低下が起こるので，実行機能は前頭葉のみでなく他の脳部位とのネットワークによって担われていると考えられる（Elliot, 2003）。

ADHD の基本的な病態として，4つの実行機能に問題があると考えられている。すなわち，①心の中に情報を留め置き，それを引き出すこと（ワーキングメモリー），②発語（内言）の自己コントロール，③気分，覚醒状態の制御，④観察された行動を分析して新しい行動に結びつける能力，の低下がある（石崎, 2001）。ADHD 児の不注意，多動，衝動性は内的な指示によって導かれる過程（トップダウンプロセス）の欠陥と，自分自身の不適切な行動を抑制できないことによって生じる。

ADHD の神経基盤として実行機能を司る前頭葉−線条体のシステム不全が指摘されている（大村, 2008）。ADHD の脳について，磁気共鳴画像（magnetic resonance imaging: MRI）を用いた定量的研究によると，前頭前野（背外側前頭前野と前帯状回），線条体（特に尾状核），脳梁（特に膨大部），小脳，大脳全体の体積が対照群に比べ小さいことが報告され，実行機能障害説を裏づけている。神経伝達の視点から ADHD の病態をみると，前頭葉−尾状核・被殻・淡蒼球におけるドーパミン神経系の機能異常が主体で，これにノルアドレナリン神経系，セロトニン神経系[3]の異常が関与していると考えられている

---

ップダウン制御という。

3　ドーパミン，ノルアドレナリン，セロトニンはそれぞれ代表的な神経伝達物質であり，脳内にそれぞれの伝達経路を持つ。ドーパミン神経系は運動，認知，報酬系，特定の神経内分泌など多彩な機能を担う。ドーパミン神経系は黒質−線条体路，中脳−皮質路，中脳−辺縁路，隆起漏斗路の4つに分類されており，最初の3つが作業記憶や注意，学習に密接に関与すると考えられている。ノルアドレナリン神経系はストレス反応により活性化され，不安・注意など覚醒反応に関わり，交感神経を活性化する。セロトニン神経系は脳幹縫線核から脳内に広く分布，覚醒時に活動し，意識水準や自律神経のバランスを調節，痛みの感覚を抑制するなどの働きを持つ。

第6章　限局性学習症と注意欠如・多動症

（竹内，2008）。例えば，ADHD ではドーパミンの再取り込みを促進するドーパミン転送遺伝子やドーパミンの情報を受け取る受容体の遺伝子に変異があるという研究がある。ノルアドレナリンについても再取り込みの促進が示唆されている（石崎，2001）。

### 5）ADHD の診断・評価（アセスメント）と治療

ADHD は，家族，学校の先生から聴取する成育歴・行動特徴と，観察に基づく本人の行動特性により診断がなされる。ADHD 診断に決定的な検査はない。4 歳から 6 歳でもサブタイプに分けることもできるが，小学校入学以前の診断の妥当性については不明である。診察にあたっては，注意を払う能力，衝動を抑える能力，不安をコントロールする能力に関する正常発達に伴う変化を十分に考慮しなければならない。同年齢の子どもとの比較が重要で，ADHD の症候を確認したら，可能性のある他の医学的原因や症状との鑑別診断を行うことになる。

ADHD をアセスメントする際のポイントとして，①まず行動観察では，問題となる行動は学校でも家庭でも見られるかを確認する。②面接における聞き取りと行動評価表では，親からは成育歴，病歴，家族歴，家族との関わり方を聞き取り，教師からは，集団適応，学校での様子，学習上の問題を確認する。③さらに心理検査として，知能検査，言語性検査，非言語性検査，前頭葉検査などを行う。④また医学的検査として鑑別診断のために，関連障害の有無，神経学的検査などを行う。

ADHD 診断の効果として，親は子どもが ADHD と診断されると安心するということがある。なぜなら，親はそれまで子どもの行動をコントロールできなかったことが自分たちの責任だと考えているからである。ただし，専門家以外の人が親に「ADHD では？」と告げるのは禁忌である。告知に対する子どもの反応は多くの場合無関心であるが，10 歳台では通常「病気」を持ってしまったことに苦しむことがある。

逆に診断・告知のプラスの面として，「今子育てで困っていること，発達的に気がかりなことなど，疑問に思うことについて，どうしてなのかアドバイスがもらえる。そうすると，わけのわからない不安から開放された気持ちにもなれた。検査をして子どもの認知の発達などの特徴を知ることによって，

107

またそこでも子育てのヒント，子どもの学習スタイルはどのようにしていったら良いかわかってくる」という感想もある。診断によって①知らずに子どもに無理なことをさせる，②子どもはどうしてもできないので，情緒不安定・自分に自信がなくなる，③親もますます，子育てにストレスがたまる，などの悪循環から解放されることがある。

ADHDの治療として過去，リタリンが処方されてきた。この薬は脳内のドーパミンとノルアドレナリンの量を増加させる。すなわち，ドーパミンの再取り込みを阻害し，隣接した神経細胞上の受容体（シナプス後膜）にドーパミンが結合するための時間を延長する。これらの脳内化学システムを刺激すると，成人では活力に満ちているという気分や，陶酔感が引き起こされる（リンタンは中枢神経刺激薬であり，薬量によっては依存を引き起こす）。薬物療法はADHDを治すわけではないが，子どもが学校や家庭でうまくやっていく助けになる（ブレイクモア＆フリス，2006）。リタリンは5歳以上のADHD児の70から90％の行動を改善してきた。そのような子はセルフコントロールができるようになる。結果として他の子どもたちに好かれるようになり，自分の行動によって罰せられることがなくなり，これがセルフイメージをよくする（バークレー，2002）。

現在リタリンの後継薬としてコンサータ（ドーパミン再取り込みに作用）があり，その他ストラテラ（ノルアドレナリン再取り込みに作用），インチュニブ（アドレナリン受容体に作用）の適用が認められている。コンサータは中枢神経刺激薬としてその処方は厳しく管理されている。いずれも投薬には年齢制限があり，医師の処方・医師の指示による服薬が必要である。

### 6）ADHD対応の要点

ADHD児は静かに教室で先生の話を聞いて理解することは困難だが，人とのやり取りの中で学ぶことは得意なので，教育上の配慮をまとめると次のようになる。

① 動機づけのポイントをさまざまに含んだ体験学習の比率を高くする
② 問題を少しずつ与え，その都度採点と評価をする
③ しっかりとほめる，励ます

子どもたちの行動の結果をすぐにわからせ，規則や時間間隔について合図をたびたび送ることも含まれる。彼らの行動を予測し，課題をスモールステップ化し，直ちに報酬を与えることによって構造化する。これらのステップは時間，規則，結果などを具体化することに役立ち，ADHD の子どもたちの情報，規則，モチベーションなどの内面状態の弱さを助ける（バークレー，2002）。

問題行動がひどく手がつけられない子への対応として，まず学校中の先生たちにその子を見かけたら，必ず好ましいなにかしらの言葉がけ（あいさつだけでもよい）をしてくれるようにとお願いしたら，1 カ月で問題行動が減ったということがあった。この場合，問題行動はアタッチメント障害を背景とする注意獲得（attention seeking）反応となっていた可能性が高い。いずれにしても，家庭環境と学校不適応には密接な関連があり，子どもたちは依存欲求や社会的承認の欲求が満たされないと，いじめを含めた問題行動を引き起こすことがある。家族，特に主たる養育者としての母親の情緒的安定（情緒的支持，受容性）は子どもたちの心理的安定をもたらすのである。

上記に関わって興味深い研究がある。菅原（2001）は素因－ストレスモデルの因果関係に関する研究を行った。一般に「就学前における母親の不良な養育が発達早期の統制不全型問題傾向を生み出し，それが児童期に至って友人関係や学業成績の不良につながり，思春期以降の非行行為に結実していく」と考えられがちである。胎児期から思春期まで 1,360 名を 15 年間追跡し，子どもの問題行動と母親の否定的感情との関係を分析したところ，5 歳までは子どもの問題行動側から母親の否定的感情側への影響のみが確認され，5 歳から 8 歳のところで初めて母親の否定的感情が子どもの問題行動に作用する結果が得られた。母親の子どもに対する否定的な感情は，乳幼児期ではむしろ対象児の問題行動傾向に引きずられる形で深化していく様子がうかがえ，統制不全型問題行動の先行要因としての親の子どもに対する愛着感の欠如を仮定している従来のモデルとは反対の因果関係が確認された。

さらに，成長後に統制不全型問題行動傾向が出た群と出なかった群の差は，父親の子どもに対する養育態度の良好さと幼少期からの母親の父親に対する信頼感や愛情の程度であった。統制不全型の問題行動の発達を防ぐためには，

直接的に良好な父子関係を形成することが有効であると同時に，育てにくい子どもの子育てに奮闘する母親をサポートする父親の間接的役割も大切と考察している。以上のことから ADHD 児の支援にあたっては家族関係の安定と調和を保持することが重要なポイントとなる。

　ADHD については小児期から適切な対応をすることによって，ほとんどの人が多少の症状を残しながらも，成人期には社会に適応してゆく。学齢期に ADHD の特徴が顕著になる要因として，学校システムが子どもたちの社会化（教育）のために効率化，均質化が図られ，子どもたちに一様な行動様式を求めがちであるからである。子どもたちの自発的なタイミングを待つというよりは集団行動としての同調性を求める局面が多くなり，思考・行動のテンポが合わない子どもたちにとっては苦難を強いることになる。一方，社会では本人の特性に合わせた人間関係，行動様式の組み合わせへの柔軟性がある。ただし，近年ではその柔軟性も乏しくなる傾向にある。

## ４．ADHD の併存症（あるいは二次障害）としての統制不全型行動障害

　すでに述べたように，ADHD の子どもたちの 30 〜 90％には反抗挑発症ないしは素行症が重なる。素行症の子どもは反社会的な両親や家族を持ち，社会経済的な地位が低く，青年期には非行や薬物の物質関連障害に陥りやすい（デビソン＆ニール，1998）。

　多くの多動児は仲間と付き合ったり友だち関係を作ったりするのが極めて難しい。その行動が他人をイライラさせるからである。多動児は大抵おしゃべり好きで友好的なのだが，微妙なサインを見落としたり，友だちの意図を誤解したりすることが多い。これらと衝動的な攻撃性とが結びついて，新しい集団に入ったとしても仲間から拒絶されることになる。

　ADHD の素因が両親の不適当な養育と結びついたときに，素行症が現れると考えられる（素因－ストレスモデル）。もともと過活動やむら気の傾向を素因として持つ子どもがさらに怒りっぽい母親によってストレスを与えられる。

第6章　限局性学習症と注意欠如・多動症

## 1）反抗挑発症

　自分にとって有益なことであっても反対し，周囲に対して挑戦・挑発的でかつ反抗的な態度・行動を当然のようにしてしまうものを反抗挑発症という。特に9歳前後で認められ，同年代の子どもの行動範囲の限度を明らかに超えた行動がみられる。しかし，法律に触れ，権利を侵害してしまう素行症はみられない。多動症やLDなどとの合併がみられると，加齢に伴い後に素行症に移行する場合もある。

　ADHDを持つ子ども90人（大半が中学生まで）を対象とした併存症に関する調査（齋藤，2000）によると，ADHDを持つ子どものうち素行症を併存する子どもは10％であったのに対し，反抗挑発症は大半に上る。また，反抗挑発症と素行症を「行動障害群」とした場合，その併存率は約70％となり，かなり高い確率で併存する。

　ADHDを持つ子どもが反抗挑発症を合併した場合，次のような支援・治療がなされる。

① 　親子関係の修復（ペアレントトレーニング）（キャタノ，2002；ウィッタム，2002）
② 　育児支援
③ 　ADHDに対する薬物治療
④ 　地域ネットワークにおける，親の会などの社会的資源の活用（医療だけでなく，福祉・教育分野など多系統にわたるネットワークが必要）

　治療が難しいとされる素行症への進展を予防するためにも，反抗挑発症の状態で治療開始が望まれる。

## 2）素行症

　成長とともに反抗挑発症を持つ子どもの問題行動がエスカレートし，万引きなどの触法行為，人や動物に対する過度の攻撃性や暴力，重大な規則違反などがみられると，もはや反抗挑発症ではなく，非行とほぼ同義で扱われる素行症となる。また，ADHDから反抗挑発症，素行症への経過をたどるDBDマーチ（4章）がみられることもある。さらに，ごく一部はその後，反社会

*111*

性パーソナリティ障害（Antisocial Personality Disorder: ASPD）へと発展する。

　素行症をどう理解するかであるが，他人に対して害を与え，受け入れがたい行動はどれも行為の問題と見なされる。素行症の診断にあたっての2つの最も重要な基準は頻度と強度である。例えば，一年に一度のけんかは問題ではないが，一週間に一度は問題であり，キャンディーを盗むのはささいなことだが，車を盗むのは重罪である。

　子どもの発達において重要なことの1つは，すでに述べたように道徳意識の成長である。ほとんどの人は他人を傷つけることを思いとどまるものだが，それは法に反するという理由によってだけでなく，罪悪感を抱くからである。素行症の子どもの背景に関する調査では，しっかりした道徳感覚の発達に大事な因子が家庭に欠けている。ここで，子どもの道徳性の発達に役立つ要因を挙げると，次のようなものがある（デビソン＆ニール，1998）。

①　親子間の強い愛情
②　子どもにきちんと道徳的なことを要求すること
③　罰の与え方が一貫していること
④　肉体的に罰するよりむしろ心理的に罰すること
⑤　怒りではなく，不安や罪悪感を引き出すこと
⑥　子どもに物事の道理を説明すること，など

### 3）反社会性パーソナリティ障害（ASPD）

　ASPD の特徴はモラルや法律に対する自覚の欠如である。他人と協調して社会ルールに沿って生活することが困難で，サイコパス（psychopath）と呼ぶ人もいる。DSM-5 の診断基準は以下の通りである。

　他人の権利を無視し侵害する広範な様式で15歳以上から起こっており，以下のうち3つ以上によって示される。
①　法にかなう行動という点で社会的規範に適合しないこと。逮捕の原因になる行為を繰り返し行うことで示される
②　人を騙す傾向。自分の利益や快楽のために嘘をつくこと，偽名を使う

こと，または人を騙すことを繰り返すことによって示される

③　衝動性または将来の計画を立てられない

④　易怒性および攻撃性。身体的な喧嘩または暴力を繰り返すことによって示される

⑤　自分または他人の安全を考えない向こうみずさ

⑥　一貫して無責任である。仕事を安定して続けられない，または経済的な義務を果たさないという事を繰り返すことによって示される

⑦　良心の呵責の欠如。他人を傷つけ，いじめまたは物を盗んだりしたことに無関心またはそれを正当化したりすることによって示される

ASPD を引き起こす原因は解明されていない。

# 第7章

# 自閉症の情報処理

本章では自閉症のコミュニケーションの特徴，対人関係の困難を，彼らの脳の情報処理特性という観点から考察する。

## 1．はじめに

以下は自閉症の診断を持つ子の父親の手記である。

　37歳の私が長男かねすけ（5歳）を「ほかの子と少し違うのでは」と思い始めたのは，1歳を過ぎてからだ。長男は抱っこを嫌がり，のけぞって暴れた。のぞき込んでも目を合わせようとしない。幼児用ブロックを投げてガラスに当たる音が面白いらしく，1時間以上も続けた。自閉症者は視覚，触覚などから得る無数の情報を整理できないように思える。長男は2歳のころ，人の声と自動車の騒音の区別もできないようだった。私がいくら呼んでも声だけでは分からない。一直線に走って公園を飛び出し，道路を横切ろうとする。怒っても意思が通じない。手を出せばパニックになる。泣き叫ぶ長男を引っ張って買い物に行く妻は，周囲の「虐待してんじゃないの？」という視線に何度も涙した。

　　　（記者の目：うちの子自閉症，2004年4月21日毎日新聞朝刊より抜粋）

　自閉症はアメリカの精神科医カナー（Kanner, 1943）によって「情緒的接触の自閉性障害（autistic disturbances of affective contact）」として初めて報告された。当初は統合失調症（精神分裂病）の最早発型という見方があり，「早期幼児自閉症」とも呼ばれた。当初の冷蔵庫親説（育児原因論）は親たちを深く傷つけたが，その後自閉症にはてんかんを発症する例が少なからず

第7章　自閉症の情報処理

認められること，疫学的調査の結果地域・階層を問わず一定の発生率が認められたこと，親の育児様式に特異性は認められなかったこと，などから次第に脳の障害を背景とする発達障害の1つと認められるようになった（Wing, 1988）。

　以下，自閉症の行動特徴や認知特性，脳のデータなどを踏まえて，自閉症のコミュニケーション障害の背景にあるメカニズムを考え，自閉症支援のポイントを探る。

## 2．自閉症の特徴

　自閉症は DSM-5（APA, 2014）によると，神経発達症群に位置づけられる発達障害の1つで，自閉スペクトラム症（Autism Spectrum Disorder: ASD）と呼ばれる。1）さまざまな状況における社会的コミュニケーション及び対人的相互反応の持続的な欠陥，ならびに，2）行動，興味または活動における限定的反復的な様式，同一性保持を伴う。症状は重いもの（中核群）から単に正常範囲内の行動特徴の偏りと判断されるものまで連続体（スペクトラム）として存在する。

　自閉症の有病率は近年1％と見なされており男女比は4：1と性差が認められている。原因は遺伝もしくは出生前要因による脳の発達障害と見なされているが詳しくはまだわかっていない。発症経過は生後1年を前後する頃から違和感が感じられはじめ，生後2年目に医療機関受診，生後3年目から4年目頃までに確定診断となることが多い。

　自身も自閉症を持つ女児の母親であったウィング（Wing, L.）は自閉症を次のように定式化した（Wing, 1988）。

① 他者との相互的やり取りの欠如に代表される対人関係の重度の障害
② 言語及び非言語の両面にわたるコミュニケーション障害
③ ごっこ遊びなどの想像的活動の欠如と常同的反復的な行動のパターン

　これはウィングの「3つ組」としてしばらく自閉症診断の手掛かりとされたが，①と②がまとめられて DSM-5 では2つの項目となった。

　自閉症の対人障害を質的に示す特徴として，孤立・受動・奇異の3つのタ

115

イプが紹介されている（Wing, 1988）。

- 孤立：人からの誘いかけ，呼びかけに全く反応しない完全な引きこもり
  状態を示すタイプ
- 受動：誰からの働きかけも淡々と受け入れてしまうタイプ
- 奇異：人と一緒にいることを好むが，社会的習慣や場の雰囲気，相手の
  気持ちを全く顧慮することなく行動してしまうタイプ

これらの特徴はもちろん同一人に併存することもある。なお，自閉症では感覚の異常（過敏と鈍麻の共存）を伴うことが多いことも古くから知られた事実である（熊谷, 2017）。ただし，感覚の異常については個人差が大きく，客観的にとらえにくいことからDSM-5で初めて診断基準の一例として取り上げられた。

一方で自閉症児には特異才能が認められることが多い。例えば微細な部分まで精密に描写する絵や絶対音感を有し環境音を即座に再現する，日時の問いかけにたちどころに曜日を答えるカレンダー少年などである。一般に機械的記憶（rote memory）には優れているが，物語の要旨をまとめて表現するなど抽象的思考を要するものは苦手である。

## 3．自閉症児・者の困難

自閉症児・者の内面については当事者による著述からエピソードを拾うことができる。

学校時代は耳の聞こえの悪さに悩まされました。人間の普通にしゃべっている声でも，小さすぎ，早すぎて意味が取れなくなるのです。ちょうど日本人が，ネイティブスピーカーの話す英語は早すぎてなかなか聞き取れない，せいぜい言葉尻をとらえるので精一杯だと悩むのに近いかもしれません。それでいて花火，ピストル，シンバルなどの「破裂音」がとにかく苦手でした。

ここには聴覚における感覚の鈍感さと過敏（感覚増強）の共存が示されており，それらがコミュニケーション障害の背景をなしている可能性を推測さ

第 7 章　自閉症の情報処理

せる。聴覚については特に人の音声に注意が向きにくいことが明らかにされ
ている（Čeponienė et al., 2003）。
　聴覚認知の困難は指示理解の困難，さらには継次的見通しの得にくさに結
びつく。

　（小学校の頃私は）先生の話を聞けず，伝達事項を理解できませんでした。皆
　が突然一斉に別の教室に移動し始めてびっくりしたり，ある授業用に特別に家か
　ら持ってこなくてはいけないものを，皆なぜ一斉に持ってこれるのだろうと不思
　議でした。配られたプリントを親に渡すのをいつも忘れ，ランドセルの中に何枚
　もたまっていました。

その結果，

　小学校のとき私は毎日のように学校でパニックを起こして泣いていました。多
　分，事の成り行きが自分の予想を裏切ってしまったからではないかと思います。

と，パニックの理由になったりする。
継次的見通しの得にくさは対人認知の困難とも重なって，

　おしゃべりするときのルールも，全く分かっていませんでした。目を使うこと
　が下手なせいもありますが，ちょっと見れば，相手がこちらの話しかけに応じら
　れそうな状態かどうか分かりそうなものなのに，今でも気がついたときには話し
　かけるタイミングを間違えてしまっていて，相手に変な顔されます」

とコミュニケーションの難しさに帰結する。その背景には，

　「人と話をするときは，ちゃんと目を見て！」と言われることには成人した今
　でも戸惑い続けています。私にとって人間の目とは非常につらい刺激をもたらす
　「部品」にしか感じられないのです。

という視線認知の困難があることも示唆されている（東條ら，2004）。

117

発達臨床心理学

上記の困難がどのようにして成立するか，自閉性の本質を理解するために，その発症過程としての早期兆候研究とその背後にあると想定されている神経メカニズムに関する研究を紹介する。

## 4．自閉症の背景に想定されるアタッチメント，共感の障害

本章冒頭のエピソードにもみられるように，自閉症の子と最初に出会った多くの人は言葉が通じない，こちらの意図が伝わらないという感覚に当惑する。いろいろ働きかけてもすれ違っているようで無視されていると感じることもある。親たちが異常に気づく最初の兆候，すなわち自閉症の早期兆候は「呼んでも振り向かない，話し言葉に興味を示さない」である。その後も言葉の習得やその使用に困難を示す。

自閉症の早期兆候は次のように整理されている（Fein, 2001；Dowson et al, 2002）。

① 社会的定位の消失（アイコンタクト，呼名への応答，運動模倣，身振り使用など社会的相互作用の乏しさ）
② 共同注意（joint attention）・参照視（referencing）の遅れあるいは消失
③ 情動表出及び応答の弱まり
④ 顔，表情認知の困難

これらから自閉症児の一次障害が社会的アタッチメントの問題（人への無関心）にあると考えられた。その後のコミュニケーション障害を含め，その障害の本質を「共感障害（empathizing deficit）」にあるとみる研究者（Baron-Cohen, 2005）もいる。実際，アタッチメント形成の失敗ともいえる反応性アタッチメント障害では疑似自閉症様症状が認められる。ただし，反応性アタッチメント障害の場合は環境の改善によるアタッチメント関係の形成に伴い自閉症様症状は劇的に改善する。また，自閉症においても一般的には養育者とのアタッチメント関係は成立しており，ただその現れ，プロセスが異なるだけである（別府，1997）。

自閉スペクトラム症の共感障害としては，次のような問題があることが指

118

第7章　自閉症の情報処理

摘される。

① 共同注意
② 言葉における精神状態の用語の使用
③ 意図（つもり）の産生と理解
④ 「見ることが（相手の心を）知ることにつながる」ことの理解
⑤ 身体的実体から精神を区別すること
⑥ 現象−実在の区別をすること
⑦ 誤信念の理解（心の理論の成立）
⑧ 複雑な情動の理解
⑨ 他者の痛みに関心を示すこと

　共同注意について，定型発達児は 10 ヵ月から 1 歳になると乳児は指差しにより確実に主導権を示すが，自閉症児はこの時期の共同注意行動が障害を受けやすいことが指摘されている（別府，1994）。共感の神経構造に関しては，既述のようにミラーニューロンがその基盤となっていると理解されている（リゾラッティ＆シニガリア，2009；2 章参照）。自閉症児・者は模倣行為が苦手であることはよく知られているが（フリス，2009），その背景にミラーニューロン機能の問題が示唆されている（Nishitani et al., 2004）。定型発達児における共感の発達については 2 章でみてきた。

## 5．自閉症の原因論（神経メカニズム）について

　自閉症の障害論は，心因論からのコペルニクス的転回といわれるラターらによる「言語・認知障害説」（Rutter & Bartak, 1971）や「注意・脳幹障害説」（Ornitz, 1985）などを経て，「情動知覚障害説」（Hobson, 1986a,b），「心の理論（theory of mind）障害説」（Baron-Cohen, 1995）などが提示されてきた。自閉症の障害メカニズムについては，ある程度の理解の共有は進みつつも，いまだ十分な共通理解には至っていない。近年は人のコミュニケーションを担う脳システム（「社会脳（social brain）」）の解明を背景として，自閉症の人たちの内面（認知の仕組み）について，情報処理障害（「トップダウン処理障害」）の観点から説明が試みられている。

*119*

発達臨床心理学

　すでに述べたように，「トップダウン処理」とは過去の経験すなわち記憶によって制御される処理プロセスであり，これに対し，流入するデータによって制御される処理プロセスを「ボトムアップ処理」という。脳は生体の生き残りをかけて，処理資源の効果的活用のために脳内のそれぞれの領域の活動水準を必要に応じて最適化する仕組み（注意・意識のコントロールメカニズム）を持っている。入力された刺激の分析が優位となっているモードはボトムアップ処理であり，特定の目的に即して情報処理が進められている場合はトップダウン処理である。

　フリス（2009）は自閉症の障害説として「心の理論障害説」，「弱い全体的統合障害説」，「実行機能障害説」の３つを紹介している。いずれも「トップダウン処理障害」の観点から統合的に理解することも可能である。「実行機能障害説」については ADHD のメカニズムに関連して前章で紹介したので，ここでは「心の理論障害説」と「弱い全体的統合障害説」を紹介する。

## 1)「心の理論障害説」

　「心の理論」とは人の行動が事実関係によって決まるのではなく，その人の事実関係の理解のあり方によって決まるということを理解していることである。定型発達児では５歳前後には直感的に理解するようになる。これ以降，われわれはその人の行動の背後にある心の状態を読み取ろうとするようになる。これを「心理化」（無意識のうちに人の心の状態を思い描き，その人の次の行動を予測する，すなわち自身や他者の行動からその意図や思考を読み取ろうとする）の能力という（Frirh, 2009）。この心理化は脳機能画像法により前頭葉内側面で担われると報告されている。

　バロン゠コーエン（Baron-Cohen, 1995）は自閉症児ではこの心の読み取りが障害されているという「心の盲目（マインドブラインドネス）説」を唱えた。自閉的孤立は心の状態を他人の内面に読み取る（メンタライズする）ことができないために起きると考える。自閉症でなぜ「心の理論障害」が起きるかについてバロン゠コーエン（Baron-Cohen, 2002）は自閉症の脳は超男性化脳であるからと論じている。すなわち，女性の脳は共同育児などを通して脳梁が太くなるなど他者との共感性を高めるように進化してきたのに対し，男性脳は狩猟などを通して事態の因果関係や構造の分析を行うシステム

第 7 章　自閉症の情報処理

化脳を進化させてきたという（バロン＝コーエン，2005）。自閉症児で「心
の理論課題」[1] の習得が遅れることは広く認められているが，自閉症状の発現
と心の理論能力の獲得の時間関係からは，「心の理論障害（メンタライジング
障害）」は結果とみることが妥当である。

### 2）「弱い全体的統合障害説」

「弱い全体的統合（ソフトマッチング）障害説」は，自閉症の機械的記憶
に優れる特性や，部分を見て全体を見ない傾向を説明しようとする。「強い
全体的統合（ハードマッチング）」とは意味の読み取りに及ぼす文脈の効果
（先行情報と後続情報の関係の理解＝関係把握）をいい，文脈の効果の欠如，
意味を求める動因の欠如を「弱い全体的統合（ソフトマッチング）」と呼ぶ。
自閉症では提示された刺激の部分の再現は得意であるが，その刺激が持つ全
体としての意味の読み取りは苦手とする。また，ヒントを有機的に結びつけ
る「収束的思考」[2] を苦手とする。自閉症児・者は「少し」「たくさん」など文
脈情報による推論が必要となる曖昧状況（ファジイ＝ソフトマッチング）で
の判断が苦手である。一方，言葉と事象，形と事象が一対一対応（ハードマ
ッチング）する場合は基本的に障害されない。われわれの研究でも自閉症児
のソフトマッチング成績は同一知能水準の知的障害児に比して低かった（戸
来，1990）。

　提示された刺激の一部分（要素）にのみ反応する自閉症児の傾向は，刺激
の過剰選択性として注目された。なぜ刺激の一部分にのみ反応するかについ
ては，デカップリングとの関係で理解される。デカップリングとは現実世界
をコピーする働きとしての表象の機能を，現実から切り離して自由に展開さ

---

1　サリー・アン課題が有名である。その課題ではサリーが自分のボールを箱の中に入れて
　立ち去った後，アンがサリーに断りなくボールをかごの中に移して立ち去る。サリーが
　戻ってきてボールで遊ぼうとする際，かごと箱どちらを探すかを問う。事実とサリーの
　理解が食い違っているので，誤信念課題ともいう。定型発達児では通常 4 歳半から 5 歳
　で通過する。
2　常識や評価にとらわず，直感的にアイデアを次々と生み出す思考を発散的思考というの
　に対し，得られているアイデアについて，現実を意識しながら整合的にまとめ上げてい
　く思考を収束的思考という。創造的思考の 2 側面であり，課題解決などの生産的思考の
　ためには両過程が必要である。

121

せるプロセスのことである（フリス，2009）。これによって想像力が膨らみ，ごっこ遊びなどが可能になる。自閉症児ではごっこ遊びがなかなか認められないことも特徴である。自閉症児ではたまたま入力された印象に表象が支配され（ボトムアップ処理），その後の自由なイメージの展開が制約されてしまうと考えられる。その1つの現れが刺激の過剰選択であろう。感覚過敏（熊谷，2017）も同様のメカニズムで理解できる可能性がある。

　自閉症ではボトムアップ処理が強く，トップダウン処理がなされにくい(デカップリング障害)ことが弱い全体的統合障害に帰結している可能性がある。自閉症の人たちの共感障害と感覚知覚の異常との関連を，情報，あるいは感覚・知覚の成立（トップダウン処理）という観点から考えたい。

## 6．感覚・知覚の成立と脳のトップダウンプロセス

　情報についての以下の記載は示唆的である（mori 夫，2005）。

　　「情報（information）とは生命体の外部に実体としてあるものではなく，刺激を受けた生命体の内部（in）に形成（form）されるものである。あるいは，加えられる刺激と生命体のあいだの「関係概念」であると言ったほうがいっそう精確であろう」（西垣，1999）。すなわち，われわれは不規則な刺激パターンから意味のある情報＝信号を取り出すということ（符号化）を行っている。その意味とは生物（人間）の，何らかの評価なり感情なりがあり，その出来事やその事実が，生物（人間）にとって何らかの価値（快／不快，有益／有害，面白い／つまらない……）があるから，情報となる。

　外部の環境変化が刺激，あるいは入力情報となるためにはその変化が生体にとって意味を持つ必要がある。

　ところで，感覚・知覚を成立させるためには生体に作用する環境変化の意味（有害もしくは有益）だけで必ずしも十分とはいえない。あわせてその環境変化に相当する記憶痕跡（神経回路）が脳内に成立している必要がある。すなわち感覚・知覚過程は環境変化によってボトムアップ的に駆動されると同時に脳内の記憶痕跡を入力情報にあてはめるトップダウン過程でもあるからである。例えばわれわれは日本語の会話では単語の区切りを自然に抽出しているが，アラビア語やロシア語など聞きなれない外国語では音声の流れか

第7章　自閉症の情報処理

ら単語を抽出することは至難の業である。これは日本語の単語の記憶は脳内に形成されて入力音声と照合できるが，記憶にない言葉は音として抽出（分節化）することが困難だからである。日本人の子どもであっても幼少期に英語圏などで育った場合，英語が自由に話せるようになるのは，英語の記憶が脳内に形成されるからに他ならない。

　聴覚障害（聾）に伴う言語障害（唖）も同様である。先天性の聴覚障害の場合は言語環境が奪われることによって音声により話す力（音声言語能力）の形成が困難になるのであって，末梢性の聴覚障害の場合，人工内耳や補聴器装用により幼児期早期から適切な言語環境が確保されれば，音声による会話能力の獲得はある程度可能である。同じ関係は視覚においても成育後に開眼手術を受けた先天性白内障患者の視覚活用困難の事例などから知られてきた。この関係は幼弱時視覚体験を制限された動物は成育後視機能活用に困難を持つという数多くの動物実験によっても裏づけられている。それとは逆に成育後に四肢の一部を失った患者が失った部分の痛みに悩まされる幻肢痛の現象は，脳に残された体性感覚が刺激されることによって生じると見なされている。

　これらの事実から感覚・知覚として感じられる意識体験は，過去経験により構成（学習）された記憶（神経回路＝鋳型）が活性化された結果として生ずる，ということを知ることができる。逆に経験により記憶として形成されていない情報は見えない，感じられないことになる。

　脳の入力情報と過去の鋳型とのマッチングは知覚過程において1回のみのプロセスとして予定調和的になされるのではなく，感覚情報処理過程そのものが最終的マッチングまでに複数回の信号のやり取りがあり，そのプロセスが収束する形で感覚・知覚が成立すると考えられる。その処理プロセスそのものがトップダウン的に制御されていると推測されている。すなわち脳は生体の生存方向に合理的な環境変化は取り込み，当座の生存方向には関与しない環境変化は無視するよう自身の処理過程をも増幅（賦活）させたり，減衰（不活性化）させる処理過程制御をトップダウン的に行っている。これが注意過程であり，これにより脳は処理資源を有効に活用している。

　フリス（2009）は感覚過敏などの自閉症の感覚異常を情報処理のトップダウンプロセスの障害と示唆し，ASD 児・者が予想外の出来事に対してすぐに

123

反応できないという特徴の背景に，情報選択に関わる注意の統制に問題がある可能性を指摘した。

自閉症児の注意過程を検討するために，われわれは一連の事象関連電位（event-related potential; ERP）研究を行った（谷口ら，2003；諸橋・谷口，2017）。刺激音の弁別を求める能動条件の ERP を計測し，ミスマッチネガティビティ（MMN）の振幅には自閉症児（ASD 児）と定型発達児（TD 児）との間で差がみられなかったが，頭頂部 P3b は ASD 児では TD 児よりも有意に振幅が低下していたことが明らかになった（谷口ら，2003）。すなわち ASD 児では聴覚情報処理の初期段階や受動的聴覚処理は TD 児と同様に行われているものの，後期段階で聴覚刺激に能動的（トップダウン的）に注意を向けることが困難であることが示唆された。次いで，途中音高変化する母音「え」を用いて音高変化量に対する ERP 振幅と潜時を計測した。ASD 児では刺激の変化量に応じて処理時間を増やすボトムアップ優位の処理特性を有するのに対し，TD 児は刺激量変化にかかわらず同様の時間を費やすというトップダウン制御が働いている可能性が示された（諸橋・谷口，2017）。これは ASD の脳機能の欠陥を「トップダウンによる制御プロセスがあまりに弱すぎて適切に機能しないため，トップダウンとボトムアップ処理の流れが調和しにくい状態」とみるフリス（2009）の見方を支持する。

## 7．自閉症の情動・認知と社会脳仮説

視線や表情，音声など人関連刺激に定位を示しにくいと，視覚，聴覚いずれの側面からも指摘されてきた自閉症児・者の特徴（Čeponienė et al., 2003；Senju et al., 2003；谷口，2007）を，トップダウン障害仮説と関連させつつ，扁桃体機能の観点からいま少し検討を進める。すでに述べたように海馬，扁桃体を含む大脳辺縁系は感情や記憶に重要な役割を果たしている。辺縁系による脳の情報処理目標設定機能（トップダウン処理）の一部は扁桃体により実現されている。扁桃体は元来恐怖中枢として知られてきた。恐怖は個体が危険を避けるための最も基本的な情動である。

扁桃体は感覚情報を２つのルートから受けている。１つは速い大まかな入力で，内側膝状体，外側膝状体などの視床感覚核からである。もう１つは遅いがより確かなもので，大脳の感覚皮質からのものである。視覚入力された

124

第 7 章　自閉症の情報処理

情報はまず外側膝状体から扁桃体に送られ危険信号の可能性があると判断された場合は恐怖（防御）反応の発動体制に入る（交感神経系優位になる）。あわせてその詳細な分析を大脳皮質にゆだねる。もし大脳皮質による詳細な分析の結果，危険でないと判断されたら大脳皮質から扁桃体への信号は恐怖反応を抑制する（ルドゥー，2003；Phelps and LeDoux, 2005）。すなわち，外側膝状体から扁桃体への大まかな情報の流れは大脳皮質の情報処理を方向づけると考えられる。

　自閉症では海馬・扁桃体を含む大脳辺縁系の障害仮説が示唆されてきた（Bauman & Kemper, 1994；Bachevalier, 1994；Adolphs et al., 2002）。大脳辺縁系は古くから情動脳として知られ，情動，動機，記憶，学習など多くの精神機能に関与している。扁桃体は入力情報を生体の生き残りの視点から解釈，評価し，生体反応，行動に結びつけるいわば生体の価値判断システムとして機能している。すなわち扁桃体は情動中枢として入力情報の生体にとっての意味を評価し，過去の記憶と結びつけて情動的に修飾する働きをしている。アタッチメントあるいは共感の障害に関連する自閉症の脳障害仮説として扁桃体を含む大脳辺縁系から側頭葉が注目された（Fein, 2001；Amaral & Corbett, 2003；谷口・東條，2005）。

　紡錘状回顔認知モジュール（FFA）などを土台に上側頭溝，扁桃体，前頭眼窩野によって担われる社会脳は人の意図，気質，性格，信念など心の状態を認知する，（すなわち対人認知を支える）脳モジュールである。近年は自閉症の人たちの顔認知，視線処理，さらには生物学的動きの知覚，模倣，音韻知覚などの困難を社会脳の発達の問題ととらえている（千住, 2014）。他方，自閉症で社会的関心が低い理由を，多くの報告は扁桃体機能との関連でとらえている。目の表情を読み取る課題で自閉症者では扁桃体が賦活されなかったという報告（Baron-Cohen et al., 1999）や，顔知覚課題で自閉症者は紡錘状回活動異常の他，下後頭回，上側頭溝，扁桃体でも有意に低活動で，自閉症の扁桃体は有意に小さかったとの報告（Pierce et al., 2001）などが示されている。

　顔・表情の認知については紡錘状回，扁桃体の他，上側頭溝（superior temporal sulcus; STS）の関与が指摘されている。自閉症児における生物学的動きの知覚困難を STS 機能と関連づける研究がある。視線方向識別について

*125*

発達臨床心理学

自閉症児では行動上も ERP 上も健常児に認められる直視効果が認められなかった (Senju et al., 2003)。自閉症児における STS 機能の低形成の可能性をうかがわせるものである。

　社会的欲求の欠如，表情や声の調子の受容・理解の困難，快や痛みの経験の鈍さはいずれも自閉症の重要な特徴である。生後早期からの大脳辺縁系，とりわけ扁桃体の機能不全は日常的な新奇刺激からの情報取得・理解を混乱させ，歪める。そのような混乱は社会的相互作用，認知・言語の障害に帰結する。成功，達成を喜びと感じる能力や社会的報酬の経験は経験の内的能力への定着を左右し，その後の発達に影響する。辺縁系・扁桃体障害に由来する社会・感情障害——日常生活における人を含む環境刺激の意味づけの失敗——は，自閉症児の言語学習の困難や社会的手がかりへの反応性の欠如の原因になろう。自閉症は言語理解にあたって関係概念の把握困難が指摘されており（亀井・谷口，1995），意味の障害が本質的との指摘（Tager-Flusberg, 1997）にも一致する。他方自閉症では機械的記憶がよく，運動発達も損なわれないなど，手続き記憶は比較的保持されている。手続き記憶が残り新奇刺激の受容が困難な場合，自閉症にみられる反復的常同的行動や同一性へのこだわりに結びつくと思われる。

　ここまでみてきたように，扁桃体を中心とする大脳辺縁系は入力情報の意味をとらえ，その後の情報処理過程を方向づけるとともに感情的修飾を行っていることが知られている。その障害は環境変化の意味をとらえ，その後の適切な応答を保障する詳細な情報分析に支障が生じることを意味する。自閉症者に多く認められる感覚，知覚の過敏と鈍麿の共存，あるいはトップダウン処理困難を扁桃体機能不全の現れと見なしうるかどうかについては今後さらに検討が必要である。

## 8．支援のポイント

　自閉症児の逸脱行動の背景には次のような要因がある。第1にコミュニケーション障害があり，集団的指示，音声による指示は入りにくい。したがって集団行動は苦手である。第2に人に無関心，まわりの人がどう感じるか無頓着でマイペースである。その結果，人の嫌がることもついしてしまうことがある。第3に上記の延長で，こだわり行動がある。自分の中で習慣化して

いる行動やその時の興味の的となっている行動を妨げられたりすると抵抗する。

　上記を踏まえ，認知的観点から自閉スペクトラム症（ASD）児・者の社会適応をよくする条件を考えると以下のようになる（落合・東條，2003）。

① 構造が分かりやすい
② 演じやすい役割がある
③ 庇護してくれる人がいる
④ 誰かをモデルにして行動できる
⑤ 個人的な関わりを持たなくてよい
⑥ 社会的要求が少ない
⑦ 対人トラブルや心的外傷となるエピソードがない

　自閉症支援に際してその有効性が確認されてきた枠組みとして「構造化」がある。これはショプラー（Schopler, E.）らの「TEACCH（Treatment and Education of Autistic and related Communication-handicapped Children）プログラム」（メジボフら，2007）によって採用された概念で，自閉症の人の認知，思考，周囲のとらえ方の特徴に合わせて情報や環境のあり方をわかりやすく提示する考え方である。自閉症の人たちに何が求められているか，何をする必要があるかなどの意味を明確にし，見通しを与えることで，情報，環境のバリアフリー化といえる。それは，以下のことをすることである。

① 物理的構造化：食事の場所，休憩の場所，作業の場所など，1つの場所は1つの活動に設定することにより，環境を整え，刺激を統制する
② スケジュールの構造化：「いつ」「どこ」「何を」の情報を伝えることによって見通しを与える
③ ワークシステム：活動とその終わりなどを視覚的に提示し，「何を」「どのくらい」「どうなったら終りか」「終わったら何があるか」の情報を伝える

　内面理解を踏まえた情緒面での自閉症支援を図る上で，アタッチメント関

係の形成は重要なカギを握る。別府（1997）はアタッチメントの形成につながる情動共有の成立過程を次のように描写する。母親など主たる養育者に対する単一の密着的接近対象の成立から，その対象が拡大する中で，特定の行動や場面と快−不快の情動の随伴性（contingency）の理解が成立する。そしてアタッチメント対象が自らに快の情動を引き起こす行動・場面をとる経験を，多くのアタッチメント対象と多くの行動・場面で持つことが，行動や場面から相対的に独立した形での行為主体としての他者の存在を浮かび上がらせる。それによって行為の意味の発見という他者理解の変化が生じ，自らの情動を不快から快へコントロールする他者としてのアタッチメント関係を求めるようになる。そしてその行為主体としての他者認識が成立することによってその他者が自らを快の情動にしてくれる行動や場面で，自らの快的情動を経験するだけでなく，アタッチメント対象との情動共有経験が可能となる。

　このようにしてアタッチメント対象の拡大を図り，行為主体として認識しうる人を増やしていくことが，自閉症の障害の本質，すなわち内面理解を踏まえた支援，豊かなコミュニケーション関係の形成に結びつくものと思われる。今後早期にバロン＝コーエン（2005）が示した共感関係の発達を踏まえたアセスメント方法の確立が図られることを期待したい。

# 第8章

# 学童期・思春期における
# 心の発達と学校不適応

　本章では学齢期の子どもの内面（自我）発達に焦点をあて，いじめや不登校が発生するメカニズムを考えるとともに，支援の要点を探る。

## 1．はじめに

　教室の気になる児童の例として3例ほど紹介する。

　事例3

　小学校1年・男子。授業中の出歩き，友だちとのトラブルがあり，皆と同じ行動がとれない。おしゃべりは結構するが自分の気持ちを伝えるのが下手である。友だち関係では言い返せず，本人はいじめられたと訴えることがある。下校途中バッグとか給食セット，着替えの入った袋や消しゴム，名前ペンなどをなくしたことがある。

　事例4

　小学校2年・男子。ひとりでいることを好む。友だちが近づくと物を投げつけたり，ぶったりして怒り出す。本児が"ヒステリー"を起こすと授業が中断される。皆のルールが通用しない。友だちをわざとぶつというより，たまたま本人のそばを通りがかっただけのことで，その友だちを嫌う感情があるわけではない。クラスの児童は本児の勝手な行動を寛容に受け入れている。

　事例5

　小学校5年・女子。級友に悪口を言われたり，突き飛ばされたり，ばかに

129

発達臨床心理学

される。小4後半に別の小学校でいじめに遭い，現在の小学校に転校。現在の小学校でも足をかけられたり，悪口を言われたり，何で来るのかと言われたりする。友だちから遊びに誘われて断るのに疲れる。テレビは翌日友だちに「何で見ていないの」と言われるのが嫌で強迫的に見ている。他の友だちから気軽に言われたことを気にとめて，流しきれないという被害妄想的な部分もある。

　このような子たちはどのような感覚で毎日を過ごしているのであろうか？

　以下子どもたちの内面理解を図りつつ，いじめ，不登校への対応を中心に教育相談のあり方を考える。

## 2．学校教育と教育相談

　まず，学校教育における教育相談の位置を考える。学校教育においては，子どもたちの集団適応，学校生活への適応を図る活動として「生徒指導」と「教育相談」がある。生徒指導は「一人一人の児童生徒の人格を尊重し，個性の伸長を図りながら，社会的資質や行動力を高めることを目指して行われる教育活動」（文部科学省「生徒指導提要」，2010）であり，集団の規範づくりに焦点がある。それに対し教育相談は「一人一人の生徒の教育上の問題について，本人またはその親などに，その望ましい在り方を助言すること」（『中学校学習指導要領解説　特別活動編』，2008）である。個人の特性・実情から出発してその支援を考えるものであり，どちらかというと個に焦点があたっている。本書では教育相談に役立つ発達臨床心理学という観点から記述する。

　1章でみてきたように生命活動の基本は個体維持と種族保存（世代の継承）であり，自己組織性を持つ組織された流れが生命である。社会そのものも組織された（秩序ある）流れに他ならない。学校は社会の流れの継承システムであって，育児が分業化されたものである。学校は子どもの育ちのために家庭と社会の間に介在し，成長する人の流れの場となっている。教育相談はその流れの円滑化の役割を担っている。近代市民社会（近代国家）の成立に伴い，国・自治体は学校教育によって次世代の育成に責任を持つようになった。教育は大学教育を含め育児の分業化の意味を持つ。ただし，人格形成における学校と家庭の役割分担については必ずしも理解の共有が十分とはいえない。その背景には時代の変化に伴う子どもの育ちに関する両者の役割理

130

第8章　学童期・思春期における心の発達と学校不適応

解の変化がある（10章）。

　学校教育の使命は，家庭と協力しながらの子どもたちの人格形成（自立した判断能力の形成）である。人格形成には「知育」「徳育」「体育」の側面がある。知育とは知識，認識能力，論理操作能力の形成であり，心の3側面（知・情・意）のうち，主として知に働きかける。徳育は対人関係能力，感情制御能力を形成するものであり，結果として情に働きかけるものとなる。体育は体力づくりと運動制御能力の形成を兼ね備えるものであり，その結果意（意欲，意思決定能力など）が育つ。生徒指導と教育相談は徳育の側面が強い。

　教育は個人が社会の流れに主体的に参加できるように力をつける（能力の形成）という役割を担っているが，同時に文化や慣習，法の理解など，社会で役割を果たせるように各個人に標準的な力を用意する（協調可能な判断能力を育成する）という側面を持つ。教育相談は流れに乗りきらない（不適応傾向の）個人について個別に相談を受け，流れに戻そうとする，あるいは本人に適切と思われる流れの選択肢を示す営みでもある。発達障害など流れに乗る力の獲得に困難を持つ場合には，困難を支え・克服するための「特別支援教育」が必要である。

　特別支援教育とは，従来の特殊教育の対象の障害だけでなく，LD，ADHD，HFASD を含め，通常学級に在籍する障害のある児童生徒の自立や社会参加に向けて，その一人一人の教育的ニーズを把握し，持てる力を高め，生活や学習上の困難を改善または克服するために，「個別教育プログラム（individualized education program; IEP）」に基づく適切な教育や指導を通じて，必要な支援を行うものである。

　表 8-1 に子どもの成育過程と社会的支援の課題を並べた。妊娠判明後の母子手帳交付に始まり，保健師による乳児家庭全戸訪問事業による育児リスクの把握から，乳幼児健診，養育支援訪問事業などによる親支援，子育て支援，その後の義務教育に向けての就学支援へと続く。学齢期の各段階には仲間関係（社会行動）の発達的特徴を示す用語（岡村，2009）[1] を記すとともに教育

---

1　ギャングとは 10 歳前後から行動を共にすることを求める徒党期（ギャングエイジ）を指す。チャムは中学生期になるとおしゃべり等を通して関心の共有に興味を示すようになり，高校生期になると真の仲間関係（親友・ピア）を求めるようになるという経過を示す。

発達臨床心理学

**表 8-1　子どもの成育過程と社会的支援の課題**

| | |
|---|---|
| 妊娠 | 母子健康手帳交付 |
| 誕生 | |
| 乳児家庭全戸訪問事業 | 育児リスクの把握 |
| 乳幼児健診 | 障害の早期発見早期対応 |
| 養育支援訪問事業 | アタッチメントの形成 |
| 保育所・幼稚園 | 親支援・集団適応 |
| 就学相談 | 適正就学 |
| 小学校入学 | ＜小１プロブレム＞ |
| 小学校低学年 | 通常学級での特別支援教育 |
| 小学校高学年 | ギャング　　不適応・いじめの予防 |
| 中学校入学 | ＜中１ギャップ＞ |
| 中学 | チャム　　いじめ・非行・不登校予防 |
| 高校入学 | |
| 高校 | ピア　　ニート・引きこもり・退学予防 |

相談の役割を考える上で象徴的なテーマを表記した。

# 3．子どものストレスとその現れ

　われわれヒトは生き物としてさまざまな個人差を持っており，子どもにも当然個人差がある。一般に，標準的に準備された教育システムで能力形成可能な児童・生徒を「定型発達児」といい，標準的な能力形成に特段の配慮を要する児童・生徒を「発達障害児（非定型発達児）」という。発達障害児に定型発達児同様の規律・学習進度を求めるとストレス反応が現れ，不適応行動に陥ることがある。ストレス反応は，過重な刺激によって生体が反応する範囲を超え，そのバランスが部分的に崩れてしまう状態のことである。

　耐性を超えるストレスの結果，例えば自尊感情・自己効力感が低下，学習性無力感（learned helplessness）に襲われ，さまざまな心身症状（ストレス反応）が現れる。場合によっては学力不振や友人関係の困難を伴うこともある。ストレス状態では本人は自我を守るために攻撃に出るか内閉するかという両極の傾向をとりやすく（すでに述べた闘争─逃走反応），攻撃的傾向としては反抗挑発症・非行・素行症など（外向），内閉傾向としては不登校・引きこもりなど（内向）となって現れることがある。このような子どもたちの教育にあたっては本人のアセスメントと障害理解がカギとなる。

132

第 8 章　学童期・思春期における心の発達と学校不適応

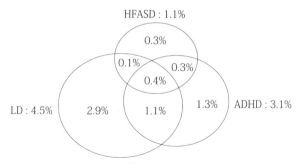

図 8-1　通常の学級に在籍する発達障害の可能性のある
特別な教育的支援を必要とする児童生徒の割合（文部科学省，2012 より）

　文部科学省は 2002 年と 2012 年に LD, ADHD, HFASD など通常の学級に在籍する発達障害の可能性のある児童生徒の割合について実態調査を行った。その結果，全体としては 6.5% 程度となった（図 8-1）。これらの子どもたちには，当然のことながら，学習上で著しい困難を示す LD（4.5%）と，「不注意」または「多動性－衝動性」の問題を著しく示す ADHD（3.1%）や「対人関係やこだわり等」の問題を著しく示す HFASD（1.1%）とが重複している場合（1.9%）があった（文部科学省，2012）。
　このような発達障害を持つ子どもたちは次のような学校不適応に陥りやすい。小学校低学年では多動・注意散漫から授業困難・学級崩壊の原因となり，友だちもできにくい。小学校高学年になると学業不振が明確となって反抗挑発症や学習性無力感の現れとしての無欲・無気力の様相を呈することがあり，いじめ・不登校に至る場合もある。中学校では学業不振に始まり，いじめ・不登校，あるいは非行・怠学など非社会的・反社会的行動につながることもある。発達上の遅れ，障害などの個人差に由来する勢力（上下）関係はこの時期の子どもたちにとって大きなストレスである。子どもたちに向き合うにあたってはこの点への留意が欠かせない。要は本人ならびに周囲が本人をあるがままに受け入れられていることがカギとなる。
　ここで小児の心身症について説明しておきたい。成人の場合，ストレス反応として喘息，胃潰瘍，高血圧症などがみられる。小児のストレス反応（心身症）には，①起立性調節障害，②過換気症候群，③過敏性腸症候群，など

がある。小児の初期の心身症状としては「朝起きるのが遅い，登校前になると頭が痛い，お腹が痛いと訴える，何となく学校へ行きたがらない，微熱，睡眠障害，下痢，便秘などの身体症状，チック，過換気症候群」などが知られている。これらは不登校の前駆症状となることもある（杉山ら編, 2001）。

# 4．統制過剰型行動障害

6章で統制不全型行動障害を紹介したが，近年では「統制過剰型（不安優位型）行動障害」が顕著に増えている。統制過剰型の子どもたちは，周囲に害を及ぼすことがほとんどないために放置され，症状が長期化しがちである。このタイプの子どもは対人場面に対する警戒状態が優勢であり，安心・安全感を感じにくい。そのために自由な行動発現が制約され，過剰な行動抑制となって不安・緊張が高くなる。あるいはそのような行動パターンが習慣化されてしまっている子どもたちである。その結果，恥ずかしい，不幸で愛されていない，他の子どもに比べて劣っているなどの感情を訴えることが多い（デビソン＆ニール，1998）。アタッチメント形成の問題が背景にある可能性があるが，その関係はまだ十分明らかになっていない。症状としては選択性緘黙，恐怖症，社会的引きこもり，うつ病，分離不安症，対人不安などがあり，結果として自傷行為や強迫行為，不登校などを示すことがある。恐怖や不安の結果子どもが機能障害を示していると，それは障害として分類される。一般に児童と青年の6％に不安症があると見なされており，この不安症は児童期では最もありふれた障害である。

DSM-5（APA, 2014）に挙げられたものを含め，統制過剰型行動障害のいくつかを示す。

1）小児期発症流暢症（吃音）（child-onset fluency disorder (stuttering)）は，音と音節の繰り返し，音声の延長や音切れなどによって正常な会話の流暢さの困難が不相応で長期にわたって続くものである。

2）学校恐怖症は，不登校の原因の1つであり，2つのタイプがある。分離不安タイプは，両親から離れていると両親や自分に何か悪いことが起こるのではないかと，絶え間なく心配し，家にいるときは一方の親あるいは両親の後をつけ回し，夜も一緒に寝ようとする。分離不安が原因の

第8章　学童期・思春期における心の発達と学校不適応

不登校児の75％はその母親も児童期に不登校であったという。母親は自分自身の分離不安を子どもに伝え，子どもの依存的で回避的行動を知らず知らずに強化している可能性がある。もう1つのタイプ，真の意味での学校恐怖（社会恐怖）症は学業上の失敗や友だちといることの居心地の悪さなど，学校環境の特定の側面が経験的に恐怖（回避）と結びついて学習されてしまっている。

3）社会的引きこもりは，20代後半までに問題化し，6ヵ月以上，自宅に引きこもって社会参加しない状態が持続していて，他の精神障害がその第一の原因とは考えにくいものである。

4）選択制緘黙（selective mutism）は，内気さがひどくなり，なじみのない場では全くしゃべらなくなること。言葉を話す能力があるにもかかわらず，ある状況やある人物の前では話すことができないものである。話すこと以外の学習，日常生活技能には基本的に問題のないことが多い。一方，対人関係や社会性には困難を伴うことがある。選択性緘黙の有病率は明らかではないが，持続的なものは0.03％〜1％の間，就学後に一時的に出現するものはそれ以上と考えられているが，比較的まれな障害である。

5）社交不安症（social anxiety disorder (social phobia)）はよく知らない人たちの前で他人の注視を浴びるかもしれない，または行為をするという状況に，顕著で持続的な恐怖を示すことである。自分が恥をかいたり，恥ずかしい思いをしたりする形で行動することを恐れる。あるいは自分の不安状態があからさまになってしまうのではないかと恐れる。子どもの場合は，よく知っている人と年齢相応の社会関係を持つ能力があるという証拠が存在し，その不安が，大人との交流だけでなく，同年代の子どもとの間でも起こるものを指す。社交不安症の治療は恐怖症治療と同様であり，モデリングなどによる。

## 5．いじめと子どもの心理

いじめについては次のように理解されている。「ある生徒が繰り返し，長期にわたって独りまたは複数の生徒による拒否的行動にさらされている場合，その生徒はいじめられている」。「拒否的行動とは意図的に攻撃を加えたり，

加えようとしたり，怪我をさせたり，不安を与えたりすることで，基本的には攻撃行動の定義に含意される」（森田，2010）。

文部科学省は 2007 年 1 月，いじめの定義を「子どもが一定の人間関係にある者から，心理的・物理的攻撃を受けたことにより，精神的な苦痛を感じているもの」で，「いじめか否かの判断は，いじめられた子どもの立場に立って行う」と変更した。従来の「自分より弱い者に対して一方的に，身体的・心理的攻撃を継続的に加え，相手が深刻な苦痛を感じているもの」との定義では，いじめであるか否かの判断にズレが生じ，いじめと認定されないままの被害の深刻化が避けられない，との指摘に応えたものである。この定義の変更により，いじめの認知件数は倍増した。

いじめの認知件数についていえば，例えば大津の自殺事件をきっかけとした文部科学省の指示によるいじめ調査では，前年度一年間の報告件数の 2 倍の件数が半年間の調査（都合 4 倍）で明らかになり，その際も都道府県ごとの報告件数のばらつきが大きかった。このようにいじめについてはその認識に温度差があり，どこからが大人の対応が必要ないじめであるかについて共通理解がないということが問題としてある（谷口，2013）。

いじめとしては，小・中・高校を通じて，「冷やかし・からかい」，「無視・仲間はずれ」。「暴力をふるう」，「言葉での脅し」が多い。これらのいじめは，もともとギャングエイジ期の子どものギャング行為の現れの側面を持ち，その点では古くからある現象である。近年のいじめは限度を超えた攻撃が繰り返されることにより，相手の自尊感情を深く損ない，長期にわたるトラウマを残すばかりでなく，自殺にまで追い込まれる事例が後を絶たないことが大きな社会問題となっている。

ここで，ギャングエイジ期の「ギャング集団」について説明すると，11 歳頃がピークの同性・同年代の自然発生的な結束力の強い仲間集団のことである。秘密の共有によって結束力が保たれ，「スクールカースト」（鈴木，2012）や「友だち地獄」（土井，2008）ともいわれる集団内の地位をめぐる過酷な競争が発生する。この時期は発達差，個人差が大きくなり力関係が容易に入れ替わる時期である。集団いじめは集団の中に階層がなければ成り立たない。子どもたちはそれぞれの社会的価値を計って，支配するための優位性や強さを見積もっている。一方，いじめは小学校低学年にもある。いじめが始まる

第8章　学童期・思春期における心の発達と学校不適応

といじめっ子はいじめ役を降りることができなくなる。いじめる側の子は非常に支配的な性格で，攻撃的に振る舞えば集団のリーダーになれることを早い時期から知っている（シェーファー，2006）。

いじめは対人関係能力の未熟性に由来する。からかい，いじめは発達経過においてギャングエイジ期以降同輩集団の勢力関係形成過程で生じる各人の判断（自我）の優位性の確立プロセスと著者は考えている。勢力の強弱関係の発生を感じ，これを受け入れがたい場合は，攻撃（けんか，いじめ）もしくは退避（不登校，引きこもりなど）が生じる。これはすでに述べたストレスに伴う闘争－逃走反応である。判断の優位性をめぐるトラブルにあたっては判断の境界に関する感覚といえる自我境界をどう確立し，また相互の自我境界を共通理解させるかということがカギとなる。

集団階層におけるいじめの効果について，小学校低学年（2・3年生）における関係を6年後（中学2・3年生）に追跡したところ，小学校では友だちからの評価が低かったいじめっ子が中学校ではクラスの人気者になっていた。いじめられっこは同情点をほとんど獲得できなかった。いじめられっ子は過去のいじめが原因で信頼関係を築くことができず，他人と打ち解けた付き合いができない子が多かった。傍観者についてみると，ほぼ半数がいじめられている子を徐々に嘲るようになり，いじめっ子をあおっていた（シェーファー，2006）。

いじめは反復される持続的攻撃であり，相手の自我を自己の自我の支配下に置こうとして，優位の個人・集団が劣位の個人に対して行う。精神・身体へのダメージを残すが，特に精神的ダメージ（苦痛）が大きい。その理由は相手の人権・主体性（コミュニケーションの相手としての立場）を認めない（無視）という本質を持っているからである。さらに，いじめは一般的には非公然になされる「秩序への挑戦であって，学校社会を支える規範を傷つけ，風紀を乱し，子どもたちの安全や自己実現を脅かす」（森田，2010）という本質がある。いじめが秩序への挑戦であるとの認識が育っていない集団では，いじめは止めに入られることが少なく，周囲の子どもたちは，追従者，声なき支持者，観衆になって，親や教師にはより見えにくくなる。いじめを放置することは暴力・威力による人の支配・コントロールを容認することにつながる。そのような文化を排し，人の主体性を尊重する人権理念に基づく普遍

的な人間関係構築能力を子どもたちに育てる必要がある。

　ここで攻撃行動についてみておきたい。攻撃行動は幼児期から存在するが，幼児期の攻撃行動と学齢期の攻撃行動はその「道具性」において異なる。攻撃には怒りを伴い，衝動統制と深く関わる反応性攻撃と，怒りを伴わず，社会的学習の結果ともいえる道具的攻撃がある（八島，2002）。反応性攻撃には情緒的制御が深く関わっており，その獲得の遅れが影響する。攻撃には上記の反応性攻撃と道具的攻撃の分類に加えて，外顕的攻撃と関係性攻撃の分類もある（八島，2002）。外顕的攻撃とは身体的攻撃や言語的攻撃のように目に見える攻撃であり，関係性攻撃は仲間はずれや無視をさせるといった直接現れにくい攻撃で，大人の視点からはとらえにくい。

　学齢期を通して多くの子どもは攻撃行動を示さなくなる。多くの子どもたちは攻撃が仲間からの拒否，孤立につながることを学ぶ。認知能力の発達や仲間との相互作用の中でさまざまなルールを身につけ，攻撃行動が望ましくないことを学習した結果である。学齢期は基本的に帰属意識が芽生えて，承認欲求の相手が大人から同輩集団に変わり，集団内の地位に関心が向く。自我体験を踏まえた自他比較が盛んになり，大人の言うことを聞く「大人志向」から仲間の視線・評価を気にする「仲間志向」になる（心理科学研究会編，2009）。小学校高学年頃から中学生にかけては思春期，第二反抗期ともいわれ，心理的離乳（psychological weaning）がなされる。すなわち，いつも大人の言うことが正しいわけではない，あるいは大人の言うことに一貫性を伴わないこともあることに気づき，規範の相対化が起こる。認知能力の増大により，感情判断だけの不合理さに気づくようになる。自身の判断の有効性を試したいという気持ちは強くなるが，判断の妥当性の評価能力は必ずしも十分でない。

　攻撃性の本質は自己防衛にある。いじめを含む子どもたちの問題行動の背景に依存欲求や承認欲求があることがある。安心・安全感の欠如（アタッチメント関係の未成立）から自己防衛行動の1つとして攻撃に出る。子どもたちは無意識の怒りや対抗する相手を従わせたいという欲求によって攻撃を始める。これは「相手を威力によってコントロールしようとする」道具的攻撃に容易に転化する。

　方略としての攻撃の不適切性を十分理解できない子ども，あるいは相手に

第8章　学童期・思春期における心の発達と学校不適応

対して攻撃が効果を持つことを知った子どもが,支配の道具として,あるいは快感を求めて道具的に攻撃する。この時期はこれに遊びとしての攻撃が加わる。結果的に学童期になると攻撃行動の不適切性を理解しない何名かの「少数派」が攻撃によって仲間や親,教師を悩ます。学齢期において対人関係の未成熟な子どもたちは,仲間や大人の注意・関心を引きつけるためにトラブルを起こしたり,いじめられたと嘘をついたりする場合がある。注意獲得行動は承認欲求を背景とする依存的行動である。

　「少数派」の特徴を理解する上では当事者の個人要因,環境要因双方の背景理解が必要になる。環境要因としては家庭環境（養育能力,養育文化）,学校環境（学校の荒れ,教師の指導スタイル）などが問題となる。いじめに走りやすい子どもは親から厳しい体罰を受けた経験があり,暴力的なテレビ番組を好み,よい手本になるような大人が周りにいなかったという（シェーファー,2006）。個人要因に関してみると発達障害の要因は重要である。発達障害を持つ子どもたちは衝動統制やコミュニケーション能力の獲得に困難を持つところから,いじめを含む対人トラブルに巻き込まれやすい（文部科学省,2005）。

　いじめの特徴として男子は加害・被害ともに身体的あるいは言語的な外顕的攻撃が多く,女子は関係性被害が多い（八島,2002）。関係性被害では加害側の攻撃事実の特定困難,あるいは一般的に当事者間の認識のズレがある。表現された被害感情のみからいじめの認定を行うには注意が必要である。いじめとふざけ・けんかの違いについてみると,身体的・心理的に同程度の力を持った二人の生徒の間でおきる相互の拒否的行動は「けんか」である。いじめ・からかいは相手をコミュニケーションの相手（主体）と見ず,一方的である。ふざけ・けんかは対等であり,優劣が明確ではない。いじめは明確な優劣を背景に継続される攻撃であり,からかいは抑制された攻撃性である。ただし,ここでの優劣は必ずしも客観的に確認できるとは限らない。いじめられる側は劣勢を認めたくないので,いじめの事実を誰にも伝えようとしない。これは表面化しにくい大きな理由である。

　なぜ教師や保護者に知らせないかというと,大人が入り込むことによって仕返しをされ,いじめがエスカレートすることを怖れるからである。子どもの親密な関係に大人が入り込むことによって,これまでの関係が壊され,居

場所がなくなってしまう恐れや，孤立への不安感，さらに仲間を売り渡すことになるという背信感も大きい。子どもの帰属意識の問題でもある。

　本人にとっていじめは大きなストレスとなる。大人にとっても本人たちにとっても，いじめとふざけ・けんかの区別ができにくいので，外部からの発見や判定は困難である。多くの教師は生徒たちの複雑な関係を理解するのは不可能だと考えている（シェーファー，2006）。子どもたちにとって，いじめより耐えがたいことは孤立である。現代のいじめは「ピアプレッシャー」[2]「孤立，孤独への恐怖」「ストレス」など思春期特有の複雑な感情がもたらした1つの現象（諸富・大竹，2002）とみることができる。

## 6．不登校と学校不適応の予防

### 1）事例6

　のぶ君は両親と兄の4人家族である。母親は隣町で自営業を営み，父親は事故がもとで職を失い失業中である。兄は優秀で県外の進学校に通っている。本人も中学受験をし，私立中に通っていた。受験成績との兼ね合いか，担任教師にクラス委員長を指名された。担任はそれまでは高等部を受け持っており中学生は初めての経験であった。

　学期早々，学級委員としてホームルームの進行を任された。初めてで本人も戸惑ったが，クラスの友だちも私語をやめず，集中しなかった。そのとき担任は何気なく本人に「委員長として力不足」と伝えた。たまたまそれを聞きつけた友人から，その後からかいを受けるようになった。担任の対応もその後本人には何となくつらくあたっているように感じられた。

　5月から7月にかけて本人は体の不調を訴えるようになり，登校を渋るようになった。担任の疎遠な態度から本人はクラスの友人からも仲間はずれをされていると感じるようになっていた。母親が学年主任に相談したり，本人が校内のスクールカウンセラーのカウンセリングを受けたりした。2学期は休みがちながら何とか登校していたが，3学期からは全く登校できなくなった。学校は不登校を本人の資質の問題と見なしていた。

---

2　同調圧力ともいわれ，仲間と同じであることを求める傾性を指し，集団への忠誠心や異質性の排除を伴う。

140

第8章　学童期・思春期における心の発達と学校不適応

　2年生になり，担任が変わったこともあり，4月当初登校できていたが，5月連休明けからまた登校できなくなってしまった。そこで，2学期からは地元の公立中学に転校した。9月からしばらくは転校先に登校できていたが，友だちとレスリングごっこをしていて強く押さえつけられたとか，メール交換をしていた女子生徒からもうメールしないでと言われたことをきっかけに学校に行けなくなった。しばらく学校に行ったふりをして近くの公園をぶらぶらしていた。カウンセラーとの出会いはその頃のことである。転校先の学校に行けなくなって1ヵ月半が過ぎていた。

　本人は優しい男の子で質問には素直に答えてくれた。ただし話の途中から母親が話を引き取り，面談中の7割は母親が応答していた。一方本人に話を向けると喜んで応じてくれた。転校時の気持ちとして，1年生のときとまた同じにならないか，という不安はあったという。転校前の夏休み中電車で外出したとき，どこかの学校の制服集団と乗り合わせ，怖くなって一駅降りそこなってしまったというエピソードを持っている。

　母親は家のギクシャクも関係あるのではと感じている。父親は事故後，加害者の誠意を感じられず，また自分の意に反して解雇されたこともあり，怒りっぽくなっている。両親がささいなことでぶつかってしまうことがある。本人にはそれは嫌かもしれない。父親は普段は優しいが事故後は激しく怒るようになり，手が出ることもあるという。

　本人に前の学校で何があったか聞いても何も言おうとしなかった。前の学校で教師に話をしても何も解決にならず，信用もされなかったので大人を信じていない。学校を休んでいることについての話題では責められるように感じ，10分も考え込んでしまう。いのちの電話の電話番号をしばらく持ち続けていたこともあり，自分を責めなくていいという自信をどうしたらつけられるかを知りたいと母親は望んでいた。

### 2）この事例をどう理解する？

　上記事例から7つのポイントを読み取ることができる。①学校でのふとした失敗，②からかい，仲間はずれ，③体調不良，④登校渋りから不登校，⑤対人不安，本人の自信のなさ，⑥家庭内の緊張・親のいさかい，⑦自殺念慮，である。

*141*

本人の立場からみると毎日の登校については，学校に行くことの魅力（学校の引力：友だちと会える，勉強が面白い，好きな先生に会える，部活が充実している，家にいても退屈，家にいたくない，など）と行きたくない気持ち（学校の斥力：勉強についていくのが大変，嫌な友だちと会いたくない，先生が怖い，部活が大変，家が楽，家が心配，通学がつらい，など）のせめぎあいの中で，斥力が勝っている場合，さらには学校に行かなければならないという義務感を斥力が超えてしまった場合に登校しない（欠席）という結果になってしまう。

　この事例の場合，①，②は学校の斥力であり，⑥は家にも居場所がないという感覚である。その結果⑤を背景として③が現れ，道草を伴う④となり，⑦をもはらんでいる。なお，⑤は⑥を含めた背景の分析が必要である。

### 3）不登校の定義，概要

　不登校は文部科学省により次のように定義されている。「何らかの心理的，情緒的，身体的あるいは社会的要因・背景により，登校しないあるいはしたくともできない状況にあるため年間30日以上欠席した者のうち，病気や経済的な理由による者を除いたもの」（文部科学省，2003）である。文部科学省は不登校（学校嫌い）を以下のように分類し，集計している（カッコ内はその分類にあてはまりやすいタイプを示す）。

　①　学校生活に起因する型（学力，友人関係，部活，教師の指導態度など）
　②　遊び・非行型（家庭に要因を抱えるタイプ）
　③　無気力型（学力不振タイプ）
　④　不安など情緒的混乱型（神経症タイプ）
　⑤　意図的拒否の型（学校に行く意義を認めない）
　⑥　複合型
　⑦　その他

　不登校発生率の推移をみると，いじめ自殺事件をきっかけとしてスクールカウンセラーが小・中学校などに配置され，そのことによって増加は食い止められたが，不登校発生率はおおむね横ばいで推移している。

第8章　学童期・思春期における心の発達と学校不適応

　不登校と環境については大都市をかかえている都道府県とその周辺の都市化しつつある県では出現率が高く，人口の増加・流動の少ない地域や過疎地では低い（e.g. 埼玉 vs. 秋田）。また，工業地区，工業性の高い地域，ならびに近年住宅地が急増した地域で出現率が高く，古くからの住宅地区では低いことが指摘されている（保坂，2002；谷口，2005）。このことから，社会構造の変化が対人関係能力の形成に関与している可能性も指摘されている（10章）。


### 4）不登校の背景要因

　不登校の背景要因をより細かく分析したいと考え，A市内全中学校の教育相談担当教諭などに長期欠席中学生全員に関して聞き取り調査を行った（谷口・小柴，2014）。調査対象は 20XX 年 11 月期までの長期欠席対応対象生徒 160 名で，当該年度 30 日未満の生徒 29 名を含む。

　教育相談担当者から長期欠席と関連すると述べられた要因のカテゴリーを分類したところ個人，学校，家庭の3つに分かれた。


ⅰ）個人要因

　① 対人不安・神経症系（対人関係に不安，恐怖を示すエピソードがあり，拒食や頭痛・腹痛などの心身症状を示すケースなど。級友との接触を拒んだり，引きこもり傾向を示したりする例もある）

　② 非行・怠学系（服装，振る舞いなどに逸脱傾向がみられるか，登校しないことに後ろめたさを感じていないとみられるケース）

　③ 知的障害・発達障害系（これまでにその診断・評価を専門・相談機関で受けたり，教育相談担当者のその見方を裏づけたりするエピソードが確認できる例）

ⅱ）学校要因

　① 対人関係（部活，クラスなどで対人関係のトラブル，不調のエピソードがきっかけとなっていることが語られたケース）

　② 低学力（学習上のつまずきと見なされている例）

　③ 教師との関係（教師とのトラブルが報告された例）

ⅲ）家庭要因

*143*

① 養育能力（規則正しい生活習慣を確立できず，子どもに支配・統制が及ばない家庭）
② 家庭不和（両親もしくは嫁・姑など長期に家族関係に不安定なエピソードが示された例）
③ 経済困難（生活保護や准要保護，あるいは学校納付金の遅滞などがある）

　個々のケースを上記3要因内のあてはまるカテゴリーに評定し，分類した。個人・学校については上記3つのカテゴリーに，家庭については，上記3つにひとり親（単親）を加えたカテゴリーに分類して，それぞれの件数を集計し，割合を求めた。個人，学校，家庭それぞれの要因について言及がなかった生徒についてはその要因を空欄とした。各要因内で複数のカテゴリーの言及があった場合は複数に集計した。

　個人要因では，怠学・非行系が最も多く38％，対人不安・神経症系が28％，知的障害・発達障害への言及が10％，個人要因の言及がなかった例が31％であった（重複を含む）。

　学校要因についてみると，空欄（学校要因を認めない）が61％と過半数であり，教育相談担当として学校要因を認めにくい傾向が示された。その他，低学力が多く（27％），対人関係は12％，教師との関係が指摘されたのは1件のみであった。不登校の背景に本人にとっては友人関係や教師との関係の困難が存在することが推測されるものの，教師の視点からはこれらがとらえにくいことが示された。

　家庭要因については，養育能力に疑問を呈するケースが最も多く46％，単親家庭の記載が23％，家庭不和と経済困難がそれぞれ11％と9％であり，家庭要因に関する指摘のなかったケースが39％であった（重複を含む）。

　学校要因のうち，友だち関係ではからかい，いじめは非常に大きな問題であり，また引っ込み思案な子と元気な教師のような担任との相性や体罰を行うなど担任の指導スタイルも問題になる。例えば，小学校低学年では担任と親の教育方針，育児方針がぶつかって不登校を招く場合がある。ある小学校2年・女子は，給食時の偏食指導のやり方をめぐって担任と親の意見の違いを感じ取り，給食時間に耐えられず，学校に行かれなくなってしまった。給

食以外は学校大好き，勉強大好きである。

　各要因間の相互関係をみると，怠学・非行系の生徒と異なり対人不安・神経症系の要因を持つケースでは，必ずしも家庭要因との関連は浮かび上がらなかった。怠学・非行系の要因を持つケースは養育能力の問題と見なされていることが多かった。


### 5）家庭内の問題

　不登校に関与する家庭内の問題としては放任，ネグレクト，家庭内の虐待の問題が第一に挙げられてきた。この他，母親が家庭内の事情で子どもがそのとき必要とするほど十分に関われない（病気の家族がいる，世話の必要な赤ちゃんがいる，嫁姑問題がある，夫との葛藤がある，母親自身が抑うつ的でケアを必要とする）場合も同様の結果となることがある。

　著者が経験した次の事例は示唆的である。小学校1年生で，学校が怖いと登校渋りがあり，母親が同伴登校している。頭痛，だるさ，微熱，過敏性腸症候群などの心身症状も発している。本人の弁によると，①給食時間内に食べきれず残すといけないと教えられているのに残すことに耐えられない，②予告なく，不審者対応の訓練があって怖い思いをし，その後本当にそんなことがあったらどうしようと不安になっている，③指示されたものがすぐに見つからないと，忘れ物をしていなくても「忘れ物をしたでしょう」と叱られるのではないかと怖い（予期不安 anticipatory anxiety）。本人は一人っ子で母親は母子分離できていない。母親はおしゃべりが始まると止まらないという周りが見えない性格で，学校とも意思疎通が上手にできていない。子どもを待つことなく，自分の思いが先行して過干渉的に育ててきたことが容易に想像できるタイプである。その場合，子どもは自分の思い，感情は放置されたままになるので，結局放任，無視と同じ結果となる。母親は一所懸命で，放任しているとは全く考えないが，子どもの感情への同調，同期がなされていないので，子どもは他者との感情の共有体験が乏しいままに育ち，結果として他者の感情変化への感受性が育たない。その結果新しい環境では基本的信頼が育たず，不安，怖れが先行する。これはマイルドなアタッチメント障害と見なしうる。

　人物画，運動集団描画，子どもの会話表現，教師によるピッツバーグ適応行

動尺度評価による多次元評定手続きを用いた，5〜8歳の「身体的虐待群」，「非虐待－無視群」，「非虐待－非無視群」の「攻撃性」，「内閉性」，「向社会的行動の関係」をみた研究によると，身体的虐待群は攻撃行動を，無視群は引きこもりを，正常群は向社会的行動を他の2群より有意に多く示した（Prino & Peyrot, 1994）。この結果を先の調査結果と重ねると，対人不安・神経症系の生徒では親・家庭が本人の成育経過において本人のニーズに気づかず，無自覚なままに結果として「無視」の状態，すなわち本人の意思決定，選択の保証の機会を失して本人の自己効力感を育てきれなかったという可能性を推測できる。

　虐待の子どもへの影響としてはアタッチメント障害などがある。本当は頼れるはずの親に対する恐怖，警戒心，自分の思いが顧みられなかったことによる自暴自棄の心が生まれる。大人を信用できず，子ども同士の中でも安心できないため，周囲への警戒心が強く，今をやり過ごすことで精一杯になる。

　そのような状況を背景に，家庭に居場所がなくイライラを解消したい子どもは，友人や甘えられる大人を求めて目立ちたいがために逸脱行動に走り，また力の弱い子どもを巻き込んでいじめグループを形成し，そこに居場所を見つけたりする（遊び，非行系）。幼少時から母親との縁が薄い場合は非行傾向を示したり，生活態度が不安定であったりする。子どもたちは依存欲求や社会的承認の欲求が満たされないと，いじめを含めた問題行動を引き起こすことがある。家族，特に母親の情緒的安定（情緒的支持，受容性）は子どもたちの心理的安定をもたらす。

　家庭内の争いにより，子どもたちは攻撃的に振る舞うことを学ぶ。夫婦間の表立った争いは子どもの問題（攻撃，反抗，かんしゃく，嘘，窃盗など）に強く影響する。夫婦間の争いは親たちにうつや緊張感，失敗感，極端な自己への閉じこもりといった反応を引き起こす。結果として正常な養育行動が妨げられる。（杉山ら編，2001）

## 6）不登校児の心理（内面）

　子ども自身の問題として，例えば学校で周囲に合わせて行動しているうちに疲れきってしまう子（よい子，できる子：自分が積極的にしたくないことを友だちや先生のためにしている），対人関係が下手で友だちを作りにくい

第8章　学童期・思春期における心の発達と学校不適応

子，友だちからからかわれやすい子（体の特徴，障害など），失敗する不安が強い子，勉強についていけなかったり，仲間同士のルール理解が難しい子（劣等感を感じたり，話に加われなかったりする）に対する配慮が重要である（杉山ら編，2001）。

思春期には他の生徒との関係で多少の摩擦が生じ，気まずさを感じたり，誤解が生じたりしたときに，うまく対応できずに攻撃や逃避に向かうことがある。自己主張と他者尊重の折り合いをつけながら人間関係を調整する能力が育っていないため，自分を抑え，友人たちの欲求に過剰に応えようとしたり（過剰適応），逆に最初から距離をとり，他者と関わらないように（回避）したりすることで自己防衛を果たそうとする（諸富・大竹，2002）。

この場合，対人不安ないしは対人恐怖を伴うことがある。対人不安とは，他者からの詮索や注目，あるいは単なる他者の存在によって引き起こされる動揺や混乱である。不安は対人場面において個人的に評価されたり，評価されることが予想されたりすることから生じる。一方対人恐怖は，他人と同席する場面で不当に強い不安と精神的緊張が生じ，そのため他人に軽蔑されるのではないか，不快な感じを与えるのではないか，嫌がられるのではないかと案じ，対人関係からできるだけ身を引こうとする神経症の一型をいう。

不登校問題は自我の成長における意思決定の境界に関する感覚（自我境界）の未分化・不安定化の問題とみることができる。社会性を（明示的・黙示的に）共有された意思決定の境界の感覚（自覚）を踏まえた行動と理解すると，不登校などは対人関係などの意思決定場面からの逃避（過剰統制）という側面を持つ。これは不登校の背景に低統制感をみる見方に通じる（神田・大木，2001）。一般的に不登校の子どもたちは人の意向によって行動することが多く，人に嫌と言えないところがある。そのため不登校児にとって自己を守るためには家に引きこもって外との接触を断つしか方法はない（杉山ら編，2001）。これを克服するためには，本人の自発的判断を生かし，毎日の生活を楽しむ機会を増やすことが大事である。

不登校という状態は，子どもたちにとって社会的な場から退避し，先の見えない日々を送ることを結果として強いる。思春期にある子どもたちは，たとえ対人関係が十分に持てていなくても，同世代とつながり同じ場所で一緒にやっていきたいという気持ちを心の中に秘めている。中学校に一日も登校

147

していなくても高校へは行きたいと思っている。

不登校の子どもたちの心理的特徴として「自尊感情の低下・喪失」が指摘されている。自己を受容できず，自分自身に対して否定的なイメージしか抱けないという問題があり，自尊感情をどう育くむかが中心的課題となる（諸富・大竹，2002）。

不登校児の予後として，引きこもり事例の86％に3ヵ月以上の不登校経験があることが示されている。年間30日以上欠席して中学を卒業した生徒の10年後の調査によると「就学，就労をともにしていないもの」は23％となっており，不登校事例の15～20％で引きこもりが起こると推定可能である（齋藤，2000）。「引きこもり」を防止する観点からも，不登校への早期の適切な対応は重要である（文部科学省，2003）。

### 7）不登校・学校不適応への対応のポイント

文部科学省（2003）による「今後の不登校への対応の在り方について」では，「不登校については，特定の子どもに特有の問題があることによって起こることではなく，どの子どもにも起こりうること。一方，不登校が継続することは，本人の進路や社会的自立のために望ましくない。不登校問題の解決の目標は，子どもたちの将来的な『社会的自立』であり，不登校問題は『心の問題』のみならず『進路の問題』である」と述べている。

不登校生への対応のポイントとしては以下の点が指摘される。本人への直接的対応としては情緒面の安定化を図ることが第一である。そのため，

① 受容・共感的態度で
② 自尊心を高める働きかけ〈注意，叱責の工夫〉が必要であり
③ 自信獲得促進と
④ 自信喪失予防を図ることが肝要である。いずれにしても，他人との比較でなく，本人の進歩を評価する姿勢が重要となる
⑤ あわせて，相互信頼感の育成のため，食事を一緒に食べるなど同じことを一緒にやる時間を持つことが大切である

不登校生への親の対応の基本として，次のようなことがある。

① 毎日の日課を明確にし，生活リズムを確立できるように援助する
② 家事分担などを通して本人が家庭，家族内にいて対等な立場の構成員であることを明確にする
③ 将来の夢，希望を育みながら，現状に積極的に向き合えるように援助する
④ 親として本人の自立のためには最大限の支援を惜しまないことを繰り返し表明する

　本人の状態として，以下のようなときには医療機関に相談することが勧められている（杉山ら編，2001）。

・「明日の朝目が覚めないといい」「生きているのがつらい」「私が死んだらどうする」など死にたい気持ちを言葉にしているとき
・感情の起伏が激しく，怒りっぽくて落ち着いた話が両親ともできないとき
・食欲や睡眠の変化が大きく，やせたり身長の伸びが止まったりしているとき
・登校しないことが長く続いているが元気が出てこないとき（4〜6ヵ月以上経っても何の変化もないなど）

　家庭での対応にあたって，いじめ，不登校，非行などの問題行動の解決のためには，家庭での両親の考え，態度を一致させることが重要である。家族に緊張があって家族関係の安定性に問題がある場合は，まず安定性を回復する。子どもに対する不安を解消し，過干渉と拒否的態度を避けて，子どもに対する両親の実質的支配・統制を確保することが大事である。
　予防の基本としては，アタッチメントによる基本的信頼の確立が前提であり，子どもの能力，個性にあった学習環境を確保するための適正就学が必要である。家庭でも学校でも子どもの居場所を確保し，自尊感情・自己効力感を育むことが大事である。そのため，"叱るよりほめる"を基本に，過干渉を戒め自主性を育てる姿勢を堅持したい。

*149*

発達臨床心理学

不登校・学校不適応予防の基本として，以下の点を指摘したい。

① 本人の行動，意識の背景を的確に把握し，長期欠席などの発生を予防するために親，家庭と学校との意思疎通をより密にする

② 担任は不登校・長期欠席の発生予防という観点から，学力に加えて，個々の児童・生徒の社会的積極性や友人関係の変化を観察する視点を持つ。特に表情や，児童・生徒同士のやり取りの変化からいじめ・不登校などの予兆をつかむことが重要である

③ あわせて全教員がいじめ・不登校などのリスク管理の観点を持てるよう，研修機会を充実する（いじめ・いじめられ関係になりやすい児童・生徒，不登校に陥りやすい児童・生徒について具体的イメージを持つ）

最後にマズロー（Maslow, A.H.）の欲求段階説（hierarchy of needs）を紹介する（Maslow, 1943）。①生理的欲求（食べる，飲む，排泄など），②安全の欲求（安心安全），③所属と愛の欲求（良好な人間関係），④承認（尊重）欲求（認められたい），⑤自己実現の欲求（自立していく），の階層からなる。上位の欲求が喚起されるためには下位の欲求が十分に満たされている必要がある。4章でみてきたように，②の安心・安全や③の居場所感が充足されていないと，④，⑤に基づく学習意欲や向上心は育ちにくい。

生きるとは，自分を主人公とした人生という物語をつくり，歩くことといえる。自分の過去，現在，未来をつないで，意味を見出すことである。小学校高学年－中学校は自分の将来を具体的に考え始める時期（空想的夢から現実的夢へ）であり，自分の物語が今始まる時期である。その時期をぜひ豊かに楽しく過ごせるよう，暖かく支えたい。

第9章

# 発達臨床とアセスメント

　発達臨床では子どもに関わる人たちの理解の共有がカギを握る。本章では
その要となるアセスメントのポイントを紹介する。

## 1．はじめに：アセスメントと理解の共有

### 事例7：障害理解の共有で"パニック"が収まる

　かっちゃんは小学校2年生，授業中落ち着いて席に座っていることができ
ない。授業中も黒板にいたずら書きをやめないなど先生を困らせていた。小
さいとき相談機関で自閉症傾向と言われたことがある。

　学校ではひとりでいることを好み，先生の指示を聞かない。プリントを配
っても「やりたくない」と返しにくる。強く指示すると物や友だちに八つ当
たりする。皆の作品に手を触れないという，皆で決めたルールには従えない
が，自分で決めたルールは絶対で，本人がやりたいことを周りがやめさせよ
うとすると，物を投げたり蹴ったりと，攻撃的になった。

　担任の指導もあって，クラスの友だちは本人をよく分かっており，かっち
ゃんが授業中離席したり，黒板にいたずら書きしたりしてもあわてず騒がず，
授業を続けた。担任は両親に暗に通常学級は難しいと言っていたが，両親は
通常学級を続けたいと希望していた。

　本人は初対面のスクールカウンセラー（SC）の質問に素直に答えていたが，
特徴的な抑揚があった。聞き取りによると，発語は4歳直前と遅く5歳前後
にはオウム返しも認められた。一方，1歳前後には人見知りや母への後追い
もあった。発達検査（知能検査）と日常行動の質問紙の結果，軽度，境界級

*151*

の知的機能があり，自閉症チェックリストがわずかに基準点を超えた。3歳から就学前までは通園施設で言語指導も受けていた。

本人に自閉症傾向はあるものの，こだわりや疎通性の障害が強いわけではなく，個別的指示による学習は可能と考えられた。これまでの考えでは情緒障害特殊学級（現，自閉症・情緒障害特別支援学級）相当と判断されたと思われるが，可能な限り学習補助者（支援員）の介助の下，通常学級での学習が望ましいと考えた。

この評価結果を両親と学校に伝え，当面は通常学級での学習を継続することになった。学校と両親の共通理解が成立した後は本人も落ち着いた。

学年が変わり，クラス替えと担任の変更があった。その結果，問題行動が頻発，担任が悲鳴を上げた。環境が変化したことから友だちをぶったり，教師にあたったりした。授業途中で家に帰ってきてしまったり，学校で熱を出したりすることもあった。管理職の努力により新年度も新しい支援員がついたが，両親は教師の対応が変わったせいだと考えていた。しかし，本人は学校が大好きであり，友だちとの関係も良好であった。

1学期末に SC が学校訪問し，再び校長，教頭，支援員を交え，担任に様子を伺った。「授業中動き回って授業にならない。指導の自信がないので特学（特別支援学級）への移籍を説得してほしい」と強く主張された。支援員も初めての経験で戸惑っていた。SC は，学級移籍は親の了解が前提になること，特別支援教育の視点からは現状が望ましいこと，前年の資料を参考に自閉症への理解を深めてほしいことをお願いした。

2学期に入り，本人は人が変わったように聞き分けがよくなった（担任の姿勢が変わったと推測される）。クラスでもトラブルが少なくなり，連絡ノートにも問題の様子はほとんど記入されないようになった。これがいつまで続くかと両親の心配は尽きなかったが，両親は担任教師とも和やかに挨拶できるようになり，学校の配慮に深く感謝していた。

この事例は本人の不適応行動の理解にあたって SC がタイミングよく学校と家庭の媒介役を務められたために問題の深刻化を防ぐことができたケースである。学校管理者，担任，親，級友とその親を含めた関係者が理解を共有し，本人にあった対応を見出すことによりトラブルを大きく減らすことができた。

第9章　発達臨床とアセスメント

## ２．アセスメントの理論的基礎

### １）アセスメント（心理査定）とは

アセスメント（心理査定 psychological assessment）は，狭義には心身の不調を訴える人（クライエント）もしくは社会的，行動的不適応を示す人を対象として，その原因，要因などを明らかにし，精神的健康と社会適応を回復するための手立てを求める手続きである。広い意味では入社試験や特殊任務の人選などの人材選抜，職場の適正配置や適切な教育の場，方法を確定するための個人の特徴の理解（進路適性など）なども心理査定に含まれる（谷口・東條，2005）。

アセスメントは，発達障害の他，精神障害，神経症など精神医学的問題を抱える人，脳卒中など脳障害を疑われる人，犯罪・非行や自殺企図，引きこもりなど社会的不適応を示す人，不登校，学業不振など特別な教育手立てを必要とする児童生徒，その他，職場や家庭においてストレスや不安を訴える人，などを対象に広く行われる。

これらの事例について，以下のような場合にアセスメントが行われる。

① 本人がクリニックを訪れ，自身の情緒的・身体的不全感の解決を求めた場合
② 家族，関係者が本人の行動問題や適応不全の解決を求めてきた場合
③ 医療機関において医師の依頼があった場合
④ 学校，企業，福祉施設，児童相談所，家庭裁判所，矯正機関などで業務上対象児・者の資料が求められた場合
⑤ 心理治療や支援の効果判定のため

アセスメントが行われる具体的機会としては，次のようなものがある。

① 乳幼児健康診査（障害の早期発見，早期療育）
② 就学前療育（療育効果の評価）
③ 就学時健診（就学支援・適正就学）
④ 学校における教育評価（特別な教育的ニーズの把握，学校不適応や教

*153*

育効果の評価）

⑤　適正就労，就労支援のための職業能力評価・職場環境評価
⑥　生活支援のための日常生活動作（activities of daily living; ADL）・生活
　環境評価


## 2）アセスメントの視点

アセスメントの目的，意義は次のようである。


①　対象となる人の状態を正確に理解し，関係者の間で理解の共有を図る
②　本人の成長，発達を見通し，課題を明らかにする
③　本人が抱える問題に関与する（本人と周囲の）要因を明らかにする
④　課題解決に動員できる環境資源を明らかにする
⑤　課題解決への目標と手順を明確にし，共通理解を形成する


　子どもの問題行動に対処するためにはまずその背景を理解しておくことが
重要である。問題行動の背景・原因を理解する過程でおのずと対応がみえて
くる。この背景・原因を理解するために，知的発達水準・認知的特徴，行動
特徴，成育歴などを把握し，総合的に判断してその子どもの状態像を明らか
にすることがアセスメントである。医学的診断が病気の症状を鑑別し，その
原因，発症メカニズムから治療法を明らかにするのに対し，アセスメントは
対象児・者の全「人」の記述と評価を目指すとともに，その人が持っている
「健康な部分」を査定する。それによって初めて効果的な支援の枠組みを明ら
かにすることができる。

　アセスメントは心身の不調や，適応不全，問題行動が生ずるメカニズム，
原因を明らかにするための仮説検証過程である。心理査定にあたって心と行
動に関する正常・異常，もしくは病気と健康の境界（医学・医療の範疇に属
すべきものかどうか）については正確な知識を持っていなければならない。
子どもを対象とする場合，当然のことながら発達と発達障害に関する理解は
不可欠である。その意味で心理査定を行うにあたって世界保健機関（WHO）
が定めた国際疾病分類（ICD-10）や国際生活機能分類（ICF）あるいはアメ
リカ精神医学会による『DSM-5 精神疾患の診断・統計マニュアル』などを参

照することは重要である。

　他方，アセスメントでは評価者は自身のよって立つ理論モデル，立場を自覚し，そのモデルが想定していない問題は評価し得ないことを認識していなければならない。例えば，行動療法では不適応行動，症状を学習性のものとみてその除去を直接の目的とするために，不適応行動が成立する環境条件を明らかにする行動分析に主眼が置かれる。また，精神分析や認知行動療法，その他の多くの心理療法では不適応が人格，認知様式などのゆがみにあるとみて，人格評価あるいは認知様式の評価が問題となりやすい。

　これまで適応不全については対象者の性格特性（認知様式）や精神病理性にその要因を求める考え方が強かった。しかし近年，素因－ストレスモデルに代表されるように，個人と家庭，学校，職場など環境との出合いのあり方にその原因を求めるようになってきている。例えば，WHOによる障害概念の変化（ICF）はその代表的なものである（5章）。行動は環境への応答であり，環境が変われば行動も変わるという見方（システム論的アプローチ）が一般的になっている。多くの場合，環境のあり方によっていわゆる問題行動といわれるものの現れが大きく変わるので，この視点の変化は当然の流れである。したがって，個人と環境の両者を視野に入れたアセスメント，評価が不可欠である。ただし，環境要因評価の方法の開発は今後の課題である。

## 3）システム論的アプローチ

　効果的な支援を図るためのアセスメントでは個人の属性と環境のあり方，またその両者の関係を総合的に評価する，すなわちクライエントの問題を生態学的かつシステム全体の相互作用として認識するシステム論的アプローチが重要である。障害は個人と環境の出合いのあり方によって異なる様相をみせるからである。ここではシステム論的アプローチによる評価の視点をかいつまんで紹介する。

　まず，子ども自身に困難な属性がある・ないにかかわらず，子どもの発達に問題を起こす要因をリスクという。子どもの成長にとってのリスクは低収入・低所得など社会経済的に疎外されている，親の精神的病，虐待，地域の貧困や暴力，慢性的な病，災害，事件，事故などストレスフルな出来事，などがある。他方，リスクがあってもそれが問題を生じさせるようにはさせな

い要因を予防要因といい，その代表的なものとしてすでに述べたレジリエンスがある。レジリエンスは苦悩，怒りなどの否定的情動に襲われるような悪条件のもとでも肯定的な適応を可能にしていく動的な過程であり，予防要因の中で当人や家族が持っている要因のことである。発達障害の場合，家族や本人に適切に障害受容がなされているかどうかは重要な予防要因になる。

　レジリエンスは3つの水準でとらえることができる。

① 　近隣や社会的なサポートなど社会的環境の特徴という地域社会のレベル

② 　親の暖かさ，親による虐待の有無など家族のレベル

③ 　知能やソーシャルスキルの高さ，子どもの自律性や自尊感情などで示される子ども自身のレベル

　この他，レジリエンスの要因として，次のようなものを挙げることができる。

・臨機応変に対応でき，たくましい性格で，環境条件が変わっても柔軟に機能できる個人の特性としての自我レジリエンス

・支持的な大人との親しい関係

・有効性のある学校

・有能で向社会的な大人と地域社会で出会うこと

　ここで「向社会的」とは，他の人が困っているとき，つまり否定的な情動状態にあるときに，自分もまたその人の否定的情動を感じ，それによって相手を援助することである。

　レジリエンスを反対側からみるとこれもまたすでに述べた「脆弱性」になる。脆弱性とは，心的病理に陥りやすい傾向のことである。脆弱性の要因として，次のようなものを挙げることができる。

① 　生物学的すなわち遺伝的，神経学的要因

② 　アタッチメント関係，社会関係の乏しさなどの社会行動的要因

第9章　発達臨床とアセスメント

③　自尊感情が低く環境を否定的にとらえるなどの認知的要因

④　衝動的で感情統制が困難などの情動的要因


　脆弱性が高い場合，不登校や集団不適応，抑うつ，心身症状などを伴うことがあり，また極端な場合，他者の基本的人権や主要な年齢相応の社会的基準や規則を無視する行動が反復または持続する素行症として現れることがある。発達障害において二次的な障害の発生を予防するためにはレジリエンス，脆弱性など予防要因の評価は重要であり，また予防要因を強化する働きかけがカギになる。

## 3．アセスメントの方法と実際

### 1）アセスメントの方法

　すでに述べたように，アセスメントは判断のための仮説検証過程である。クライエントの訴えや症状から的確な仮説を導き出し，心身の不調や，適応不全が生ずるメカニズム，原因を明らかにする過程であって，それを検証するための十分な知識と経験を持っていることが前提である。近年の臨床医学では DSM-5 や ICD-10 にみられるように，原因が不明で複雑な発生機序が想定される発達障害，精神障害について，まず現象・症状によって分類を図るという考え方が一般的になっている。これによって議論の枠組みが明確となり，データの相互比較が可能になる。アセスメントにおいてもこの考え方に倣い，まずは本人とその周囲で起きている出来事とそれまでの経緯を丁寧に記述することが基本である。

　アセスメントの方法としては観察を含む面接と調査が基本であり，必要に応じて心理検査などが行われる。これまでさまざまな理論的立場から，多数の心理検査や質問紙などが開発され，用いられてきた。心理検査の選択はアセスメントを行う側に委ねられている。そこにはさまざまな議論が残されているが，ここではそこには立ち入らない。心理検査では複数の検査を組み合わせたテストバッテリーが構成される。ただし，構成されるべき検査は最小限にとどめたい。アセスメントのための面接では主訴，支援を求める理由から始め，クライエントの現況や心理面の問題，要求の情報を集め，行動を査定することになる。心理検査や用いられる質問紙はあくまでも補助手段であ

157

る。

　アセスメントを実施する環境は，「何だか分からないけど，少しは面白そうな所だ」と本人に興味をもたれるように設定する。待合室はソフトな雰囲気とし，プレイコーナーの玩具や図書などで遊べるようにしておく。評価する部屋は適温適湿にし，椅子，机も本人のサイズに合わせる。実際のアセスメントにあたっては初回面接（インテーク面接）に十分な時間をとる。初めての出会いの場で相互の信頼関係（ラポール），問題の共有感覚の構築を第一にする。暖かく，共感的姿勢で，かつ感情に流されず，冷静に客観像をつかむことが必要である。クライエントには相談に来るまでの葛藤があることがほとんどであり，相談に来たことをまずねぎらうことが大事である。多動，かんしゃくを示す子どもの場合，親とともにじっくり観察して鎮める方法を考え，また場合によって複数で対応する（佐藤・市川，2002）。

　アセスメントの聞き取り項目には以下の事項が含まれる。

- まず一番困っていること（主訴）から始まり，家族構成，学業や友人関係など本人の最近の様子
- 本人の成育歴，これまでの相談歴，受診歴，主訴についての家族や担任を含む学校関係者の見方，困っていることはいつごろから始まり，これまでどのような経過があったかなど
- 家族の日常（労働・家事・育児などの日課・生活サイクル，きょうだい関係），養育への親の姿勢，両親間の意見の一致不一致

などについて情報が得られることが望ましい。

　アセスメント面接にあたっては例えば母子手帳，成績表，作品，教科の試験結果など直接資料の提示を必要に応じて求める。場合によっては学級担任や学校管理者，それまで会っている専門家，祖父母，拡大家族，地域の行政機関など，親の了解を得ながら並行的情報の取得を図ることが必要になる。

　面接に際しては，容姿，表情，行動，面接者との相互作用，面接の目的の理解，運動機能水準と協調運動，チック，気分と情動，不安，強迫観念あるいは強迫行為，注意の持続，葛藤耐性，衝動性，反抗性，言語的ないし身体的攻撃性，発語と言語，幻覚，妄想，思考障害，知能の臨床的評価，判断と

病識などを観察し，精神状態の評価を行う。

　アセスメントのポイントは第1に，主訴すなわち困り感の把握にある。誰がなぜ困っているかについて丁寧に聞き取ることが必要である。その上で，本人の行動特徴と聞き取り（面談・行動観察）を行い，総体としての発達水準のアセスメント（個人間差）と発達プロフィール（発達のずれ，異常＝個人内差）の記述を行う。これらの結果の理解・評価にあたっては家族状況，成育歴の把握が前提になる。本人の現在の状態はそれまでの家族を含む周囲の人たちとのやり取り（経験）の積み重ねの結果だからである。あわせて，本人を取り巻く環境・資源の確認を行う。

## 2）アセスメントの留意点と結果の利用

　障害を持つ子どもを含め，人の評価，アセスメントは一人の専門家のみでは困難な場合がある。治療教育にあたっては特にチームアプローチが欠かせない。アセスメントにあたっても医学，教育学，心理学，社会学，福祉関係領域など多職種によるケースカンファレンスを重視したい。すなわちこれらのプロセスを通して対象者の次のような資料を得る。

① 　行動，認知，パーソナリティ，情動統制
② 　障害
③ 　発達的側面
④ 　家庭や学校・職場などの環境要因

　これらの資料に基づき，子どもと環境の「リスク」，「脆弱性」，「レジリエンス」を評価することになる。

　発達障害児など発達臨床におけるアセスメントでは，本人の発達の側面と障害の側面をそれぞれ独自に，かつ関連させて評価する視点を持つ必要がある。発達の側面については生活年齢の他，発達年齢もしくは精神年齢として概括される心理機能の全般的発達水準の把握が必要となり，結果として知的水準（知能指数，発達指数）が明らかになる。これらは発達の目標，課題，見通しを立てる上で重要な手がかりになる。

　障害の側面については医学的診断における鑑別とは逆に，障害もしくは困

発達臨床心理学

難の重複の可能性を綿密に注意深くアセスメントする必要がある。例えば，自閉症は年齢によってはADHD（注意欠如・多動障害）にみられる多動や注意集中困難が顕著な場合があり，また学齢期になればLD（学習障害）にみられるような学習上の困難に遭遇する場合も少なくない。さらに知的障害を合併することもある。したがって，それぞれについて的確なアセスメントを心がけ，障害の主たる側面と，効果的支援に結びつく困難の焦点を明らかにしなければならない。対人関係やコミュニケーション，情動コントロールについては支援の具体策や配慮に結びつく情報ともなるので特に注意深い記述が望まれる。

　支援に結びつくアセスメントとするためには，本人及び環境への働きかけのための短期的ならびに長期的課題，目標がアセスメントの結果として表現されている必要がある。その際本人の持つ客観条件と生活環境，ならびに両親，家族，関係者の思い・現状認識を的確に把握し，期待しうる生活スタイルの全体像を明確に想定した課題設定，目標となっていなければならない。アセスメントにおいて本人，家族の利益を吟味することなく心理検査や評価項目の到達点から機械的，短絡的に課題を設定することは避けなければならない。

　アセスメントの結果はアセスメント報告書にまとめられることになる。その報告書の項目には，例えば次のようなものが含まれる。

　1）アセスメント面接時のクライエントの特徴
　2）アセスメントデータの要点と解釈
　　①　認知機能の程度
　　②　現実把握の程度
　　③　衝動抑制度（他害性）
　　④　抑うつ度（自傷性）
　3）主な機能不全領域
　4）予後の見通し
　5）援助方針の提言
　6）検査データの添付

第9章　発達臨床とアセスメント

　アセスメントの結果は，①処遇，支援，指導方針の決定のためのケース会議，②本人，家族へのカウンセリング，③教師，指導員，専門家などに対するコンサルテーション，④環境調整のためのケースワーク，などの機会を得て支援に生かされる。

### 3）アセスメントの手順──知能・発達検査実施を例に

　ここで，アセスメントの流れを著者が関わる教育相談室における知能検査実施までの手順を事例として紹介する。

　発達検査，あるいは知能検査は子どもの実態把握資料として学校あるいは医療機関や発達支援センターなどからその実施が勧められることが多い。いずれの場合も教育相談室としては保護者からの電話予約によって日程調整を行う。検査実施を含め，来談意図を確認するためである。

　日程が決まるとまずは保護者・子どもの面接を行う。多くの場合最初の10数分親子同席面接を行い，その後別室でそれぞれに面接（親）及び行動観察（子ども）となる。保護者面接では，来談経緯（誰に勧められたか，その理由），保護者の困り感（主訴），主訴の背景，成育歴，家族歴などを聞き取るとともに，自閉症傾向やADHDチェックなど，発達上，行動上の質問紙に答えてもらう。子どもの行動観察では，興味を持てそうな遊具に誘導するとともに学校・幼稚園（保育所）の様子を話題としてやり取りを行い，タイミングを見計らってバウムテストや人物画などの描画に誘導して，ラポールの確立を図りつつ全般的発達状況を見立てる。以上の聞き取りを踏まえて検査の実施について改めて意向確認を行い，検査日を設定する。あわせて本人の様子について学校などに聞き取りを行うことの了解を得る。

　検査実施に先立って可能な限り学校など本人の所属機関ないしは紹介機関に検査依頼の趣旨などを含めた情報収集を行う。検査は，途中休みを含めて1回60分から90分で行うことが望ましいが，それ以上かかる場合は2回に分けて行う。本人の検査実施中保護者からは家での様子，家族関係，兄弟姉妹関係，友人関係など本人の日々の様子について詳しく聞き取る。

　検査後ほぼ1ヵ月を目処に保護者への結果報告を行い，今後の対応について相談する。あわせて保護者の了解のもと本人の所属する学校などにも報告を行って，理解の共有を図る。保護者への報告にあたっては後に述べる心理

*161*

発達臨床心理学

検査に関する倫理規範に則って具体的数値の記載は避け，誤解が生じないよう概括的表現を用いる。あわせて検査は本人に対する「見立て（仮説）」を確認するための道具であるという観点から，面接・行動観察，質問紙などの結果も踏まえ，主訴（困り感）の解消に資するよう，総合的観点から記述する。

　なお，知能検査などの実施にあたって，子どもによっては「検査」「テスト」という言葉に敏感であったり，抵抗があったりする場合がある。検査の説明にあたっては，本人に緊張やある種の構えが生じてしまわないよう，本人の実力がそのまま発揮できるようにする必要がある。そこで，学校が検査を本人に勧めるにあたっては，「クイズやなぞなぞのようなもの」と子どもの状態に合わせ，その伝え方に配慮を求めている。あわせて保護者にもこの点での協力をお願いしている。

## 4．アセスメントに求められる配慮と倫理

　アセスメントにあたってはアセスメントを受ける親と子どもの心理に十分な配慮が必要である。アセスメントの過程は，その後のクライエントとの関係に大きく影響するからである。アセスメントの内容や進め方によってはクライエントにとって自己の内面に土足で踏み込まれたという感覚が残されてしまう場合がある。

　具体的な配慮としては，次のようなものがある（佐藤・市川，2002）。

① 　本人はアセスメントを受けることをどう理解しているか。親と子どもの認識のずれがないかに注意する
② 　慣れない場所，初対面の人に対する緊張があるのでラポールの形成をまず第一とする
③ 　言語表出が稚拙な子どもは自分の苦悩を表現する言葉を持たないことに留意する
④ 　子どもと両親が医療機関，相談機関を訪れるときはさまざまな期待とともに不安を抱いていることに留意する。例えば親は子どもの状態やこれまでの経過を自分に了解可能なように，または「子どものことを思って」脚色することがある

162

第9章　発達臨床とアセスメント

⑤　相談が第三者から勧められた場合，親から客観的情報を得がたいことがあるとともに，親には不安を打ち消してほしいという願望がある場合がある。また，親，子どもに過剰期待があり，評価でなく，助言を性急に求めてくる場合がある。いずれにしても，希望を失わせるような説明の仕方は避けなければならない

　アセスメントを受けるクライエントの面接時の心理として，学校の成績や問題行動など個人情報を詳細に聞くと親の不安，緊張をあおることがある。また，親子関係の聞き取りでは親が自責的になることも多い。隠しておきたい事項に触れるときには言葉を濁すこともある。したがって，①的確なアセスメントのために正確な情報が必要なこと，②応えたくない部分には無理して応えなくてよいこと，③相談内容は守秘義務によって守られることを十分に説明し，信頼関係の構築に重点を置かなければならない（佐藤・市川，2002）。
　アセスメントには弊害を伴うことがありうるので十分な注意が必要である。心理検査についてはかつてプライバシーの権利を侵害し，慣習的な価値観への同調を強要し，主流から外れた人々の機会を奪うものとの批判がなされた時期がある（岡堂，2003）。発達検査の結果は施設の処遇や療育手帳の判定などの福祉サービスに利用される。一方で，数量的な結果だけが一人歩きして子どもや家族の利益から離れた行政や施設処遇の決定に用いられる場合がないとも限らない。例えば発達指数や，発達年齢を知った幼稚園がその子の入園を拒否するなどである。単に子どもの発達の遅れや障害を発見し，診断することだけに力点が置かれると，「絶望へのパスポート」を両親に渡すことになりかねない。これはアセスメントの弊害であり，例えば就学時の入学判別に検査結果を機械的に適用し，親や本人の希望を無視する，あるいは精神医療の場面で結果として患者の自発性を阻害したり，無視したりすることに利用されるなどは，あってはならないことである。
　現在，心理検査に関しては，次のような倫理規範が共有されている。

①　心理検査の内容は専門家以外に公開しない
②　心理検査の結果の解釈は十分に資格のある人に対してのみ公表し，一般の人には公表してはならない

③　心理検査の出版は専門家のみを対象とする出版社に限る

　心理検査の結果の解釈にあたっては，その開発の背景にある理論モデルの十分な理解抜きにはさまざまな誤解が生じる危険性があるからである。心理検査実施にあたっては対象者やその家族にもその点の説明を丁寧に行い十分な納得を得ておく必要がある。

　アセスメントはどんな場合でも本人もしくはその家族の了解のもとに本人の利益のために行われるものであって，それ以外の利用は許されない。対象児・者との間に十分なラポールが成立し，アセスメントの趣旨について本人（もしくは家族）からインフォームドコンセント（informed consent）[1]に基づく了承があることが前提である。これらはアセスメントの倫理として守秘義務の保持とともに厳守されなければならない。

---

1　正確で十分な説明を踏まえた納得の上での合意を意味する。医療行為を進めるにあたって患者の自己決定権を保障するために重視されるようになった。現在では対象となる人の権利保障の観点から医療行為外でも重視されており，医療行為外では説明責任といわれることもある。

# 第 10 章

# 社会の変化と発達臨床

　近年，子どもの育ちについては多くの懸念が表明されている。その懸念の背景について，本章では家族関係や社会など子どもの成育環境の変化という観点から考察する。

## 1．はじめに：不登校の背景

　本書では生物学的観点を基本に発達期に"不適応"が現れるメカニズムと不適応回復への支援のあり方を考えてきた。その際，発達とその障害を，生物・心理・社会の相互作用として理解する視点を強調してきた。しかし，子どもや家族あるいは育児を取り巻く社会の変化についてはこれまで十分に触れることはできなかった。この 20 数年，いじめ，不登校や虐待など子育てに関わる問題は顕著な増加傾向を示している。

　不登校が増える社会的要因としては，「近年の都市化，核家族化，少子化，地域における人間関係の希薄化などを背景に，一部では無責任な放任や過保護・過干渉，育児への不安，しつけへの自信喪失など家庭の教育力の低下」や「近年の子どもたちの社会性をめぐる課題，例えば自尊感情に乏しい，人生目標や将来の職業に対する夢や希望などを持たず，無気力なものが増えている，学習意欲の低下，耐性がなく未成熟であるといった傾向」が指摘された（文部科学省，2003）。

　われわれは上記の指摘を踏まえ，不登校など学校不適応増の背景要因を具体的に探りたいと考え，学校，保育所，福祉担当部署，警察など，子育て支援担当者に対する聞き取り調査を行った（谷口，2012a）。その結果，教育

発達臨床心理学

関係者や子育て支援担当者の認識として，不登校の背景には集団適応や規律の維持など社会性の問題が認められ，また介入を嫌う家庭など家庭支援のジレンマも語られた。その背景には変化の激しすぎる社会のもと，ふるさと，絆の喪失に示されるような育児環境，育児文化の変化，保育所の役割拡大・育児の肩代わりなどが指摘され，他方では親の精神不安定と育児困難，自己中心的な親の増加などにより親子の共感関係が失われる傾向も浮かび上がった。

　一方，基本的に親は変わっていない，社会が変わったという見方も示された。親になって親が発達するプロセスが失われている。便利さの陰で人間育てが機能していない。安易な自己責任論など，お互い様の文化が消失し，社会が助けを求めにくく手を出しにくい構造になっているという指摘もあった。現代社会においては助けを求めることは従来以上にエネルギーを要する事態となっており，社会関係からの脱落が起こりやすくなっている可能性が推測された。その推測の妥当性について落合（2004），松尾（2008），湯澤（2008）らを参考に，子育て環境の変化という視点から考える。

## 2．子育てを取り巻く環境の変化

　図 10-1 はこの 100 年近くの日本の移り変わりを振り返ったものである。一世代 30 年とみると 100 年はほぼ 3 世代に相当する。日本はこの 100 年の間に農村型社会から高度産業社会，高度情報化社会へと社会システムが大きく変わった。この変化を家族という視点からみるとおおまかには直系拡大家族から核家族の自立，そして個人化へと家族の極小化が進んできた（松尾，2008）。

　農村型社会は生活の基本が家族や地域であり，生産と生活（消費）が一体化しており，同質性を前提とした情緒的つながりを基礎に，「水臭い」金銭的やり取りを避けながら，義理人情によって相互扶助が成り立つ社会である。地縁的人間関係は職業的人間関係とほとんど重なっており，個人は共同体に一体化して集団主義的価値観が優位であった。

　敗戦後現行憲法が公布され，民法が改正されて家督相続制が廃止された。家督相続制とは原則として長男が戸主という身分と財産を引き継ぎ，「家」を単位として世代の継承がなされる制度（世襲制）であり，家父長制とも呼ばれ

第 10 章　社会の変化と発達臨床

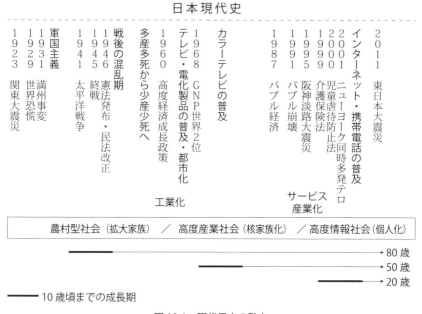

図 10-1　現代日本の動き

る。「家」は戸主としての家長とその下での家族（直系拡大家族）からなる。「家」は，家族に対し，次のような機能を持っていた（松尾，2008 改変）。

① 生殖・養育機能
② 教育機能
③ 生産機能
④ 生活（消費）機能
⑤ 財産管理機能
⑥ 老後保障を含む保護・福祉機能
⑦ 休息・精神安定化機能

　家督相続制は限定された生産力のもとでは農地など限られた資産の細分化を防ぎ，長男とその嫁以外の生殖力を犠牲にして世代の継承を担保する役目を果たしていた。しかしこの制度は封建身分制，大家族制の遺制で民主主義・

167

平等主義に反するため占領政策により解体された。

　これによりわが国の世代の継承システムは「家」単位から個人単位（あるいは国家単位）へと，大きく変化した。「家」の解体は両親とその子どもからなる核家族が，家父長から自立することを可能にした。しかしそれが広く一般化するのは1960年代である。工業化と高度経済成長によって生産力が向上，農家の次男・三男にも家庭を築くことが可能となり，人口移動を伴って実質化した。1950年頃までは6割を超えていた農村人口は1960年代以降3割から2割へと減り，都市への人口集中が進んだ。こうして都市化を伴う「高度産業社会」が出現した。

　都市への人口集中は産業構造の転換と交通機関の発達によるが，同時に出版・通信メディアの発達によって都市の情報が広く地方にまで伝播する都市化が進んだ。賃労働の拡大は職住の分離を進行させ，家庭内の性別役割分業を強化した（専業主婦の増大）。職住分離の結果，地域共同体の結合が弱体化するに伴って家族の閉鎖性は高まり，情緒的結合を中核とする近代家族（核家族）が形成される。次第に核家族は社会の基礎単位と見なされるようになった。サラリーマンの夫と専業主婦の妻，2～3人の子どもによる核家族が標準家族とされた。一方テレビドラマなどの視聴率を見ると，この頃の家族は大家族にノスタルジアを感じる核家族であり（落合，2004），高度成長期は核家族が近代家族として自立していく過程でもあった。

　図10-2は各家庭への耐久消費財の普及率を示す。テレビ，冷蔵庫，洗濯機，掃除機は1960年代を通してほぼ普及し，カラーテレビの普及とともに都市型生活は確立した。その後高度経済成長とともに車，エアコン，電子レンジなどが普及する。これら家電製品の普及は家事労働の負担軽減に結びつき，女性の社会進出を後押しした。

　高度成長期の「カイシャ」は農村で成長した人たちの生活感覚を基盤に規範が成り立っており，そこでは集団や全体の秩序を優先する集団主義が生きていた。組織の構成原理は「農村型」でそれぞれの部署ごとに閉じた集団になっていた。会社への忠誠心，あるいは出世競争からカイシャ人間やモーレツ社員が現れた。仕事優先で生活後回し，家庭生活を顧みず，自身の趣味は育てにくかった。結果，自分の属するコミュニティ（集団）の「ソト」の人との交流が少なくなった（社交の減退）。生活変化が直ちに個人主義的行動様

第 10 章　社会の変化と発達臨床

主要耐久消費財の世帯普及率の推移（1957年〜2017年）

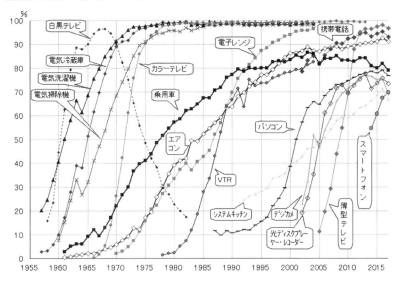

（注）二人以上の世帯が対象。1963年までは人口5万以上の都市世帯のみ。1957年は9月調査，58-77年は2月調査，78年以降は3月調査。05年より調査品目変更。多くの品目の15年の低下は調査票変更の影響もある。デジカメは05年よりカメラ付き携帯を含む。薄型テレビはカラーテレビの一部。光ディスクプレーヤー・レコーダーはDVD用，ブルーレイ用を含む。カラーテレビは2014年からブラウン管テレビは対象外となり，薄型テレビに一本化。
（資料）内閣府「消費動向調査」

図 10-2　耐久消費財の世帯普及率の推移
（社会実情データ図録 http://www2.ttcn.ne.jp/honkawa/2280.html　2017. 9.14 検索）

式を作るということにはならなかった。

　家制度がなくなっても個人の感覚としての家は数十年にわたり残り，これが育児や介護を支える情緒的絆となってきた。制度改正以前に育った人たちの意識や感覚・習慣は成育中に自然に身についたものが残るからである。わが国戦後の高度経済成長はこのような集団主義的感覚・規範によりモラル面で支えられてきた。

　その後1990年代以降バブル崩壊を通して経済的には低成長期に入ったが，この時期からパソコン，インターネットの普及が始まり2000年を前後して高度情報化社会ともいうべき時代に突入した。情報化社会とは物事の流れが実体的なものから情報に切り替わり，社会的に大量の情報が生み出され，

*169*

それを加工・処理・操作するための機構が巨大化し，人々の意思決定や行動に大きな影響を与えるに至った社会である。バブル崩壊後の経済構造の変化は90年代以降一層進行した。経済の国際化と長期不況を理由に労働者派遣法が改正されて（1998年）非正規雇用が一般化し，年功序列制や終身雇用制が崩れて日本的雇用環境は一変した。職場の流動化や労働者の意識変化はそうした環境の変化に由来する。90年代には職場結婚が減少し，会社の慰安旅行（団体旅行）も減ったが，これは非正規雇用の拡大を主とする雇用の流動化の影響が大きい（松尾，2008）。

## 3．数字から読み解く世相の変化：核家族化から個人化へ

図10-1の下の線は80歳，50歳，20歳という3世代の生きてきた時期を表す。この図からわかるようにわが国はこの3世代を通して過去まれにみる時代（生活様式）の変化を経験している。すなわち祖父母，両親，子どもはそれぞれ異なる価値観，生活感覚の中で生きている。これは育児にあたって親は成育中に身につけた感覚が通用しない場合があることを意味し，戸惑いの中で育児を進めることになる。

この間の変化の意味するところをいくつかの指標から読み取りたい。巨視的枠組みとして，歴史的には社会は進歩し，物質的には豊かになった。それは世界の人口爆発に端的に表れている。わが国でも寿命は延び，人口が増える（江戸初期約2500万〜明治維新時約3500万，最大時2010年1億2806万人）など人の生存可能性は明らかに拡大してきた。乳児死亡率の低下（多産多死から少産少死へ），80歳を超える平均寿命，疾病構造の変化など，先進工業国として物質的貧困による命の危機は当面の問題ではなくなった。

社会が豊かになり，便利になるに伴いひとりで生きられる条件が広がってきた。それは一世帯あたりの平均人数が減少（平均世帯人員1960年4.14から2015年2.34人）し，夫婦と子ども（1985年40％から2015年27％）の核家族からすでに夫婦のみ（同14％から同21％），あるいはひとり親と子ども（同6.3％から同9.4％），単身世帯（同20％から同33％）などの2人以下の家族が半数を超えるという，家族の極小化（個人化）傾向に現れている。

高度成長期以降少子化（合計特殊出生率1950年3.65，1960年2.00，

第 10 章　社会の変化と発達臨床

2014 年 1.41）が叫ばれているが，70 年代半ばからの少子化の原因は未婚化に求められる。夫婦が設ける子どもの数は変化していない。生涯未婚率は 1950 年の両性とも 1.5％から，2010 年男性 20.1％，女性 10.6％となり，1985 年以降の男性未婚率の上昇が急である。未婚化の原因は若年男性の収入伸び悩みと考えられている。残念ながら社会（大人）は若者たちに家庭を営む経済条件を保障できていないケースが増えている。若者たちにその責を求めても無意味である。

　ひとりで生きられる条件の拡大は生活の私事化と私生活主義（ミーイズム）の拡大に結びついた。これは情緒的な絆による人間関係から金銭を含む契約を基本とする人間関係に移行したことを意味する。一方で経済格差は広がっており，等価可処分所得[1]の中央値の半分となる相対的貧困家庭は 1985 年の 12％（平均世帯人員 3.14）から 2009 年の 16％（2010 年平均世帯人員 2.42 人）へと拡大している。情緒的絆の乏しい契約社会における貧困は生存基盤を直接脅かす。個人の生存を守れない国・社会はその存在意義を問われる。

　ひとりで生きられる条件の拡大に伴い，核家族を含め社会の基礎集団内での非合理も顕在化した。その解消に向けて，1997 年「介護保険法」が成立し，「男女共同参画法」（1999 年）や「児童虐待防止法」，「ストーカー規制法」（2000 年），「DV 防止法」（2001 年）が次々と成立し，2003 年には「個人情報保護法」も成立して，中間組織[2]の上位者から個人を保護する仕組みも整えられた。これは暴力・威力による非合理的支配を排除し，実質平等を実現する動きで，民主化や自由化が公共圏のみならず，親密圏[3]にまで及んできたことの現れである。「発達障害支援法」（2004 年）や「障害者差別解消法」（2013 年）など障害を持った人たちの差別を解消し，人権の擁護のための施

---

1　世帯の可処分所得を世帯人員の平方根で割って調整した所得。

2　家庭，学校，職場，地域など個人が直接所属する組織をここでは中間組織と表現した。

3　公共圏は私圏（または私領域）に対する言葉で，個々人が社会や制度に向き合う時間・空間（人間の生活の中で，他人や社会と相互に関わりあいを持つ時間や空間，または制度的な空間と私的な空間の間に介在する領域）をいう。一方，友人や家族，恋人や仲間など，無条件で自己にまなざしを向けてくれる人々同士の空間・時間（具体的な他者の生への配慮／関心を媒体とするある程度持続的な関係性）を親密圏という。私圏は親密圏にほぼ重なる。

*171*

策が次々と制度化されている。

親密圏への公権力の介入をなしうる立法が連続した背景には個人化がある。1990年以降，子どもの数が減り，パートナーや子どもを持たない人生も1つの選択肢となり，相対的に男女の役割が固定されにくくなり，離婚が珍しくなくなり，ひとり親が増え，未婚の母が増え，ひとり暮らしが増え，国際結婚が増え，と家族の多様化と個人化が進んだ。家族を基礎単位とする社会から，個人を基礎単位とする社会への移行が生じている。企業福祉が切り下げられ，職業能力の開発に向けられるコストも削減される中，労働者は企業に頼らずに自分の力で職業生活を生き抜くことを余儀なくされる。日本的な会社共同体はほぼ崩壊し，社会の非国家的領域が集団単位の共同体（家族／地域／会社）から個人単位へと再編された（松尾，2008）。これが「個人化」のプロセスである。

近代市民社会の原則たる私的自治は，自由で平等な個人が自己決定によってさまざまな関係を取り結んでいくことを前提としている。しかし現実には，家庭をはじめとするさまざまな中間組織内部において，個人が自己決定を不能にされ，抑圧的な扱いを受けることがあった（パワーハラスメント，セクシャルハラスメント，虐待，DVなど）。個人化によって権利主体性を強く意識するようになった個人は，中間組織の弱体化以後，個人の権利を保護・救済する唯一の機関としての国家の役割への期待を高めた（松尾，2008）。

高度情報化社会の到来に伴って，いじめ（認知件数小学校・中学校あわせて1990年の22,156件から2016年309,230件と14倍），不登校（中学校の出現率は1991年の1％から2001年には3％へ，その後横ばいで現在は2.8％），引きこもり，ストレス社会など社会適応に関わる心の問題がクローズアップされてきた。虐待（1990年の1,101件から2014年の88,931件へ），家庭内暴力，非行（近年は減少傾向），ニート，理解しがたい犯罪，はては自殺（1990年の約2万件から2003年の3万4千件を経て2015年2万4千件へ）など家庭，学校，職場，地域と生活の場を越えて心のケアはかつてなく求められている。産業経済の発展，医学，医療の進歩に伴って寿命は延び，物質的には豊かになったものの，子どもを生んで育てるのには住みにくくなったともいえ，心の健康が大きな社会問題になっている。子育てや心の健康維持に果たす家庭・家族の役割は大きい。そこで家族機能の観点からこの間

第 10 章　社会の変化と発達臨床

の変化をまとめる。

# 4．家族機能の変化と世代の継承

　湯澤（2008）の論考を借りてこの間の家族機能の変化の意味を読み取る。
工業化が推進した家族の近代化の本質は，経済的機能が生産機能と消費機能
に分離し，生産機能が家族の外へ移行したこと（職住分離）にある（庄司，
1986a）。その結果子どもの目には生産機能を担う大人の相互関係が見えにく
くなった。労働力と貨幣の交換関係を基礎とする近代家族の典型としての労
働者家族の登場は，消費生活を中心とする私的領域を構成し（公私の分離），
家族は自助原則のもとに市場原理の支配する社会から相対的に自立する（プ
ライバシーの成立）。しかし，生産機能を失った近代家族は，労働組織・経営
組織としての統合性や家族（「家」）そのものの維持・発展という共通目標を
持たず，毎日を楽しくという消費機能や子どもが元気に育つという生育機能
が日々の生活の前景を占めるようになった。そこでは共に暮らし，消費の共
同を維持していくのに必要な「愛情」のみを結合原理としなければならなく
なった（愛情原則）。高度産業社会における核家族は「民主的で夫婦も子ども
も対等で愛によって結ばれた」家族である。他方で規律から外れる子どもや
意欲を示さない子どもの背景に父親（の権威）不在を指摘する意見も繰り返
し現れた。

　家父長的な権威が失墜した現代では家族集団の内部でも以前より個人の意
思と権利が尊重されるようになっている。福祉国家の成立による公的社会保
障給付の拡充や家事の機械化・市場化など多面的なシステム化により家族に
固有の機能は大きく縮小した。家族機能としては生殖・養育機能と生活維持
（消費）・娯楽機能が主として残った。教育機能面についてみると多く学校に
委ねられているが，子どもの発達をめぐる学校と家庭の役割分担については
必ずしも理解が共有されているとはいいがたい。

　育児に関する家族の意識や家族の役割の変化も生じている。1950 年代ま
での農村社会は生産と生活が一体化していて，「ハレ（村）で子どもを育て
る」生活感覚が基本であった。育児における両親の自由度は限られ，家長の
方針のもとでのしつけが行われていた。大人たちにとっては「家」の維持発
展（自分たちの老後保障）のためにもしっかりした跡取り（家業の継承者）

*173*

発達臨床心理学

を育てることは共同責任であり，養子・里子も抵抗なく受け入れられていた。

都市化に伴い多くは職住分離の生活となり，都市への移住第1世代は地域コミュニティを構築しつつ，子どもを家族・個人で育てるという生活になった（私的領域の発生）。子育てが私事化するに伴い負担感も格段に増えた。高度成長期以降は多産多死から少産少死となり，教育年限が伸びるなど，客観的にいえば子育ては確実に楽になっている。にもかかわらず子育ての負担感が増えた理由に，次の4つがある。

① 子どもの自立までの子育て期間が長くなると同時に，高学歴社会となり教育の経済負担が増えたこと
② 偏差値を軸とした進学競争が激しくなったこと
③ 核家族化に伴い子育ての孤立化が進んだこと
④ 社会環境の変化から，親は自身の暗黙知をそのまま育児に適用できるとは限らなくなったこと

近代家族の特徴を落合（2004）は次の8つにまとめている。

① 家内領域と公共領域（公私）の分離
② 家族構成員相互の強い情緒的関係
③ 子ども中心主義
④ 性別役割分業
⑤ 家族の集団（凝集）性の強化
⑥ 社交の衰退とプライバシーの成立
⑦ 非親族の排除
⑧ 核家族

この時期の消費共同体としての家族は，その経済基盤が家族の外側の市場との交換関係に依存するという他律性を特徴とすることから，それ自体で極めて不安定な存在である（庄司, 1986b）。また，家族の小規模化に伴い，各成員が過重な機能分担を行うことによって生じる役割分担の硬直性が，予測外の新たな事態への対応力を失わせるという，脆弱性を内在する（自助原則

174

第 10 章　社会の変化と発達臨床

の限界）。子どもに障害があったりした場合核家族で育てることには自ずと限界があり，公的支援の整備が進められた（5章5. 参照）。さらにもっぱら愛情を前提とした契約関係に依拠して家族の結合を維持しようとするところにみられる人間関係の不安定性（愛が失われると離婚する）に結びつきやすい（愛情原則の幻想性）。後に触れるように不安定な大人のもとでは，子どもは大人としての適切な役割イメージを育てることができない。

　経済原則は対等性，双務性を前提とした契約・取引であり，対人関係においてもその感覚が求められることが増える。一方で子育ては弱者としての子どもを大人が愛情をかけて守るという片務性（扶養義務）が前提になっている。「愛」は生涯を通じた対等性，双務性によって均衡を図ろうとするのに対し，経済は取引，契約時点の瞬間の対等性のみが前提である（ただし双務の等価性は必ずしも担保されていない）。

　「愛」は主観的なものであり，送り手の感覚と受け手の感覚には必ずしも等価性は成り立たないが，時間を超えた安定への期待がある。経済における瞬間の対等性原理による取引は，時間を超えた安定性を保障しない。大人が子どもに対等性，双務性を期待するとそこにはズレが生じる。子どもは親や家庭に愛されている（絶対安全基地の）感覚を持てなかったりする。

　核家族のもと都市で成長し，それまでの親を見て育った次の世代は，農村共同体的相互扶助システムよりは都市的経済関係になじんで育っているため，既成の価値観にとらわれず，「全体を優先する」という感覚から自由な人たちが増えた。組織による私生活への介入から距離を置く人たちが増え，企業側のコスト削減の動きともあいまって組織の機能が縮小する（このみ，2010）。

　一方で自助原則の限界性と愛情原則の幻想性といった2つの原則の脆弱性により，幾重にも不安定な家族の基盤は貧困化と解体化の危機に常にさらされている。核家族化は第2世代に至ってその脆弱性が顕在化し，個人化へと進む。このような近代家族の自己矛盾としての家族問題に社会的対応が求められるのは歴史の必然である。私的な責任のみに委ねることができない家族の機能障害の発生は，社会的対応による家族への支援や介入を必要とする（湯澤，2008）。その経過の中で1990年代以降 ADHD や HFASD，落ち着きのない子，親の統制の及ばない子などが軽度発達障害として顕在化したと推測できる。

175

発達臨床心理学

　家族機能のスリム化の弊害は病人などを抱えた場合にも顕著に現れ，過重な家事労働による家族崩壊を防ぐためにも介護保険システムの整備は必須であった。生産手段を持たない核家族のもとで親の老後保障を子どもに委ねることには無理があり，年金・介護システムの整備が図られた結果，育児と親自身の老後保障は切り離された（扶養義務の一方向化）。

# 5．地域コミュニティの形骸化

　子どもを育てる身近な世界である地域の変化についてもみておきたい。

　家族と親族・地域共同体が混然と１つの社会（コミュニティ）を形成している近代以前にあっては，共同体の維持・存続に対してお祭り，年中行事あるいは農作業などを通して家族・地域生活が予定調和的に成立していた。生活空間としての地域コミュニティについてみると，都市化による職住分離の進行は人間関係の相対的希薄化を招く。1970年代半ば以降には，第３次産業へのシフトが生じるとともに転勤や単身赴任が増え，1990年代に終身雇用制などの日本的雇用慣行が衰退すると社宅や寮における「職住の一体」が崩れ，非正規雇用が拡大する。１つの職場に勤続する期間の短縮に伴って同じ地域に居住する期間も短縮する。居住の流動性が上昇して地域社会における人の出入りが盛んになれば，近隣の人々との結びつきは弱まる。地域社会の流動化は，地域に共有されている伝統・習慣の影響力を弱め，近隣からの共同体的な監視と規律の視線からの解放をもたらす。人口流出入の激化や都市的な生活様式と価値観の流入によって，地方でも村落共同体の統合性は弱まり，伝統や習俗の拘束力は低下した。

　多数の人口を抱える近代的な都市は互いに「顔の見える」共同体ではなく，匿名性の高い空間である。空間的近接性に縛られることなく誰とも個人単位でつながれるネット社会は相互に閉じた社会を作る「島宇宙化」し，物理的な近接性が信頼性を保障しない。人々はインターネットを通じて（ヴァーチャルを含め）容易にそれぞれ別の社会に生きることができるようになった。その結果「生身の（リアルな）」人間関係を形成することを苦手とする人が増えている。「隣は何をする人ぞ」の匿名性の高い社会となる。

　日常生活における個人の自由度は増したが，同時に相互の匿名性が上昇し，近隣に居住する者同士でも得体のしれない他者と感じられるようになり，不

176

第10章　社会の変化と発達臨床

安が抱かれるようになる。地域の流動性上昇による不安の拡大は「家族への内閉」を昂進させ，子どもへのアタッチメントを強化するとともに，体感治安を悪化させる（このみ，2010）。

　地域の崩壊から他の家族との家族ぐるみの付き合い（社交）も少なくなっている。関係づくりが欠如し，社会の中での人付き合いが失われつつある。さらには契約社会の対等性原則を拡張し，大人が子どもに不寛容になっている。高度消費・情報社会は人々の直接的な対話の機会を減少させ，子ども同士や子どもと大人との人間関係に変化をもたらしている。PTAや子どものための組織の衰退の背景には保護者がその運営に参加しなければならないことを負担として敬遠する意識が働いている（日本学術会議，2017）。

## 6．子どもの生活世界の変化

　かつて子どもは多くの大人たちによって見守られながら育ってきた。現代では核家族化の進行と地域コミュニティの崩壊で子どもと親が孤立している（縁側のような中間空間，移行空間の喪失）（日本学術会議，2008）。ユニセフの調査（UNICEF, 2007）においてもわが国の子ども（15歳）は世界で突出した割合で「孤独だと感じている」（29.4％，2番目はアイスランドの10.3％）。このような状況は近年のさまざまな社会的変化，電子メディアの急速な普及，遊びなどの子どもの活動や生活習慣の時代的変化，子どもの生活時間の細分化，遊びを分断する都市空間，豊かな社会の陰で進行する子どもの貧困，子どもの活動への大人の関わりの希薄化などによると考えられている。帰宅しても家族が誰もいないという状況のもと，生活の室内化，孤立化（テレビ，ゲーム，インターネットなどメディア相手の生活）が進んでいる（日本学術会議，2013）。

　1941年の小学校5年生の外遊びは1時間46分，家の手伝い1時間21分で雑誌・ラジオのメディア接触は30分であった。子どもの外遊び時間は1965年頃を境に内遊びよりも少なくなった。現在では小学校5年生で一日平均14分といわれている。現代の子どもたちは群れて遊ぶ機会（時間・空間）を失っている。屋外で群れて遊ぶ時間が少なくなったことは遊びを通じた身体性，社会性，感性，創造性の開発のチャンスを失うことを意味する。集団遊びの中で育まれる協調性，社会性などの発達の遅れが問題である（日本学術会議，

177

2013)。

　子どもは仲間集団，とりわけ異年齢集団の人間関係の中で社会力を育む。これはそれぞれの親密圏を構築する基盤となる。仲間と群れて遊ぶうちに仲間との関わり方を学ぶとともに，運動能力のような基礎体力を身につけてゆく（日本学術会議，2008）。仲間集団は地縁・血縁に由来する親密な仲間が寄り集まって形成する自然発生的な集団であり，対立や葛藤が生じても遊びに興じたければ子どもは仲間と互いに妥協しあって，その対立や葛藤を収めなければならない。仲間との集団遊びの中でさまざまな対人関係を経験し，より包括的・多義的な方向へと発達していく（日本学術会議，2017）。

　自然体験の脳発達への影響は重要である。ヒトは幼児期から学齢期にかけて脳の代謝率が大人以上に増大し，体験を取り込んで神経回路構築を行っている（谷口，1995）。特に10歳前後には前頭葉の成熟により，子どもの脳から大人の脳への移行が始まる（谷口，1990）。その結果，例えばADHD児では行動抑制が可能となり，多動が減少したりする。幼少期から中学生期までの体験が多い高校生ほど思いやり，やる気，人間関係能力の資質・能力が高い（国立青少年教育振興機構，2010）。

　現代では仲間集団は衰退してしまった。群れて遊ぶためには子どもが同一の時間を共有しなければならないが，スケジュール化され，分断された生活時間の中で，共有できる時間がなくなってきている（日本学術会議，2013）。また，集団遊びを展開できるほどの空間がない。遊びは①外遊びの減少，②自然遊び（生物採集など）の衰退，③集団遊びから孤立遊びへと変化した。同時に車社会化による歩行習慣の減退と過度の安全性追求（過剰なリスク回避）が生じた（日本学術会議，2011）。過ぎた管理のもとでは自律性，自発性は育たない。子どもの運動能力，体力は1985年頃以降低下を続け，肥満や糖尿病などのリスクを抱え，あるいは不登校，引きこもり，精神的にも困難な状況に陥る子どもが増えるなど，わが国の子どもの成育状況は極めて深刻な状況にある。対人関係能力やコミュニケーション能力の欠如，集団不適応，規範意識の低下も子ども時代の仲間集団経験が乏しいことによる（日本学術会議，2017）。

　仲間と群れる外遊び時間の急激な減少はテレビを含むメディア接触時間の増大の裏返しである。ひとりで楽しめるテレビの出現は，時には我慢を強いる

第 10 章　社会の変化と発達臨床

仲間関係を作る誘因を下げる。1967 年テレビ視聴時間は平均 2 時間 21 分，平日 4 時間以上の子どもも 1 割いた。同時に生活が夜型化し，子どもの睡眠時間が短くなる（日本学術会議，2013）。この頃から進学競争の激化に伴う塾通いなど生活時間が分断化し，外遊び時間や休む時間，運動・スポーツ時間も減少し，体内時間と生活時間のズレが問題となってくる。子どもは大人の生活時間に引き込まれやすい。

長時間テレビ視聴の問題点として，視聴 3 時間以上群は「会話が一方的になる」「気に入らないと物を壊したり，投げたりする」「落ち着きがない」「言葉が遅れている」などが多いと指摘されている。あわせて受動的な生活姿勢，運動不足，肥満，衝動的行動の増加，コミュニケーション能力の低下，発語の遅れなどを招くことが明らかにされている。子どもの就寝時間が遅くなり，就寝・起床のリズムが不規則になり，食習慣や排便習慣が悪化するなど子どもの生活習慣にも悪影響を与えている。実体験が蓄積される以前になされるヴァーチャルリアリティへの誘いは本物を見失い，経験する時間を軽薄化する。生命をも軽薄に錯覚視する事態を招きかねない（日本学術会議，2013）。

乳幼児のテレビの長時間視聴は 1 歳 6 ヵ月時点における有意語の出現の遅れと関係があるという。子どもの発信に応答しない一方的な刺激は当然ながら発信意欲を損なう。言語や知能は身近な人との直接的やり取りを通して成長する。言葉の遅れ，自発性の遅れなどで受診した子どもと家庭にテレビ視聴をやめる処方をしたところ，多くの事例で親のそばに寄ってくるようになったという。視線が合うようになり「見てみて」などの感情表現が増え，指示に従うようになった，言葉が増加した，落ち着きが出た，おもちゃで遊べるようになった，などの変化が報告されている（日本学術会議，2017）。

## 7．現代家族と子どもの育ちをめぐる困難

高度情報化社会のもとでの高度消費社会では，個人の選択は市場契約と，個人の権利は消費者の権利と見なされ，社会のあらゆる領域で，コストを負担する者（権利者）への徹底的応答を要求する傾向が現れた。この権利主体化＝消費者化は，同時に責任主体化＝リスク化の側面を持つ。自由を獲得した個人にはそれに見合う責任が求められるようになり，さまざまな不遇は選択の結果としての個人的問題との主張が現れた（自己責任論）。選択の結果が

179

発達臨床心理学

どう現れるかの不確実性は個人に帰属するリスクとされて，人々の不安を喚起するようになった（松尾，2008）。

その立場からみると，個人には三重の不安があるという（松尾，2008）。

・流動性の上昇ゆえに安定的な帰属先が失われ，「自分が誰か分からなくなる」不安（自我の危機）
・島宇宙化の進行ゆえに物理的な近接性が信頼性を保証しなくなり，「隣人が誰か分からなくなる」不安（信頼の危機）
・多面的領域で膨大なリスクが感知されるようになった上に，何か起こったら自分で責任を取らなければならなくなった（自己責任）ので，常に未来への心配が付きまとう不安（未来の危機）

以下，自我（アイデンティティ）の危機と信頼の危機について具体的にみてみたい。なお，未来の危機（リスク管理）に関しては国・公共機関の責務や事業者と個人の責任関係の議論が加わるのでここでは取り上げない。ただし，インターネットにおけるセキュリティ問題や悪用という反社会的要素に関するリスク管理は子どもを巻き込みつつ個人に降りかかっている。

## 1）自我（アイデンティティ）の危機

1960年代に始まった高度経済成長は戦後法律的に確立された職業選択の自由・居住地選択の自由を実質的に保証するものとなった。子どもは「家」のくびきを離れ，自分のために自分の考えで職業を選ぶことが当たり前になった。そこで家から自由になった子どもに育てられる次の世代の子どもは最初から自分の考えで職業を選ばなければならなくなり，「自分の生きたいように生きろ」とアイデンティティを自分で探すことが求められた。しかもモデルとなるべき大人の働く姿は，核家族のもとでは身近になくメディアを通した虚像が形成されやすい。しかし自分の欲求や衝動に素直に生きる社会になれば，他者との関係は薄れてくる（島宇宙化）。それまで個人と集団をつないでいた社会の絆（ソーシャルボンド）が切れ，社会の中での意味づけが消えていく。一方，自分自身が生きている意味は自分で問わなければならなくなった。

180

第 10 章　社会の変化と発達臨床

　アイデンティティとの関連では性別役割分業の考え方もこの 3 世代の間に
は大きく変化した。両親の夫婦としての関係は自身が家庭生活を営む際の暗
黙のモデルとなる。しかし，親が育った時代の性別役割分業の考え方は子育
ての時期には否定されていたりする。家事・育児をめぐる相互の役割分担の
感覚が夫婦で共有されていない場合，子どもは両親のいさかいを目にするこ
とになり，性役割の認識や人への信頼性が十分育たないことになる。嫁・姑
問題は夫婦の役割分担の葛藤へと変わってきた。

　両親の不和は子どもの社会不適応に大きく影響する（シャファー，2001）。

① 　夫婦間の表立った争いは子どもの外向的問題（攻撃，反抗，かんしゃ
　　 く，嘘，窃盗など）を引き起こしやすい
② 　虐待を受け，あるいは暴力を目のあたりにした子どもたちは適応上の
　　 問題を示す危険性が高い

　夫婦関係が崩壊している家庭の子どもたちは怒りの場面の目撃者であるだ
けではなく，親から受ける振る舞いが首尾一貫せず，罰に頼ったり，過度に
優しかったり，応答性が鈍かったりする親に育てられることになる。

　子どもの社会性の獲得には男女両性の役割モデルが必要である。父親に娘
として愛されてきたことが異性愛に際して男性を受けとめる際の女性として
の自信になる。男子には父親は男役割のモデルになる。子どもは育ちの中で
家族の関係性を学ぶ。親が親密的関係を作れていない場合，子どもには適切
に親密的関係を形成するモデルがないことになる。男女の愛の形はそのもと
で育つ子どもの文化（行動規範，アイデンティティ）を形成する。

## 2）信頼の危機（親密圏構築の困難）

　情報過多の社会においては情報の信頼性が問われる信頼性の危機が生じて
いる。そもそも理性的判断は情緒的信頼（親密圏を構成する者同士のリアリ
ティの共有）によって裏づけられる。国際化，高度情報化は個々人により多
くの知識量や判断能力を求めるのに対し，その知識・判断の妥当性・信頼性
を検証するための人間関係（絆・情緒的つながり）は希薄化し，同時にその
能力を育てるシステム（地縁・血縁）も形骸化している。すなわち個々人へ

の負荷は高まり，判断のリスクは増えている。

　現代社会の子どもの育ちでは理性的判断と情緒的信頼の接続がうまくいかない場合がある（アタッチメントの問題）。そこにさまざまな不安が顕在化する。親密圏を持たず，孤独の中で生活している大人や子どもは共有リアリティを得られず，不安の中に生活することになる。4章でみたように，基本的信頼が成立していない場合，閉じこもるか攻撃するかという極端な行動になりがちである（闘争−逃走反応）。自分が守られていないと感じる子ども，あるいは大人への信頼感を持てない子どもは大人を信用していないために簡単に大人の裏をかく。お金の持ち出しや万引き，性非行など反社会的あるいは非社会的行動のハードルが低い。

　親，大人が社会に居場所がないと感じていると，子どもに余裕をもって向き合うことができず，子どもをストレスのはけ口として虐待の可能性が高まる。信頼感を確立するためには粘り強く共感的に働きかけていくことになる。

## 8．子育て支援・家族支援の基本的立場

　ここまでみてきたように，わが国は少子高齢社会を迎えており，格差，子どもの貧困，虐待，不登校，いじめと，子どもの育ちや世代の継承をめぐる問題がさまざまに噴出している。この間の家族，子育てをめぐる時代の変化をまとめると次のようになる。

① 時代の変化は急速であり，家族機能が縮小した

② 情緒的絆から契約社会へと世代間に価値観のズレが認められる

③ 性別役割分業の考え方が大きく変化し，両親間に葛藤が生じやすい

④ 子どもの生活世界が大きく変化し，自然発生的に社会性を身につける環境が失われた

⑤ 育児が孤立化し，育児の身体感覚（暗黙知）が伝わりにくくなっている（無自覚のままネグレクトが発生している可能性がある）

⑥ 多くの場合子育てに重要な時期は親にとって社会的立場を確立するための時期と重なり，家庭と職場の葛藤が生じやすい

⑦ 職場から家庭がみえにくくなっており，子育てに配慮した勤務環境を十分に構築しきれていない

第 10 章　社会の変化と発達臨床

⑧　個人化した社会では家庭の閉鎖性が高まり，他者が介入しにくくなった。同時に困り感を持った親は助けを求めにくくなった

　わが国の社会は体の健康管理に関しては大きく前進してきたものの，子育てにやさしい社会の構築には至っておらず，心の健康が脅かされやすい社会になったといえる。発達臨床の観点からは情緒的絆（信頼感）の形成・回復を図りやすい社会の構築を目指すとともに，不安を抱えた個人・家庭に対する支援システムをきめ細かく整備することが課題となっている。そのため，国や自治体は虐待対応や子育て支援，スクールカウンセラー配置強化，スクールソーシャルワーカー[4]配置など次々と施策を講じつつある。ただしその効果は待機児童問題を含め，いまだ十分とはいえない。

　現状でも多くの子どもたちは健康でたくましく育っており，親たちも子育てを楽しんでいる。世界に活躍の場を求める若者が増え，暴力事案の発生件数が減少していることもわが国が成熟社会に到達していることを示している。一方で虐待相談件数は急激に増え，相対的貧困率は上昇，生涯未婚率はますます上昇の傾向にある。就職と結婚を青年期の発達課題とみた場合，その発達課題をクリアできないまま年齢のみを重ねている人々が増えている。当たり前の人生を送る能力の獲得を困難にする要因が増えていると思われる。

## 1）アイデンティティの危機に対する支援

　子どもたちが育つ環境整備としては，次が必要である（日本学術会議，2011）。

①　今後コミュニティを通して屋外遊びを体験し，スポーツを習得し，他者と適切に触れ合う機会を増やす生活条件を整える
②　実体験を通じ，子どもたちがリスクを受け入れ，それを乗り越える力を持つことが重要であるため，大人たちは子どもたちに多様な実体験を

---

4　2008年度から国の補助事業として学校や教育委員会に配置されるようになった福祉の専門家。いじめや不登校，虐待，貧困などのうち，主として子どもの家庭環境による問題に対処するため活動する。社会福祉士や精神福祉士の資格保持者や教員 OB などが配置されている。

可能にする成育方法を確保する

③　子どもたちが自ら主体的に困難な状況を乗り越える方法を獲得できるよう，子どもの成育環境を重視する大人のライフスタイルや社会システムを確立する

具体的には次のようなものがある（日本学術会議，2011）。

①　さまざまな年齢の子ども同士による交流の促進
②　多くの大人により見守られ育まれる社会的環境の整備
③　男性の育児休暇取得を推進する労働環境の改善
④　子どもの貧困への対策の充実
⑤　過度なインターネット（ICT）メディア接触を防ぐ対策
⑥　いじめ・不登校・虐待・犯罪などへの社会的取り組みの強化，予防的対応，子どもに寄り添い伴走する支援，子どもの自律的判断やコミュニケーションが取れるような社会システムの構築など

特に，ICT（information and communication technology; 情報通信技術）を含むメディア接触は幼児・児童の場合自律的というよりも親の選択，あるいは生活習慣による場合が大きい。子どものテレビ視聴や ICT 利用について親はその影響を自覚していなければならない。

### 2）信頼の危機に対する支援

親子関係では親が子どもの主体性，人格を認められているかどうかが問題である。大人が子どもの主体性を大事にして子どもと楽しい経験を共有し，対話型コミュニケーションとなる「共有型しつけ」をすれば，子どもは主体的に環境探索を行い，内発的な知的好奇心を発揮することができる（日本学術会議，2017）。そのことによって親子の信頼関係は深まる。これを IWM として新たな出会いのもとでも親密空間を作ることができ，これが社会的信頼感覚の基盤となる。大人の権威主義的強制型しつけのもとでは子どもの自律的思考力は育たない。子どもとの触れ合いを大切にし，体験を共有・共感しようとする「共有型しつけ」のもとで自律的思考力や学力基盤が育つ。子

第 10 章　社会の変化と発達臨床

どもの人生選択にあたり，子どもの選択能力の発達に合わせてレールを整える必要がある。子どもの自発性を尊重した親子の関わりの中で子どもは育つ（日本学術会議，2013）。

　上記は支援・被支援の関係づくりにおいても重要な視点である。これを教師と保護者の関係という視点からみてみたい。気がかりな子どもに特別支援教育を実施するにあたっては保護者と学校の間に認識の共有が不可欠である。しかし，多くの教師はそのような子どもが特別な教育的ニーズを持っていることを母親に伝えることに困難を感じている。その理由は子どもの行動の原因についての責任転嫁と受け取られかねないからである。

　われわれ（謝敷・谷口，2009）は特別支援教育担当者を含む教師と母親ならびに教育相談担当者に子どもの気がかりな行動の指摘に始まり，特別支援教育に結びつけるまでの話し合いの過程について半構造化面接[5]を行い，子どもへの特別支援の必要性についての理解の共有の成立過程とその妨害要因の検討を行った。KJ 法（川喜田，2017）による分析の結果，次の 3 つのプロセスが明らかになった。

①　子どもの問題行動による否定的感情の喚起
②　子どもの行動の原因帰属
③　母親の困惑・不安への共感

　子どもの問題行動の対応にあたって，理解の共有が進んだケースとそうでないケースを主観的，間主観的の視点を踏まえて対比的に検討したところ，以下のようなカギと必要条件が浮かび上がった。

　カギとなること：
　①　学校／教師による母親の不安の共感的受け止め
　②　子どもの立場を第一とした援助の検討

---

5　仮説検証的に，用意された質問に基づいて進める構造化面接法と，仮説生成のために対象者との会話の中で自由に面接を進める非構造化面接法の両側面を取り入れた面接法。仮説に基づき質問項目は用意するが，会話の流れに従い質問の追加や変更も行い，自由な反応からより多くの情報を得る。

発達臨床心理学

その前提としての必要条件：
　　③　母親の不安・困惑を受け止めるための教師側のゆとり
　　④　親・教師の負担感とネガティブな感情を当座棚上げし，子どもにとって必要な課題を考える作業

### 3）家庭・家族支援のポイント

　子ども・家庭支援の原則として，以下の点が挙げられている（シャファー，2001）。①リスクが高い子ども・家庭に援助の手立てを厚くする，②もっとも傷つきやすい子どもを特に援助していくこと，が重要である。そこで，③援助のためのアセスメントを行う，すなわち次のようなものを探す。

・子どもの有能な部分
・インフォーマルなサポートで使える部分
・子ども，家族の日常生活の中で使えそうなもの

　アセスメントでは特定の原因を探し出すというよりも，その病理の発生に伴い，障害を生起させたり（誘発因），増幅させたり（増幅因），維持させたり（持続因）する多くの要因を同定してゆくことが重要である。障害臨床を含む発達臨床や教育的働きかけの目的は，必ずしもその病理を完全になくすことにあるのではなく，本人，家族の苦しみを軽減し，日常生活を営むことができ，さらなる成長を支えることにある。すなわち，子ども，家族の自尊感情，自己効力感を増大させる働きかけがポイントである。

　親たちの心の健康が影響を受けると次には子どもたちが心理的に苦しむことになりやすい。子どもを支える上で，家族環境を考えずに子どもだけに援助を向けても徒労に終わることがある。親たちへの心理的サポートを提供することが，多くの場合子どもたちを助けるための最も効果的な方法である。「家庭システム」の再生・維持・向上をあらゆる介入努力の基礎とすべきである。貧しい家庭は親が自分たちの問題で精一杯なために混乱状態にある場合が多い。

　子どもに対する陽性感情形成のためにも，共感的理解の態度で保護者の訴えの聞き役に回ることが重要である。例えば次などは有効である。

186

① 教師・専門家が気づいた子どもの長所を連絡する
② 子どもの性質，行動特性などで好ましいと感じられたものを連絡する
③ 子どもが良いことをしたときには必ず連絡する，など

　保護者への心理面のサポートとして，その働きかけが保護者を追い詰めることがないよう，課題意識を共有しながら対応にあたることが重要であり，保護者の育児意欲の維持が絶対的基本である。親たち自身が失敗体験を重ねることにより自尊感情が損なわれ，支援要請を行いにくくなっている場合がある。極端な場合，被害感情から外部社会に対し敵意を抱いているかもしれない。親に問題の理解が十分になされていない場合にはまずはその改善を図る必要がある。その際も親を受け身にすることなく，その主体性を尊重しなければならない。親が理解しうる範囲を把握し，適確にアプローチしたい。
　自動車運転免許取得の実地講習は，助手席にもう1つのブレーキとそれを踏んでくれる他者がいるからこそ失敗も許され，危険への対処も学べる。ひとりで運転するようになる前には路上という社会での教習がある。子ども期という現在が，「失敗もできる」「冒険もできる」「危険への対処を学べる」安全な時間として保障される中でこそ，「人生って面白い」「自分っていい」という感覚を伴いつつ「実年齢を生きる」ことが保障される（松尾，2008）。子ども期のみならず，新しい体験の連続ともいえる子育て期にもこれはあてはまる。親が親として育つためにも子育てに寄り添う伴走者（メンター mentor[6]）が重要である。

---

6　恩師，助言者，良き相談者などの意味で，仕事上の指導者というだけではなく，人間関係や身の処し方など個人的なことでもモデルとなったり相談できるような存在を意味する。

# 引用文献一覧

Achenbach, T.M., Edelbrock, C.S.（1978）The Classification of Child Psychopathology: A Review and Analysis of Empirical Efforts. *Psychological bulletin*, 85(6), 1275-1301.

Adolphs, R., Baron-Cohen, S., and Tranel D.（2002）Impaired Recognition of Social Emotions Following Amygdala Damage. *Journal of Cognitive Neuroscience*, 14(8), 1264-1274.

Amaral, D.G., Corbett, B.A.（2003）The Amygdala, Autism and Anxiety. In: Bock G. and Goode J.(eds.) *Autism: neural basis and treatment possibilities*. John Wiley and Sons, 177-197.

APA (1987) *The Diagnostic and Statistical Manual of Mental Disorders, Third Edition-Revised*. American Psychiatric Association.

APA（高橋三郎・大野裕監訳，染谷俊幸・神庭重信・尾崎紀夫・三村將・村井俊哉訳，2014）DSM-5 精神疾患の診断・統計マニュアル．医学書院．（原著：American Psychiatric Association（2013）*The Diagnostic and Statistical Manual of Mental Disorders, Fifth Edition*. American Psychiatric Publishing.）

相原正男（2006）認知神経科学よりみた前頭前野の成長・成熟・発達―発達障害を理解するために．認知神経科学，8(3), 195-198.

相原正男（2009）小児の前頭葉機能評価法．認知神経科学，11(1), 44-47

天野清(2004)学習障害の問題解決は幼児期から―幼児にたいする LD 予防教育の試み．教育，54(6), 38-47.

AAMR（栗田広・渡辺歓持共訳，2004）知的障害―定義，分類および支援体系．日本知的障害福祉連盟．（原著：AAMR（2002）*Mental Retardation: Definition, and Systems of Supports. 10th ed.* By American Association on Mental Retardation.）

Achenbach, T.M. & Edelbrock, C.S.（1978）The Classification of Child Psychopathology: A Review and Analysis of Empirical Efforts. *Psychological Bulletin*, 85(6), 1275-1301.

安西祐一郎・石崎俊・大津由紀雄・波多野誼余夫・溝口文雄編（1992）認知科学ハンドブック．共立出版．

Bachevalier J.B.（1994）Medial Temporal Lobe Structure and Autism: A Review of Clinical and Experimental Findings. *Neuropsychologia*, 32, 627-648.

バーカー・P（山中康裕・岸本寛史訳，1999）児童精神医学の基礎．金剛出版．（原著：Barker, P.（1971）*Basic Child Psychiatry*. Blackwell Science.）

Baron-Cohen, S.（1995）*Mindblindness: An Essay on Autism and Theory of Mind*. The MIT Press.

Baron-Cohen, S.（2002）The extreme male brain theory of autism. *Trends in cognitive sciences*, 6(6), 248-254.

Baron-Cohen, S.（2005）Autism and the origins of social neuroscience. In: Easton, A. & Emery, N.(eds.) *The cognitive Neuroscience of Social Behaviour*. Psychology Press, 239-255.

バロン＝コーエン・S（三宅真砂子訳，2005）共感する女脳，システム化する男脳．NHK 出版．（原著：Baron-Cohen, S.（2003）*The Essential Difference: Male and Female Brains and the Truth about Autism*. Basic Books.）

Baron-Cohen, S., Ring, H.A., Wheelwright, S., Bullmore, E.T., Brammer, M.J., Simmons, A., & Williams, S.C.R.（1999）Social Intelligence in the Normal and Autistic Brain: An fMRI Study. *European J. of Neuroscience*, 11(6), 1891-98.

Bauman M.L. & Kemper T.K.(1994) Neuroanatomic Observations of the Brain in Autism. In: Bauman

M.L. & Kemper T.L.(eds.) *The Neurobiology of Autism.* The Johns Hopkins University Press, 119-145.

別府哲（1994）話し言葉をもたない自閉性障害幼児における特定の相手の形成の発達．教育心理学研究，42(2), 156-166.

別府哲（1997）自閉症児の愛着行動と他者の心の理解．心理学評論，40(1), 145-157.

バークレー・R・A（2002）集中できない子供たち：注意欠陥多動性障害．別冊日経サイエンス，137, 6-13.（原著：Berkley, R.A.（1998）Attention-Deficit Hyperactivity Disorder. *Scientific American*, 279(3), 66-71.）

Biederman, J., Faraone, S.V., Keenan, K., Knee, D., Tsuang, M.T.（1990）Family-Genetic and Psychosocial Risk Factors in DSM-III Attention Deficit Disorder. *Journal of the American Academy of Child and Adolescent Psychiatry*, 29(4), 526-533.

ブレイクモア・S・J，フリス・U（乾敏郎・山下博志・吉田千里訳，2006）脳の学習力─子育てと教育へのアドバイス．岩波書店．（原著：Blakemore, S.J. & Frith, U.（2005）*The Learning Brain: Lessons for Education*. Blackwell Publishing.）

バウアー・T・G・R（鯨岡峻訳，1982）ヒューマンディベロップメント─人間であること・人間になること．ミネルヴァ書房．（原著：Bower, T.G.R.（1979）*Human Development*. Freeman & Company.）

ボウルビー・J（黒田実郎・大羽蓁・岡田洋子訳，1976）母子関係の理論Ⅰ─愛着行動．岩崎学術出版社．（原著：Bowlby, J.（1969）*Attachment and Loss Vol. 1 Attachment*. Basic Books.）

ボウルビー・J（黒田実郎・岡田洋子・吉田恒子訳，1977）母子関係の理論Ⅱ─分離不安．岩崎学術出版社．（原著：Bowlby, J.（1973）*Attachment and Loss Vol. 2 Separation*. Basic Books.）

Bretherton, I.（1996）Internal Working Models of Attachment Relationships as Related to Resilient Coping. In: Noam, G.G. & Fischer, K.W.(eds.) *Development and Vulnerability in Close Relationships.* Lawrence Erlbaum Associates. 3-27.

Brothers, L.（1990）The social brain: A project for integrating primate behavior and neuropsychology in a new domain. *Concepts in Neuroscience*, 1, 27-51.

ケアンズ・R・B，エルダ ー・G・H，コステロ・E・J（本田時雄・高梨一彦監訳，2006）発達科学─発達への学際的アプローチ．ブレーン出版．（原著：Cairns, R.B., Elder, G.H. Jr., & Costello, E.J.（1996）*Developmental science*. Cambridge University Press.）

キャタノ・J・W（三沢直子監修，2002）親教育プログラムのすすめ方─ファシリテーターの仕事．ひとなる書房．（原著：Catano, J.W.（2002）*Working with Nobody's Perfect: A Facilitator's Guide*. Minister of Public Works and Government of CANADA.）

Čeponienė, R., Lepisto, T., Shestakova, A., Vanhala, R., Alku, P., Naatanen, R., & Yaguchi, K.（2003）Speech-sound-selective Auditory Impairment in Children with Autism: They Can Perceive but Do not Attend. *Proceedings of the National Academy of Sciences of the United States of America*, 100(9), 5567-5572.

Chapple, C.L., & Vaske, J.（2010）Child Neglect, Social Context, and Educational Outcomes: Examining the Moderating Effects of School and Neighborhood Context. *Violence Vict*, 25(4), 470-485.

Chugani, H.T., Phelps, M.E., & Mazziotta, J.C.（1987）Positron Emission Tomography Study of Human Brain Functional Development. *Annals of Neurology*, 22(4), 487-497.

コーキン・S（鍛原多惠子訳，2014）ぼくは物覚えが悪い─健忘症患者 H・M の生涯．早川書房．（原著：Corkin, S.（2013）*Permanent Present Tense: the unforgettable life of the amnesic patient, H.M.* Basic Books.）

デーモン・W（小田切紀子訳，2002）子どもの非行とモラル形成．別冊日経サイエンス，137, 14-23.（原著：Damon, W.（1999）The Moral Development of Children. *Scientific American*, 281(2),

*189*

72-78.）

ドーキンス・R（日高敏隆・岸由二・羽田節子・垂水雄二訳，1991）利己的な遺伝子．紀伊国屋書店．（原著 Dawkins, R.（1989）*The Selfish Gene. new edition.* Oxford University Press.）

Dawson, G., Webb, S., Schellenberg, G.D., Dager, S., Friedman, S., Aylward, E. & Richards, T.（2002）Defining the Broader Phenotype of Autism: Genetic, Brain, and Behavioral Perspectives. *Development and Psychopathology*, 14(3), 581-611.

デビソン・G・C，ニール・J・M（村瀬孝雄監訳，1998）異常心理学．誠信書房．（原著：Devison, G.C. & Neale, J.M.（1994）*Abnormal Psychology. 6th ed.* John Wiley & Sons）

土井隆義（2008）友だち地獄―「空気を読む」世代のサバイバル．ちくま新書．

Eisenberg, N., Guthrie, I.K., Fabes, R.A., Reiser, M., Murphy, B.C., Holgren, R., Maszk, P. & Losoya, S.（1997）The Relations of Regulation and Emotionality to Resiliency and Competent Social Functioning in Elementary School Children. *Child Development*, 68,(2), 295-311.

エルダー Jr・G・H（本田時雄・高梨一彦監訳，2006）変動している社会における人間の生活―ライフコースと発達的洞察．In：発達科学―発達への学際的アプローチ．ブレーン出版，pp.33-69.（原著：Elder, G.H.Jr.（1996）Human Lives in Changing Societies: Life Course and Developmental Insights. In: Cairns, R.B., Elder, G.H. Jr., & Costello, E.J. (eds.)*Developmental science.* Cambridge University Press, pp.31-62.）

Elliott, R.（2003）Executive functions and their disorders: Imaging in clinical neuroscience. *British Medical Bulletin*, 65, 49-59.

遠藤利彦（2010a）アタッチメント理論の現在―生涯発達と臨床実践の視座からその行方を占う．教育心理学年報，49, 150-161.

遠藤利彦（2010b）アタッチメント理論の現状と課題―進化・発達・臨床の３つの視座から．子どもの虹情報研修センター紀要，8, 23-38.

遠藤辰治・井上祥治・蘭千壽（1992）セルフ・エスティームの心理学―自己価値の探求．ナカニシヤ出版．

Fein, D.（2001）The primacy of social and language deficits in Autism. *Jap. J. Spec. Educ.* 38(6), 1-16.

Feldman R.（2012）Oxytocin and social affiliation in humans. *Hormones and Behavior*, 61, 380-391.

Fonagy P., & Luyten P.（2009）A developmental, mentalization-based approach to the understanding and treatment of borderline personality disorder. *Dev Psychopathol*, 21(4), 1355-1381.

Francis, D.D. & Meaney, M.J.（1999）Maternal care and the development of stress responses. *Current Opinion in Neurobiology*, 9(1), 128-134.

フリス・U（冨田真紀・清水康夫・鈴木玲子訳，2009）新訂 自閉症の謎を解き明かす．東京書籍．（原著：Frith, U.（2003）*Autism: Explaining the Enigma. Second Ed.* Blackwell Publishing.）

Gallese, V. & Goldman, A.（1998）Mirror Neurons and the Simulation Theory of Mind-reading. *Trends Cogn Sci.*, 2(12), 493-501.

Gilger, J.W., Pennington, B.F. & DeFries, J.C.（1992）A Twin Study of the Etiology of Comorbidity: Attention-deficit Hyperactivity Disorder and Dyslexia. *J. Am. Acad. Child Adolesc. Psychiatry*, 31(2). 343-348.

Goldberg, S., Muir, R. & Kerr, J.（1995）*Attachment Theory: Social, Developmental, and Clinical Perspectives.* Analytic Press.

Gottlieb, G.（1971）*Development of species identification in birds: An inquiry into the prenatal determinants of perception.* University of Chicago Press.

ゴットリーブ・G（本田時雄・高梨一彦監訳，2006）発達的心理生物学論．In：発達科学―発達への学際的アプローチ．ブレーン出版．（原著：Gottlieb, G.（1996）Developmental Psychobiological Theory. In: Cairns, R.B., Elder, G.H. Jr., & Costello, E.J. (eds.)*Developmental science.* Cambridge

引用文献一覧

University Press）

Gottlieb, G., Wahlsten, D., Lickliter, R.（2006）The significance of biology for human development: a developmental psychobiological systems view (pp.210-257). In: Lerner, R.M. (Ed) *Handbook of child psychology. Sixth Edition Volume One, Theoretical Models of Human Development.* John Wiley & Sons Inc.

ヘップ・D・O（白井常訳, 1957）行動の機構. 岩波書店.（原著：Hebb, D.O.（1949）*The Organization of Behavior: A Neuropsychological Theory.* John Wiley & Sons,）

藤永保監修（2013）最新 心理学事典. 平凡社

藤永保・斎賀久敬・春日喬・内田伸子（1987）人間発達と初期環境—初期環境の貧困に基づく発達遅滞児の長期追跡研究. 有斐閣.

舟橋新太郎（2007）感情の神経科学. In：藤田和生編：感情科学. 京都大学学術出版会. 85-110.

舟橋新太郎・竹田里江（2006）前頭葉・視床背内側系と情動行動. 神経研究の進歩, 50(1), 89-97.

林達夫編（1971）改訂新版 哲学事典. 平凡社

戸来瑞子（1990）自閉症児の認知・情報処理. 秋田大学卒業論文（未公刊）

Hesse, E. & Main, M.（2000）Disorganized Infant, Child, and Adult Attachment: Collapse in Behavioral and Attentional Strategies. *J Am Psychoanal Assoc*, 48(4), 1097-1127.

Hobson, R.P.（1986a）The Autistic Child's Appraisal of Expressions of Emotion. *Journal of Child Psychology and Psychiatry*, 27(3), 321–342.

Hobson, R.P.（1986b）The Autistic Child's Appraisal of Expressions of Emotion: A Further Study. *Journal of Child Psychology and Psychiatry*, 27(5), 671–680.

保坂亨（2002）不登校をめぐる歴史・現状・課題. 教育心理学年報, 41, 157-169.

細川美由紀（2005）音韻処理と発達性読み障害. 特殊教育学研究, 43, 373-378.

Hubel, D.H. & Wiesel, T.N.（1977）Functional Architecture of Macaque Monkey Visual Cortex. *Proceedings of the Royal Society of London. Series B, Biological Sciences*, 198, 1-59.

池上和子（2007）乳幼児期の心理社会的剥奪状況がこどもの精神的健康と発達に及ぼす影響—施設養育研究の概観と展望. 思春期青年期精神医学, 17(2), 151-160.

廾ノ口馨（2011）記憶形成のメカニズム：分子・細胞認知学の展開. 生化学, 83(2), 93-104.

Insel, T.R. & Young, L.J.（2001）The neurobiology of attachment. *Nature Reviews Neurosci*, 2(2), 129-36.

石川憲彦（1990）幼児期・児童期の発達障害. In：鑪幹八郎・村上英治・山中康裕編：発達障害の心理臨床. 金子書房, 29-67.

石崎朝世（2001）個性的な発達をするこどもたち：発達障害の理解. 科学, 71(6), 729-732.

伊丹仁朗・昇幹夫・手嶋秀毅（1994）笑いと免疫能. 心身医学, 34(7), 565-571.

亀井学・谷口清（1995）自閉症児の認知障害に関する神経心理学的研究. 平成6年度科学研究費補助金 一般研究（C）研究成果報告書「自閉症児の認知心理学的・情報論的研究」研究代表者 谷口清, 33-42.

金谷有子（2013）アタッチメントの安定・不安定とは何か：アタッチメント理論に基づいた研究の成果と臨床実践から探る. 埼玉学園大学紀要人間学部篇, 13, 153-165.

神田信彦・人木桃代（2001）中学生の不登校の背景要因の検討. 人間科学研究（文教大学人間科学部）23, 181-190.

Kanner, L.（1943）Autistic disturbances of affective contact. *Nervous child*, 2, 217-250.

加藤忠史・加藤進昌（2001）ストレスと脳—PTSDをめぐって. 医学のあゆみ, 197（4）275-277.

川畑友二（2007）発達障害について考える. 思春期青年期精神医学, 17(2), 174-188.

川喜田二郎（2017）発想法：創造性開発のために 改版. 中公新書.

数井みゆき（2006）少子化社会でのアタッチメント（愛着）とは？. 思春期学, 24(3), 503-507.

発達臨床心理学

数井みゆき・遠藤利彦編（2006）アタッチメント―生涯にわたる絆．ミネルヴァ書房

Kelly, M.P. & Deadwyler, S.A. (2003) Experience-Dependent Regulation of Immediate-Early Gene Arc Differs across Brain Regions. *The J. of Neuroscience*, 23(16), 6443-6451.

Kirk, S.A. (1963) Behavioral diagnosis and remediation of learning disabilities. *Proceedings of the Annual Meeting: Conference on exploration into the problems of the perceptually handicapped child*, 1, 1-7.

木田盈四郎（1982）先天異常の医学―遺伝病・胎児異常の理解のために．中公新書．

木村祐子（2009）少年非行と障害の関連性の語られ方―DSM 型診断における解釈の特徴と限界．人間文化創成科学論叢，11, 227-236.

清野茂博（1995）脳，行動，そして環境．In：清野茂博・田中道治編著：障害児の発達と学習．コレール社，pp.13-29.

Kohlberg, L. (1976) Moral Stages and Moralization: The Cognitive-development Approach. In: Lickona, T. (Ed.) *Moral Development and Behavior: Theory, Research and Social Issues*. Holt, Rinehart & Winston, pp.31-53.

国立青少年教育振興機構（2010）「子どもの体験活動の実態に関する調査研究」報告書．

近藤文里（2002）注意欠陥／多動性障害．In：下山晴彦・丹野義彦編：講座 臨床心理学 3 異常心理学Ｉ．東京大学出版会．

熊谷公明（1999）精神遅滞，知的障害．In：有馬正高監修，熊谷公明・栗田広編：発達障害の基礎．日本文化科学社，pp.11-15.

熊谷高幸（2017）自閉症と感覚過敏―特有な世界はなぜ生まれ，どう支援すべきか？．新曜社．

栗田広（1999）DSM- Ⅳと ICD-10 のＦコード．In：有馬正高監修，熊谷公明・栗田広編：発達障害の基礎．日本文化科学社，41-45.

黒崎碧・田中恭子・江原佳奈・清水俊明（2013）被虐待児における認知，行動，情緒機能の特徴についての検討．順天堂醫事雑誌，59(6), 490-495.

Liotti, G. (2006) A model of dissociation based on attachment theory and research. *J. Trauma Dissociation*, 7(4), 55-73.

ローレンツ・K（日高敏隆訳，1998）ソロモンの指環―動物行動学入門．早川書房．（原著：Lorenz, K. (1983) *Er redete mit dem Vieh, den Vögeln und den Fischen*. Deutscher Taschenbuch Verlag.

ルドゥー・J・E（1998）情動・記憶と脳．別冊日経サイエンス，124, 78-89.（原著：LeDoux, J.E. (1994) Emotion, Memory and the Brain. *Scientific American*, 270(6), 50-7.）

ルドゥー・J・E（松本元ほか訳，2003）エモーショナル・ブレイン―情動の脳科学．東京大学出版会．（原著：LeDoux, J. (1998) *The emotional brain: The mysterious underpinnings of emotional life*. Simon Schuster Paperbacks.）

ルリア・A・R（松野豊・関口昇訳，1969）言語と精神発達．明治図書．（原著：Лурия, А.Р. (Luria, A.P., 1956) Речь и развитие психическихпроцессов у ребенка. Изд. АПН РСФСР.）

MacSweeney, M., Campbell, R., Calvert, G.A., McGuire, P.K., David, A.S., Suckling, J., Andrew, C., Woll, B. & Brammer, M.J. (2001) Dispersed Activation in the Left Temporal Cortex for Speech-reading in Congenitally Deaf People. *Proceedings of the Royal Society of London. Series B, Biological Sciences*, 268, 451-457.

Maguire, E.A., Gadian, D.G., Johnsrude, I.S., Good, C.D., Ashburner, J., Frackowiak, R.S.J.& Frith, C.D. (2000) Navigation-related structural change in the hippocampi of taxi drivers. *PNAS*, 97(8) 4398–4403.

毎日新聞（2004）記者の目：うちの子自閉症．（4 月 21 日朝刊記事）

Maslow, A.H. (1943) A Theory of Human Motivation. *Psychological review*, 50, 370-396.

メジボフ・G・B，シェア・V，ショプラー・E（服巻智子・服巻繁訳，2007）TEACCH とは何か―自

192

# 引用文献一覧

閉症スペクトラム障害の人へのトータル・アプローチ. 筒井書房.（原著：Mesibov, G.B., Shea, V. & Schopler, E.（2004）*The TEACCH approach to autism spectrum disorders.* Springer.）

三浦智史・神庭重信（2006）養育環境と脳の発達―恐怖と不安の病理. 神経研究の進歩, 50(1), 127-132.

三宅 優・横山美江（2007）健康における笑いの効果の文献学的考察. 岡山大学医学部保健学科紀要, 17(1), 1-8.

モベリ・K・U（瀬尾智子・谷垣暁美訳, 2014）普及版 オキシトシン―私たちのからだがつくる安らぎの物質. 晶文社.（原著：Moberg, K.U.（2000）*Lugn och beröring (The Oxytocin Factor).* Natur och Kultur.）

茂木俊彦・高橋智・平田勝政（1992）わが国における「精神薄弱」概念の歴史的研究. 多賀出版.

文部科学省（1999）学習障害児に対する指導について（報告）. 学習障害及びこれに類似する学習上の困難を有する児童生徒の指導方法に関する調査研究協力者会議.

文部科学省（2003）今後の不登校への対応の在り方について（最終報告）. 不登校問題に関する調査研究協力者会議.

文部科学省（2005）特別支援教育を推進するための制度の在り方について（答申）. 中央教育審議会.

文部科学省（2012）通常の学級に在籍する発達障害の可能性のある特別な教育的支援を必要とする児童生徒に関する調査 調査結果. 文部科学省初等中等教育局特別支援教育課.

森田洋司（2010）いじめとは何か―教室の問題, 社会の問題. 中公新書.

諸橋茜, 谷口清（2017）言語音のピッチ変化に対する自閉症スペクトラム児の知覚過程. 人間科学研究, 38, 187-197.

諸富祥彦・大竹直子（2002）思春期問題行動の発現と学校教育における対応―スクールカウンセラーによる子どもの自己表現の支援および教師との連携に焦点を当てて. 思春期学, 20(1), 161-168.

室橋春光（2010）発達障害研究と認知科学. 基礎心理学研究, 29(1), 47-52.

村井憲男（1985）発生・出生. In：高木俊一郎・高橋純・佐藤愛・長畑正道・谷俊治編：目で見る障害児医学. 学苑社, pp.26-49.

村上氏廣（1979）先天異常の成立機序とその予防. 障害者問題研究, 17, 3-15.

Music, G.（2011）*Nurturing Natures: Attachment and Children's Emotional, Sociocultural and Brain Development.* Psychology Press.

無藤隆・森敏昭・遠藤由美・玉瀬耕治（2004）心理学. 有斐閣.

永渕正昭（1991）母語の定着. 九州大学医学部同窓会誌 学士鍋, 79, 55-57.

長沼佐代子・大西美代子（2007）青年期の子どもとその母親の愛着パターンの関連―精神医学的親ガイダンスにおける事例. 思春期青年期精神医学, 17(2), 161-173.

中島義明・安藤清志・子安増生・坂野雄二・繁桝算男・立花政夫・箱田裕司編（1999）心理学辞典. 有斐閣.

日本学術会議（2008）我が国の子どもの成育環境の改善に向けて―成育空間の課題と提言. 日本学術会議 心理学・教育学委員会・臨床医学委員会・環境学委員会・土木工学・建築学委員会合同 子どもの成育環境分科会 平成20年8月28日.

日本学術会議（2011）我が国の子どもの成育環境の改善に向けて―成育方法の課題と提言. 日本学術会議 心理学・教育学委員会・臨床医学委員会・環境学委員会・土木工学・建築学委員会合同 子どもの成育環境分科会 平成23年4月28日.

日本学術会議（2013）我が国の子どもの成育環境の改善に向けて―成育時間の課題と提言. 日本学術会議 心理学・教育学委員会・臨床医学委員会・環境学委員会・土木工学・建築学委員会合同 子どもの成育環境分科会 平成25年3月22日.

日本学術会議（2017）我が国の子どもの成育環境の改善に向けて―成育コミュニティの課題と提言．日本学術会議　心理学・教育学委員会・臨床医学委員会・環境学委員会・土木工学・建築学委員会合同　子どもの成育環境分科会　平成29年5月23日．

西垣通（1999）こころの情報学．ちくま新書．

西条寿夫・田積徹・堀悦郎・小野武敏（2006）情動発現と社会的認知の神経機構．神経研究の進歩，50(1), 38-52.

Nishitani, N., Avikainen, S. & Hari, R. (2004)Abnormal imitation-related cortical activation sequences in Asperger's syndrome. *Annals of neurology*, 55(4), 558-562.

野村理朗（2004）感情の推測プロセスを実現する脳内ネットワーク．心理学評論，47(1), 71-88.

落合恵美子（2004）21世紀家族へ―家族の戦後体制の見かた・超えかた　第3版．有斐閣．

落合みどり・東條吉邦（2003）ADHD児・高機能自閉症児における社会的困難性の特徴と教育．自閉症とADHDの子どもたちへの教育支援とアセスメント，1-21．国立特殊教育総合研究所．

岡堂哲雄（1980）幼・児童期とは．In：大原健士郎・岡堂哲雄編：幼児期・児童期の異常心理．新曜社，1-9.

岡堂哲雄（2003）臨床心理査定学（臨床心理学全書2）．誠信書房．

岡村達也（2009）発達段階と友達関係―ギャング，チャム，ピア．児童心理，63, 1458-1463.

奥山眞紀子（2013）被虐待児のアタッチメント形成の問題とトラウマ．精神神経学雑誌，Vol.115, ss356-ss360.

小野武年（2006）情動の脳科学―動物・ヒトの遺伝子，分子，細胞，個体レベルの研究．神経研究の進歩，50(1), 4-6.

大平英樹（2004）感情制御の神経基盤―腹側前頭前野による扁桃体活動のコントロール．心理学評論，47(1), 93-118.

大村一史（2008）ニューロイメージングを中間表現型としたADHDへのアプローチ．山形大学紀要教育科学，14(3), 37-53.

Ornitz, E.M. (1985) Neurophysiology of Infantile Autism. *Journal of the American Academy of Child Psychiatry*, 24(3), 251-262.

ピーターソン・C，マイヤー・S・F，セリグマン・M・E・P（津田彰監訳，2000）学習性無力感―パーソナル・コントロールの時代をひらく理論．二瓶社．（原著：Peterson, C., Maier, S.F., Seligman, M.E.P. (1993) *Learned Helplessness: A Theory for the Age of Personal Control.* Oxford University Press.）

Phelps, E.A. & LeDoux J.E. (2005) Contributions of the Amygdala to Emotion Processing: From Animal Models to Human Behavior. *Neuron*, 48(2), 175-187.

ピアジェ・J（滝沢武久訳，1968）思考の心理学―発達心理学の6研究．みすず書房．（原著：Piaget, J. (1964) *Six études de psychologie.* Editions Gonthier.）

Pierce, K., Müller, R.A., Ambrose, J. & Courchesne, E. (2001) Face Processing Occurs Outside the Fusiform "Face Area" in Autism: Evidence from Functional MRI. *Brain*, 124, 2059-2073.

Pinaud, R., Penner, M.R., Robertson, H.A. & Currie, R.W. (2001)Upregulation of the Immediate Early Gene Arc in the Brains of Rats Exposed to Environmental Enrichment: Implications for Molecular Plasticity. Brain Res. *Mol. Brain Res.*, 91, 50-56.

パイン・F（川畑直人・河崎佳子訳，2003）欲動，自我，対象，自己―精神分析理論の臨床的総合．創元社．（原著：Pine, F. (1990) *Drive, Ego, Object & Self.* Basic Books.）

Premack, D. & Woodruff, G. (1978) Does the Chimpanzee Have a Theory of Mind ? *Behavioral and Brain Sciences*, 1(4), 515-526.）

Prino, C.T. &, Peyrot, M. (1994) The Effect of Child Physical Abuse and Neglect on Aggressive, Withdrawn, and Prosocial Behavior. *Child Abuse & Neglect*, 18(10), 871-884.

引用文献一覧

リゾラッティ・G, シニガリア・C (柴田裕之訳, 2009) ミラーニューロン. 紀伊国屋書店. (原著：Rizzolatti, G., Sinigaglia, C. (2006) *Il Cervello Che Agisce e i Nerroni Specchio*. Raffaello Cortina Editore.)

Rutter, M. & Bartak, L. (1971) Causes of Infantile Autism: Some Considerations from Recent Research. *Journal of Autism and Childhood Schzophrenia*, 1(1), 20-32.

Sadato, N., Pascual-Leone, A., Grafman, J., Ibañez, V., Deiber, M.P., Dold, G. & Hallett, M. (1996) Activation of the primary visual cortex by Braille reading in blind subjects. *Nature*, 380, 526-528.

齋藤万比古 (2000) 不登校の病院内学級中学校卒業後 10 年間の追跡研究. 児童青年精神医学とその近接領域, 41(4), 377-399.

坂上裕子 (2005) アタッチメントの発達を支える内的作業モデル. In：数井みゆき・遠藤利彦編：アタッチメント―生涯にわたる絆. ミネルヴァ書房, 32-48.

榊原洋一 (2001) 3 歳児神話―その歴史的背景と脳科学的意味. ベビーサイエンス, 2001, vol.1.

佐々木洋子 (2011) 日本における ADHD の制度化. 市大社会学, 12, 15-29.

佐藤泰三・市川宏伸 (2002) 臨床家が知っておきたい「子どもの精神科」―こころの問題と精神症状の理解のために. 医学書院.

佐藤徳 (2004) 情動評価ならびにその調整に関わる神経システムについて―異常心理学の神経学的基礎. 心理学評論, 47(1), 119-142.

Selman, R.L., Beardslee, W., Schultz, L.H., Krupa, M. & Podorefsky, D. (1986) Assessing Adolescent Interpersonal Negotiation Strategies: Toward the Integration of Structural and Functional Models. *Developmental Psychology*, 22(4), 450-459.

千住淳 (2012) 社会脳の発達. 東京大学出版会.

千住淳 (2014) 自閉症スペクトラムとは何か―ひとの「関わり」の謎に挑む. ちくま新書.

Senju, A., Yaguchi, K., Tojo, Y. & Hasegawa, T. (2003) Eye Contact Does not Facilitate Detection in Children with Autism. *Cognition*, 89(1), B43-51.

シャファー・H・R (無藤隆・佐藤恵理子訳, 2001) 子どもの養育に心理学がいえること―発達と家族環境. 新曜社. (原著：Schaffer, H.R. (1998) *Making Decisions about Children, Second ed.* Blackwell Publishers Limited.)

謝敷智美・谷口清 (2009) 教室の気がかりな子をどう支援につなげるか―保護者と教師のやり取りの分析. 人間科学研究 (文教大学人間科学部), 31, 173-188.

シェーファー・M (2006) いじめをなくすには. 別冊日経サイエンス, 154, 116-120. (原著：Schäfer, M. (2005) Stopping the Bullies. *Scientific American Mind*, 16(2), 76-81.

シェイウィッツ・S・E (1998) 読字障害. 別冊日経サイエンス, 123, 120-129. (原著：Shaywitz, S.E. (1996) Dyslexia. *Scientific American*, 275(5), 98-104.

下山晴彦 (2001) 発達臨床心理学の発想. In：下山晴彦・丹野義彦編：講座 臨床心理学 5 発達臨床心理学. 東京大学出版会, pp.3-15.

心理科学研究会編 (2009) 小学生の生活とこころの発達. 福村出版.

庄司洋子 (1986a) 現代家族と子ども―家族機能の変貌と子どもの養育. ジュリスト増刊 子どもの人権. 有斐閣, 126-128.

庄司洋子 (1986b) 家族と社会福祉. ジュリスト増刊 転換期の福祉問題. 有斐閣, 132-136.

杉山登志郎 (2008) 子どものトラウマと発達障害. 発達障害研究, 30, 111-120.

杉山登志郎 (2013) 発達障害と子ども虐待. 精神神経学雑誌, 115, ss376-ss381.

杉山登志郎・小宮達也・宮本信也・長尾圭造編 (2001) 学校における子どものメンタルヘルス対策マニュアル. ひとなる書房.

スペクター・T (野中香方子訳, 2014) 双子の遺伝子―「エピジェネティクス」が 2 人の運命を分

*195*

ける．ダイヤモンド社．（原著：Spector, T.（2012）*Identically Differentt: Why You Can Change Your Genes.* Weidenfeld & Nicolson.）

Spitz, R.A.（1946）Hospitalism: a follow-up report. *The Psychoanalytic study of the child*, 2, 113-117.

菅原ますみ（2001）こどもの問題行動はどうやって発達していくのか―生後15年の追跡研究から．科学，71(6), 694-698.

鈴木昌樹（1979）微細脳障害―学習障害児の医学．川島書店．

鈴木翔（2012）教室内カースト．光文社．

Tager-Flusberg, H.（1997）Perspectives on Language and Comunication in Autism. In: Cohen D.J. and Volkmar F.R. (eds.) *Handbook of Autism and Pervasive Developmental Disorders (2nd edition).* John Wiley & Sons, pp.894-900.

タイチャー・M・H（2006）児童虐待が脳に残す傷．別冊日経サイエンス，154, 106-114.（原著：Teicher, M.H.（2002）Scars That Won't Heal: The Neurobiology of Child Abuse. *Scientific American*, 286(3), 68-75.

竹下研三（1999）障害の概念と歴史．In:熊谷公明・栗田広編：発達障害の基礎．日本文化科学社，2-10.

武谷三男（1968）弁証法の諸問題．勁草書房．

竹内義博（2008）神経伝達からみた発達障害．脳と発達，40(6), 451-455.

田中康雄（2010）注意欠如・多動性障害（ADHD）研究の現在．In：東條吉邦・大六一志・丹野義彦編：発達障害の臨床心理学．東京大学出版会，87-109.

東條吉邦・高森明・迫持要編（2004）ADHD・高機能自閉症の子どもたちへの適切な対応―成人当事者たちからの提言集．独立行政法人国立特別支援教育総合研究所．

戸祭ゆき枝（1996）自閉症児の障害の早期徴候と早期発見について．秋田大学教育学部特殊教育特別専攻科専攻論文（未公刊）．

友田明美（2012）いやされない傷―児童虐待と傷ついていく脳．診断と治療社．

Tomoda, A., Navalta, C.P., Polcari, A., Sadato, N. & Teicher, M.H.（2009）Childhood sexual abuse is associated with reduced gray matter volume in visual cortex of young women. *Biological psychiatry*, 66(7), 642-648.

Tomoda, A., Sheu, Y.S., Rabi, K., Suzuki, H., Navalta, C.P., Polcari, A. & Teicher, M.H.（2011）Exposure to Parental Verbal Abuse is Associated with Increased Gray Matter Volume in Superior Temporal Gyrus. *Neuroimage*, 54, S280-S286.

Tomoda, A., Suzuki, H., Rabi, K., Sheu, Y.S., Polcari, A. & Teicher, M.H.（2009）Reduced Prefrontal Cortical Gray Matter Volume in Young Adults Exposed to Harsh Corporal Punishment. *Neuroimage*, 47 (Suppl 2), T66-T71.

鳥居修晃・望月登志子（1992）視知覚の形成1―開眼手術後の定位と弁別．培風館．

津本忠治（1986）脳と発達―環境と脳の可塑性．朝倉書店．

津本忠治（1999）記憶はどのようにして保持されるのか．In：久野宋編：細胞工学別冊，64-73.

角田巌・綾牧子（2005）子どもの存在における二重性．人間科学研究（文教大学人間科学部），27, 123-134.

廿楽重信（1982）脳性麻痺におけるけいれん発作の管理．リハビリテーション医学, 19(3), 177-186.

Tzingounis, A.V. & Nicoll, R.A.（2006）Arc/Arg3.1: Linking Gene Expression to Synaptic Plasticity and Memory. *Neuron*, 52(3), 403-407.

上田敏（1983）リハビリテーションを考える―障害者の全人間的復権．青木書店．

UNICEF（2007）*Child Poverty in Perspective: An Overview of Child Well-being in Rich Countries: A Comprehensive Assessment of the Lives and Well-being of Children and Adolescents in the Economically Advanced Nations.* UNICEF.

宇野彰（1999）学習障害の神経心理学的解析―神経心理症状と局所脳血流低下部位との対応．脳と

# 引用文献一覧

発達，31(3), 237-243.

フォン・ベルタランフィ（長野敬・太田邦昌訳，1973）一般システム理論. みすず書房.（原著：von Bertalanfy, L.（1968）*General System Theory*. George Braziller.）

Vrticka, P. & Vuilleumier, P.（2012）Neuroscience of Human Social Interactions and Adult Attachment Style. *Frontiers Human Neuroscience*, 6(Article212), 1-17.

ヴィゴーツキー・L・S（柴田義松訳，1969）思考と言語〈上〉. 明治図書.（原著：Выготский Л.С.（Vygotsky, L.S., 1956）Мышление и Речь. Избранные Психоиогические Исследования）

ヴィゴーツキー・L・S（柴田義松訳，1970）精神発達の理論. 明治図書.（原著：Выготский Л.С.（Vygotsky, L.S. 1960）История Развития Высших Психических Функций. In Развитие Высших Психических Функций, Издательство Академии Педагогических Наук.）

ワロン・H（浜田寿美男訳，1983）『自我』意識の中で『他者』はどういう役割を果たしているか. In：身体・自我・社会—子どものうけとる世界と子どもの働きかける世界. ミネルヴァ書房，pp.52-72.（原著：Wallon, H.（1946）Le rôle de 《l'autre》 dans la conscience du 《moi》. J. Egypt. Psychol.）

渡井いずみ（2007）情緒的ネグレクトの視点からの非行理解. 思春期青年期精神医学，17, 56-65.

渡邊正孝（2016）前頭連合野のしくみとはたらき. 高次脳機能研究，36(1), 1-8.

渡邊拓也（2004）医療化の周辺—ADHDの出現とその功罪. 京都社会学年報，12, 91-108.

ウィッタム・C（上林靖子・中田洋二郎・藤井和子・井潤知美・北道子訳，2002）ADHDのペアレントトレーニング—むずかしい子にやさしい子育て. 明石書店.（原著：Whitham, C.（1991）Win the whining war & other skirmishes: A Family Peace Plan. Perspective Pub.）

WHO（1980）*International Classification of Impairments, Disabilities, and Handicaps; A manual of classification relating to the consequences of disease (ICIDH)*. World Health Organization.

WHO（融道男・中根允文・小宮山実・岡崎祐士・大久保善朗監訳，1993）ICD-10 精神及び行動の障害—臨床記述と診断ガイドライン. 医学書院.（原著：WHO（1990）*The ICD-10 Classification of normal and behavioral Disorder*.）

WHO（2002）ICF 国際生活機能分類—国際障害分類改定版. 中央法規出版.（原著：World Health Organization（WHO）（2001）*International Classification of Functioning, Disability and Health (ICF)*.）

ウィーナー・N（池原止戈夫・彌永昌吉・室賀三郎・戸田巌訳，1962）サイバネティックス—動物と機械における制御と通信. 岩波書店.（原著：Wiener, N.（1961）*Cybernetics, 2nd ed*. M.I.T. press.）

Wing, L.（1988）The Continuum of Autistic Characteristics. In: Schopler, E., Mesibov, G.B. (eds.) *Diagnosis and Assessment in Autism*, pp.91-110.

谷口清（1990）学齢児童及び精神遅滞児の脳の成熟と障害—脳波・光駆動反応の追跡記録. 風間書房.

谷口清（1995）脳の発達. In：清野茂博・田中道治編：障害児の発達と学習. コレール社，pp.41-68.

谷口清（1996）障害の発見と早期対応. In：西村学・小松秀茂編：発達障害児の病理と心理. 培風館.

谷口清（2000）学習障害（LD）・特別な教育的ニーズとインクルージョン. 障害者問題研究，28, 100-112.

谷口清（2005）社会の変化と子どもの発達（学校不適応増の背景を探る）. In：細川廣・藤原一夫・谷口清編：スクールカウンセラー活用マニュアル. コレール社.

谷口清（2007）自閉症の音韻知覚と社会性障害. 心理学評論，50(1), 64-77.

谷口清（2011）発達における遺伝と環境の相互作用—発達的心理生物学と発達科学. 人間科学研究

（文教大学人間科学部）, 33, 55-63.

谷口清（2012a）学校不適応と育児・家庭—学校・子育て支援担当者への聞き取り調査から. 生活科学研究（文教大学生活科学研究所）, 34, 91-105.

谷口清（2012b）発達的心理生物学と発達科学—Gottlieb の生物学的発達論. 生涯発達心理学研究（白百合女子大学生涯発達研究教育センター）, 4, 7-18.

谷口清（2013）学齢期におけるいじめ・対人トラブルと発達障害—教育相談事例から. 自閉症スペクトラム研究, 10(1), 19-27.

谷口清・小柴孝子（2014）長期欠席と不登校の背景因子—相談担当者への聞き取り調査から. 人間科学研究（文教大学人間科学部）, 35, 121-129.

谷口清・東條吉邦（2005）自閉症スペクトラムの障害理解とアセスメント. 自閉症スペクトラム研究, Vol.4, 33-41.

谷口清・千住淳・東條吉邦（2003）自閉症児の言語音識別と注意. In：谷口清：平成 12 年度〜平成 14 年度科学研究費補助金（基礎研究（B）（1））研究成果報告書「自閉症の社会性障害の他覚的指標の確立に関する基礎的研究」.

山岸明子（1998）小・中学生における対人交渉方略の発達及び適応感との関連—性差を中心に. 教育心理学研究, 46(2), 163-172.

山下功（1985）発達障害児. In：成瀬悟策編：発達障害児の心理臨床. 九州大学出版会, 1-15.

山脇成人（2009）幼少期のトラウマ体験とストレス脆弱性—脳科学からみた最近の話題. 児童青年精神医学とその近接領域, 50(3), 219-225.

八島美菜子（2002）攻撃性と発達. In：山崎勝之・島井哲志編（2002）攻撃性の行動科学—発達・教育編. ナカニシヤ出版, pp.60-80.

吉田民人（1990）自己組織性の情報科学. 新曜社.

柚崎通介（2003）記憶はどのようにして形成されるか？—最近の話題. 慶應医学, 80(4), 131-139.

湯澤直美（2008）現代家族と子どもの貧困. In：浅井春夫・松本伊智朗・湯澤直美編：子どもの貧困—子ども時代のしあわせ平等のために. 明石書店.

湯澤美紀（2011）ワーキングメモリと発達障害—支援の可能性を探る. 心理学評論, 54(1), 76-94.


参照ウェブサイト記事

ADHD/LD/PDD 等の診断のきっかけ. In：ADHD LD BreakTime. URL http://www.ashappy.net/adhd/kids/adhd-ld-pdd2.html （2017.12.30 検索）

George, C., Kaplan, N. & Main, M.（1996）Adult attachment interview. Unpublished manuscript, Department of Psychology, University of California, Berkeley. http://library.allanschore.com/docs/AAIProtocol.pdf （2017.12.30 検索）

このみ（2010）コミュニティとは. http://regional-innovation. cocolog-nifty. com/region/2010/02/post-61f3. html （2017. 9. 18 検索）

松尾隆祐（2008）現代日本社会研究のための覚え書き. http://d.hatena.ne.jp/kihamu/ （2017.10.19 検索）

宮台真司（2002）「心の学問」に対する社会学的な疑問. http://www.miyadai.com/texts/011.php （2017.12.25 検索）

Mori 夫（2005）コメント：感情の進化論 2——感情なしに意味は存在しない. http://mori0309. blog.ocn.ne.jp/mori0309/2004/09/post_29.html （2005.1.29）（2017.10.29 検索）

NHK 福祉ポータル　ハートネットカキコミ板　発達障害. In：https://www6. nhk. or. jp/heart-net/voice/bbs/board. html?theme=3 （2018. 2. 4 検索）

山形要人（1996）神経活動により発現調節される細胞骨格関連蛋白質 Arc の機能解析. URL https://kaken.nii.ac.jp/en/grant/KAKENHI-PROJECT-08271243/ （2018.1.25 検索）

# あとがき

　冒頭から私事で恐縮であるが，本書の校正刷りを待つ間に初孫を授かった。既に私の両親は亡くなっているが，何か先代に対する責任が果たせたという感じでほっとした。学生時代から政治に関心があったこともあり，「住みよい世の中」について考えてきた。「住みよい世の中」という観点からするとなぜ少子化が起こっているのだろうということはずっと疑問だった。子どもが結婚しない，子どもを産めない・産まないというのは本人たちの選択の場合もあるが，大人の責任もあると感じてきたからである。本書を書くことによってその答えの手がかりが得られたような気がする。

　中学生時代，人とうまくコミュニケーションできていないという感覚に悩まされ，人の考えていることがわかるようになりたいということで，大学では心理学を選んだ。しかし，人の心は心理学で簡単に読めるわけではないということはすぐにわかった。心の座は脳にあるということで脳研究に進んだが，これも簡単ではなかった。職を得るために障害児研究に進み，自閉症研究をやるようになってコミュニケーションに関心を持つようになった。ただ当時（1990年前後）は脳とコミュニケーションの間にはまだ距離があるように思えた。その後社会脳に関する研究は大きく進んだ。

　運よく故郷（三郷市）に戻ってこられたのを機に，教育相談に関わらせていただくようになった。自分の育った時代（1950年〜60年代）と今（1990年代以降）の子育ての違いを感じ取りたかったからである。そこで教員を含むたくさんの学校関係者と出会った。専門外にもかかわらず，臆面もなく第10章を書き上げたいと思ったのはその体験に由来する。

　現任校で発達臨床心理学を担当するようになったのは初任校で障害児病理学を担当していたからである。脳研究，あるいは自閉症研究の過程では多くのお医者さんと出会い共同研究の機会をいただいた。また一時的ではあるが医師養成にも関わらせていただき，医学教育の一端を知ることができた。障害児教育，あるいは教育相談に関わらせていただくようになって，関係分野（医療，福祉，教育）間での言葉（概念）の共有の必要性を強く感じている。本書が言葉の共有に少しでも役立つことを望んでいる。

臨床心理士養成コースに関わらせていただくようになって10数年になるが，その体系性に疑問を感じてきた。私自身の非力のせいでもあるが，臨床心理士養成では生物学的観点や発達についての基礎教育が必ずしも十分でないように感じていた。いわば素朴心理学のままに個別臨床心理技法が独り歩きするような危うさを感じることもあった。その意味では心理学の基礎教育を重視する公認心理師養成の発足は重要な一歩と感じている。本書を通して心理臨床における生物学的観点，あるいは発達的観点を通した体系的見方の意義を少しでも感じ取っていただけたら望外の幸せである。

本書刊行に際してはまず同僚岡村達也教授に感謝したい。本書は同名授業を担当するようになってすぐに書きたいと考えてきたのであるが，それぞれの要素をつなぐストーリー（環）の創出に手間取ってしまった。いわば著者自身が体系性を確立しきれていなかったわけである。それはあとからやってきた臨床家として自身の臨床に自信を持てていなかったということでもある。そのような時に生粋の臨床家としてトレーニングされてきた岡村教授との折に触れた語らいは，「これでいいんだ」という思いを強くさせてくれた。それはロジャーリアンとしての岡村教授の自然体のゆえであったのかもしれない。

定年まであとわずかとなり，いよいよ後がなくなったとき，岡村教授は遠見書房の山内俊介社長に引き合わせてくれ，本書出版の道筋をつけてくれた。さらにとりあえずの原稿完成後は，第一読者として本書の監修，校閲にあたる作業を引き受けてくれた。本書が曲がりなりにも読むに堪えるレベルを維持できているとするならばまずは同氏による詳細な指摘があったればこそである。

あわせて出版を決断していただいた遠見書房の山内社長並びに編集を担当していただいた駒形大介氏に感謝したい。駒形氏は出版までの限られた時間の中，緻密な作業により，教科書としての体裁を整えてくれた。もう一人，学生時代の敬愛する先輩でずっと友だちづきあいをさせていただいてきた穂積毅重筑波大学名誉教授には私のわがままな求めに応じて，あふれる生命力をイメージした素晴らしい表紙をデザインしていただいた。感謝に堪えない。本書の中身がその表紙にふさわしいものになっていることを願うばかりである。

## あとがき

　本書を書き上げてみて思うのはこれまでの歩みがつながったという感覚である。本書は，心理科学研究会や発達科学研究交流会を含め，これまで出会ったすべての方々とのディスカッションのたまものであり，また実践現場で出会った方々と共有された多くの体験に基づいている。特に学生時代にきちんと勉強しきれていなかった Vygotsky の先見性を改めて知ることになった。とはいえ，書いてみると足らざる部分が目に付くものである。残された時間は限られているが引き続き努力したい。

　本書刊行についてはこれら直接的にお世話になった方々のみではなく，事例として紹介したケースを含め，これまで実践現場で出会ったたくさんの子どもたちや保護者たち，学校の先生たちや調査にご協力いただいた方々に感謝しなければならない。私はこれまで多くの知識，経験をいただくばかりで，私自身の考えをきちんとまとめて示すことはやれてこなかった。本書刊行には，少しでもその不義理を償いたいという気持ちが込められている。今はその責を果たせたもう一方の安堵感がある。恩師岩原信九郎，松野豊両先生の学恩にいささかなりとも報いることができれば幸せである。

　さて，本書では現代は子育てにやさしくない社会であることが浮かび上がった。これはある意味 で meme が gene を凌駕している可能性を示している。本来遺伝子（gene）に奉仕すべき人間社会の文化装置（meme）が少子化に作用しているなら，ドーキンスによればそれは本末転倒ということになる。人々の自己実現が楽しい子育てと共にある，そんな社会のためにわれわれは今，文化や社会のあり方を考えなおしてみる時期に差し掛かっているのかもしれない。本書がその議論のきっかけとなり，子どもたちの生きにくさが多少なりとも改善され，孫たちの時代が住みよい世の中となってくれることを願っている。本書をわが孫・悠真とその仲間たちの未来に捧げたい。


2018 年 3 月　著者

## 索　引

### 人名索引

Ainsworth, M.D.S.　エインズワース　62
Bowlby, J.　ボウルビー　60-62, 66, 77
Dawkins, R.　ドーキンス　16, 27, 51, 77
Descartes, R.　デカルト　48
Driesch, H.　ドリーシュ　47
Elder Jr., G.H.　エルダー　57
Gottlieb, G.　ゴットリーブ　43-45, 47, 49, 51, 56, 58, 60
Kirk, S.A.　カーク　100
Kohlberg, L.　コールバーグ　32
Lorenz, K.　ローレンツ　43, 60
Maslow, A.H.　マズロー　150
Piaget. J.　ピアジェ　28
Pavlov, I.P.　パブロフ　56
Schopler, E.　ショプラー　127
Spemann, H.　シュペーマン　47
Spitz, R.　スピッツ　66
von Bertalanfy, L.　フォン・ベルタランフィ　48
Vygotsky, L.S.　ヴィゴーツキー　27, 35, 56
Wallon, H.　ワロン　30
Wiener, N.　ウィーナー　48
Wing, L.　ウィング　115

### 項目索引
#### アルファベット

ADHD　10-12, 14, 24, 68-70, 75, 83, 96-99, 101-111, 133, 160, 175, 178
　　→注意欠如・多動症
　　――診断の効果　107
　　――の原因　103
　　――の制度化　99, 196
　　――の治療　108
ASD（HFASD）　69, 83, 96-99, 115, 124, 127, 131, 133, 175
　　→自閉スペクトラム症
ASPD　112　→反社会性パーソナリティ障害
DBD マーチ　69, 111
ICF　80, 81, 154

ICIDH　79, 80, 199
IWM　61-66, 73, 74, 184
　　→内的作業モデル
LD　12, 70, 83, 96-103, 111, 131, 133, 160
　　→学習症
MBD　97, 100, 103
WM　100　→ワーキングメモリ

#### あ行

愛情原則　173, 175
アセスメント　23, 69, 95, 102, 107, 128, 132, 151-164, 186
　　――の弊害　163
　　――の方法　157
　　――報告書　160
アタッチメント　28, 35, **60-73**, 76, 95, 118, 125, 128, 138, 146, 149, 156, 177
　　――の世代間伝達　64, 65
　　――の調節障害　76
安心感　60-62, 73, 74, 138
意　18, 71, 105, 131
家　166-180
異化　16
医学・社会統合モデル　79, 80, 81, 93
意識体験　20, 123
意思決定システム　26, 31
いじめ　14, 22, 42, 129-150, 182-184
　　――の定義　136
一次障害　94, 95, 118
遺伝子　16, 17, 27, 44-46, 49-51, 54-59, 66, 75, 77, 84-89, 107
　　――発現　16, 27, 44, 46, **49-51**, 55-59, 75
遺伝性疾患　88
遺伝と環境　23, 27, 43, 45, 55, 58
いのち　15-17
医療化　13, 98
インテーク面接　158
インフォームドコンセント　164
インプリンティング　43, 44, 51, 60
ヴァルネラビリティ　40　→脆弱性

# 索　引

産声　86, 91
エントロピー最大化原理　49

## か行

快　18-20, 32, 55, 71, 73, 74, 122, 126, 128
外顕的攻撃　138, 139
外面化型　24
過干渉　145, 150, 165
核家族　94, 165-177, 180
学習性無力感　42, 132
過剰適応　68, 147
過剰発生と淘汰　52
家族機能の変化　173
学校教育の使命　131
学校恐怖症　134
家督相続制　166
家父長制　166
感覚過敏　122, 123
感覚・知覚過程　122
関係性攻撃　138
関係性被害　139
還元主義　48
間主観性　33
感情　18-20, 24, 31, 33, 39-42, 58, 65-68, 71,
　　73, 74, 104, 109, 124, 134, 145, 148-
　　150, 156-158, 186
記憶の実体　50
記憶（学習）の成立過程　51
機械論　47
奇形　86, 89, 90
帰属意識　138, 140
吃音　14, 24, 134
　　→小児期発症流暢症
機能・形態障害　80
規範の相対化　138
基本的信頼　28, 61, 145, 149, 182
虐待　11, 12, 14, 22, 40, 55, 57, 66-70, 74-76,
　　104, 146, 155, 156, 165, 172, 181-184
　　──の子どもへの影響　146
　　──の併存症　69
　　児童──　67
　　身体的──　67, 146
　　心理的──　67
　　性的──　67, 75, 76
ギャングエイジ　131, 136

教育相談　130, 131, 143, 144, 161, 185
境界領域の発達障害　98
共感　25, 30, 35-40, 118-120, 125, 148, 158,
　　166, 184-186
　　──障害　118, 122
　　──性　32, 120
　　──の神経構造　36, 119
　　──の発達　38, 39, 119
共同注意　33, 38, 39, 95, 118, 119
共有型しつけ　184
共有リアリティ　34, 35, 182
グランディング　35
経験の効果　51
経済原則　175
限局性学習症　83, 96, 98, 99
現象　11, 14, 21, 34, 36, 46, 48, 54, 58, 82,
　　119, 140, 157
高機能自閉症　→ ASD（HFASD）
公共圏　171
攻撃性の本質　138
向社会的行動　35, 36, 40, 62, 146
後成説　47
構造化　109, 127, 185
後天性　86, 100
行動異常　88
行動抑制の障害　104
高度産業社会　166, 168, 173
高度情報化社会　166, 169, 172, 179
心　17-20, 71
　　──のグレーゾーン　18, 19
　　──の時制　18
　　──の理論　35, 36, 40, 106, 119-121
　　──の理論課題　121
個人化　166, 170, 172, 183
子ども・家庭支援の原則　186
コミュニケーション　18, 25-30, 33-38, 46,
　　51, 63-68, 80, 114-119, 137, 160, 184
　　──意図　34
困惑閾　13

## さ行

催奇形因子　90
最近接発達領域　57
最初期遺伝子　49-51
三項関係　38

203

発達臨床心理学

自我 28-33, 41, 63, 132, 137, 147, 180
　──感覚 30-32
　──境界 31, 137, 147
　──の危機 180
刺激の過剰選択性 121
刺激剥奪の効果 52
自己責任論 166, 179
自己組織性 15, 16, 30, 35, 36, 49, 130
私事化 171, 174
思春期 29, 42, 54, 109, 129, 138, 140, 147
視床下部−下垂体−副腎皮質系（HPA系）75
自助原則の限界 174, 175
システム 15, 30, 31, 46, **48**, 58, 60, 84, 93
　開放── 49
　社会── 12, 166, 184
　生体── 49
システム論 43, 44, 47-49, 55-58, 155
　──的アプローチ 155
自然科学としての心理学 56
自尊感情 31, 40-42, 67, 132, 149, 156, 186
　──の低下 42, 148
自他分化 30, 32, 35, 38
実行機能 74, 101, 104-106, 120
　──検査 105, 106
実体 14, 56, 97, 101, 119, 122, 169
疾病 80, 170
児童期 23, 26, 28, 40, 63, 104, 109, 134
シナプス可塑性 50, 54
自閉症 12, 14, 69, 76, 82, 83, 86, 93, 95-97,
　　104, **114**-128, 152, 160
　──児の注意過程 124
　──の早期兆候 118
　──の対人障害 115
自閉スペクトラム症 69, 83, 98, 115, 127
島宇宙化 176, 180
社会的障壁 79
社会的微笑 35, 36, 37
社会的不利 79, 80
社会脳 73, 74, 119, 124, 125
社交不安症 135
周産期 84, 91, 206
集団主義 166, 168, 169
主訴 157-162
情 18, 71, 105, 131
障　害 13, 23, 66-71, 78-82, 93, 104, 105,

　　118, 120
　──者 78-85
　──者差別解消法 78, 171
　──受容 95, 156
　──の医学モデル 78, 79, 81
　──の告知 93
　──の社会モデル 13, 81
　──の早期発見，早期対応 93, 94
生涯発達 26, 29
条件反射 56
少子化 26, 165, 170, 171
症状主義 98
情動 18-20, 33, 35-40, 61, 62, 65, 67, 68, 70,
　　71, 73, 74, 88, 105, 106, 118, 119, 124,
　　125, 128, 156-160
小児期発症流暢症 24, 134
小児の心身症 133
小児のストレス反応 133
情報 17, 27, 34, 114, 122-127, 169, 181
職住分離 168, 173, 174, 176
叙述的提示 38
人格 25, 29-31, 155, 184
　──形成 26, 31, 130, 131
　──発達 25, 31, 56
神経発達症 83, 98, 102, 115
新生児期 28, 52
神秘主義 48
身辺自立 28
親密圏 171, 172, 178, 181, 182
信頼の危機 180, 181, 184
心理化 120
心理査定 153　→アセスメント
心理的離乳 138
心理臨床 12, 14, 22
ストレス 12, 22, 55, 65, 74-76, 132-134
　──応答機構 75
　──反応 55, 74, 106, 132, 133
生気論 47, 48
脆弱性 40, 75, 156, 157, 159, 174, 175
正常と異常 13
生殖機構 15, 25
精神間機能 57
成人期 26, 29, 63, 84
成人期の発達課題 26
精神遅滞 82, 88, 91, 97

204

# 索　引

精神内機能 57
性的成熟 29
性同一性 28, 29
生徒指導 130, 131
青年期 22, 23, 26, 29, 63, 67, 82, 104, 110, 183
　──の発達課題 29, 183
生命現象 30, 48
生理的微笑 36
世代の継承 11, 17, 22, 25, 26, 64, 130, 166-168, 173, 182
接近回避反応 19
セルフコントロール 104, 108
染色体異常 14, 84, 88, 89
前成説 47, 48
選択制緘黙 135
先天異常 86, 87
先天性 52, 84, 86, 87, 89, 93, 123
　──代謝異常症 87, 89
前頭連合野 62, 106
素因－ストレスモデル 109, 110, 155
相互性 32
素行症 69, 70, 99, 103, 110-112, 132, 157
ソフトマッチング 121
ソマティックマーカー 62

## た行

体育 131
胎芽期 84, 86, 87
胎児期 23, 28, 52, 82, 84, 86, 109
胎児性アルコール症候群 91
対人恐怖 147
対人不安 24, 68, 134, 141-147
大脳辺縁系 71, 72, 124-126
胎盤 90, 91
多因子遺伝疾患 89
ダウン症候群 84, 89, 93
武谷三段階論 14
単一遺伝子疾患 88, 89
短期記憶 50, 51
弾力性 40　→レジリエンス
知 18, 71, 105, 131
地域コミュニティ 174, 176, 177
知育 131
秩序 16, 27, 30, 130, 137, 168

知的障害 11, 14, 66, 69, 79, 82-84, 86-89, 91-93, 96, 97, 99, 104, 143, 144, 160
知能 92, 93, 99, 158, 161, 179
着床 86, 87, 89, 90
注意獲得行動 139
注意欠如・多動症 10, 24, 69, 83, 96, 98, 101
注意の共有 36, 38
チューニング 34, 35
長期記憶 46, 50, 51
調和の乱れ 12, 14
直系拡大家族 166, 167
定型発達児 39, 119-121, 124, 132
デカップリング 19, 121, 122
適応 11, 17, 30, 71, 76, 78, 81, 92, 127, 130
　──行動 12, 92, 93, 146
てんかん 14, 75, 83, 86, 88, 91, 96, 97, 114
伝送チャンネル 34
同化 16
道具的攻撃 138
等結果性 47, 48, 49
凍結反応 19
統制過剰型 23, 24, 134
　──行動障害 134
統制不全型 23, 24, 109, 110, 134
闘争－逃走反応 19, 132, 137, 182
動的平衡 15, 30, 49, 72
道徳判断の発達段階 32
等能性 47, 48
徳育 131
特別支援教育 131, 152, 185
トップダウン処理 105, 120, 122, 124

## な行

内化理論 27, 56, 57
内的作業モデル 61
内部環境 15, 72
内面化型 24
仲間集団 136, 178
二項表象 37
二次障害 85, 95, 110
乳児期 26, 20, 54, 64, 70, 94
妊娠 67, 78, 84, 86, 87, 89-91, 104, 131
認知 18-20, 32, 41, 52, 57, 63, 69, 71, 73, 74, 100, 105-107, 117-119, 124-127, 138, 154, 155, 157, 159, 160

*205*

発達臨床心理学

ネガティブ感情処理 65
ネグレクト 12, 65, 67, 68, 145, 182
脳性麻痺 83, 84, 88, 91
農村型社会 166
脳損傷児 87, 88, 97
脳と心の関係 20
脳の発達 52, 74, 76, 97, 115, 125
能力障害 80

### は行

パーソナリティ 31, 57, 61, 63, 66, 159
ハードマッチング 121
胚性幹細胞 87
発達 17, 23, 25, 30, 34, 39, 44-46, 51, 55, 56, 84, 104
発達科学 21, 22, 55, 56, 58
発達障害 12, 14, 23, 82-85, 86, 91-95, 96-99, 102, 115, 133, 139, 156, 157
　狭義の—— 78, 96
　軽度—— 96, 175
　広義の—— 78, 82, 96
　——者支援法 96
　——の原因 84, 86
発達早期のストレス 74
発達的心理生物学的システム論 43, 44, 55-58
発達臨床心理学 10, 11, 14, 20, 21, 130
　——の対象 9, 11, 14
ハビリテーション 85
バリアフリー法 81
反抗挑発症 68-70, 110, 111, 132, 133
犯罪 12, 32, 59, 66, 67, 153, 172, 184
反社会性パーソナリティ障害 70, 111, 112
判断 18, 20, 26, 30-32, 39, 62, 71, 121, 131, 137, 157, 181
反応性アタッチメント障害 68, 76, 118
反応性攻撃 138
引きこもり 12, 116, 132, 137, 143, 146, 148, 153, 172, 178
　社会的—— 24, 134, 135
微細脳機能障害 97　→ MBD
非定型発達児 132
病気 12-14, 16, 22, 58, 61, 80, 81, 86, 107
平等主義 33, 168
フェニールケトン尿症 87, 89, 90
不快 18-20, 32, 71, 73, 74, 122, 128

符号システム 34
不適応 11-15, 23, 42, 165, 178
　学校—— 133, 140, 148, 150
　子どもの—— 11, 13, 23
不登校 12, 14, 22, 24, 101, 129-137, 140-150, 157, 165, 172, 184
　——と環境 143
　——の背景 143, 144, 147, 165, 166
ヘップ則 54
扁桃体 71-76, 124-126
豊環境効果 49, 55
胞胚期 86, 89
母子保健事業 94
ホスピタリズム 66
ボトムアップ処理 120, 122, 124
ホメオスタシス 15, 16, 30, 49, 72, 80
本質 14, 15, 49, 104, 118, 137, 138, 173

### ま行

マイルドなアタッチメント障害 145
ミーム 27, 51
未婚化 171
見知らぬ場面法 62
ミラーニューロン 36, 119
未来の危機 180
目標修正的パートナーシップ 63

### や行

幼児期 28, 38, 52, 63, 94, 104, 138, 178
用不用説 54
予期不安 145
欲求段階説 150

### ら・わ行

ラポール 158, 161, 162, 164
利己的遺伝子 16, 17
リスク 40, 65, 75, 94, 131, 132, 150, 155, 159, 178, 179, 180, 182, 183, 186
リ・ハビリテーション 85
臨界期 44, 52
レジリエンス 40, 41, 156, 157, 159
老年期 26, 29
ワーキングメモリー 100, 106
わかりあう 5, 33, 35

206

著者略歴
谷口 清（やぐち きよし）
文教大学教授。教育学博士，臨床心理士。
1974 年，東京教育大学心理学科卒業，1981 年東北大学教育学研究科博士後期課程退学。
秋田大学助教授・教授，東京慈恵会医科大学教授を経て 2005 年より現職。
専門は生理・神経心理学，発達心理学，発達臨床心理学。

主な著書
『スクールカウンセラー活用マニュアル』（細川・藤原・谷口編著，コレール社），『生理心理学と精神生理学（第Ⅰ巻）』（坂田・山田編，北大路書房；分担），『講座臨床心理学 3　異常心理学Ⅰ』（下山・丹野編，東京大学出版会；分担），『障害児心理学』（松野・茂木編，全障研出版部；分担）

---

はったつりんしょうしんりがく
発達臨床心理学
脳・心・社会からの子どもの理解と支援

2018 年 3 月 30 日　初版発行
2020 年 1 月 31 日　2 刷発行

著　者　谷口　清（やぐち　きよし）
発行人　山内　俊介
発行所　遠見書房

〒 181-0002　東京都三鷹市牟礼 6-24-12
三鷹ナショナルコート 004
Tel 0422 26 6711　Fax 050-3488-3894
http://tomishobo.com　tomi@tomishobo.com
郵便振替　00120 4 585728

印刷　太平印刷社・製本　井上製本所
ISBN978-4-86616-047-4　C 3011
©Yaguchi Kiyoshi　2018
Printed in Japan

※心と社会の学術出版　遠見書房の本※

遠見書房

### 発達障害のある子どもの性・人間関係の成長と支援
関係をつくる・きずく・つなぐ
（岐阜大学）川上ちひろ著
ブックレット：子どもの心と学校臨床（2）友人や恋愛にまつわる悩みや課題。多くの当事者と周辺者の面接をもとに解き明かした1冊。1,600円，A5並

### 母子関係からみる子どもの精神医学
関係をみることで臨床はどう変わるか
小林隆児著
発達障害を知り尽くした児童精神科医が，母親や家族の問題を浮かび上がらせ，調整し，子どもたちの生きやすい環境を創造する関係療法をわかりやすく伝える。専門家必読。2,200円，四六並

### 子どものこころの世界
あなたのための児童精神科医の臨床ノート
小倉　清著
本書は名児童精神科医の旧著『こころの世界』（1984）に大幅加筆した復刻版。一般・初学者に向け，子どもの心の問題をわかりやすく解き明かした。小倉臨床のエッセンスが満載。1,800円，四六並

### なんでもやってみようと生きてきたダウン症がある僕が伝えたいこと
（ダウン症当事者）南正一郎著
南正一郎，46歳。小中学校は普通学級に通い，高校は養護学校を卒業。中学時代から始めた空手は黒帯で，子どもたちへの指導も行う。ダウン症をもつ，フツーの青年の半生記。1,500円，四六並

### N：ナラティヴとケア
人と人とのかかわりと臨床と研究を考える雑誌。第11号：心の科学とナラティヴ・プラクティス（野村晴夫編）。年1刊行，1,800円

### 場面緘黙の子どものアセスメントと支援
心理師・教師・保護者のためのガイドブック
エイミー・コトルバ著／丹　明彦監訳
学校や専門家，保護者たちのための場面緘黙を確実に治療できる方法はもちろん，支援の場で実際に利用できるツールも掲載。全米で活躍する著者による緘黙支援ガイドブック！ 2,800円，A5並

### プレイセラピー入門
未来へと希望をつなぐアプローチ
丹　明彦著
「子どもの心理療法に関わる人には，必ず手に取って読んで欲しい」（田中康雄先生）。プレイセラピーと子どもへの心理療法の基本と応用を描いた1冊。センスを高めるコツ満載。2,400円，四六並

### 事例で学ぶ生徒指導・進路指導・教育相談
小学校編［改訂版］
長谷川啓三・花田里欧子・佐藤宏平編
学校教員にとって授業や学級経営とともに重要な「生徒指導」「進路指導」「教育相談」の基本と実践をまとめた1冊。必須の心理学的な知識が満載し，新たに改訂。2,800円，B5並

### 事例で学ぶ生徒指導・進路指導・教育相談
中学校・高等学校編［第3版］
長谷川啓三・佐藤宏平・花田里欧子編
思春期特有の心理的課題への幅広い知識や現代社会における家庭の状況等の概観，解決にいたったさまざまな事例検討など，生きた知恵を詰めた必読の1冊が新たに3訂。2,800円，B5並

### 公認心理師の基礎と実践　全23巻
野島一彦・繁桝算男　監修
公認心理師養成カリキュラム23単位のコンセプトを醸成したテキスト・シリーズ。本邦心理学界の最高の研究者・実践家が執筆。①公認心理師の職責〜㉓関係行政論　まで心理職に必須の知識が身に着く。各2,000円〜2,800円，A5並

価格は税抜です